# Der weiße Gürtel
# in Visual Basic

Mr. Thingamy

Hinweis:

Der Sourcecode zum Spiel „VB4Kids-Memory“ im Extrateil dieses Buches kann im Internet heruntergeladen werden. Dort stehen neben aktuellen Versionen noch andere Tipps und Tricks bereit. Der Eigentümer dieses Buches ist Mitglied im „VB4Kids-Bücherklub“ und hat dort Zugang zum passwortgeschützten Bereich.

URL: **http://www.thingamy.de**

Email: **info@thingamy.de**

# Der weiße Gürtel in Visual Basic

**Die Deutsche Bibliothek - CIP-Einheitsaufnahme**

Ein Titeldatensatz für diese Publikation ist
bei der Deutschen Bibliothek erhältlich.

| | |
|---|---|
| Herstellung: | Books on Demand GmbH, Norderstedt |
| Autor, Layout: | Mr. Thingamy |
| Grafiken: | Bouncie D. |
| Lektorat: | Bernhard Lohse, Josef Widhopf |

**ISBN:** **3-8311-3272-0**

**1. Einleitung 9**
1.1. Was Euch hier erwartet........................................9
1.2. Was Ihr zum Programmieren braucht..................10
1.3. Wie Ihr das Buch am besten versteht .................10

**2. Dein erstes Programmchen 11**
2.1. Programmieren in Microsoft Word 2000..............11
2.2. Programmieren in Microsoft Excel 97 .................16

**3. Was ist ein Computerprogramm? 19**
3.1. Schritt für Schritt...............................................19
3.2. Befehle und Parameter.......................................21
3.3. Der Trick mit der F1-Taste ..................................24

**4. Variablen und Konstanten 27**
4.1. Wann Variablen und wann Konstanten?..............27
4.2. Wie werden Variablen verwaltet? .......................31
4.3. Wie werden Konstanten behandelt? ...................33

**5. Programmbeispiel „EURO-Rechner" 35**
5.1. Die Projektvorbereitung .....................................35
5.2. Der Quellcode ....................................................37

**6. PAUSE: „Von der Logik" 43**

**7. Programm-Kommentare 45**
7.1. Die ignorierten Programmzeilen .........................45

**8. Typen von Variablen 47**
8.1. Unsere ersten drei Variablentypen .....................47
8.2. Integer-Variablen (Zahlen).................................48
8.3. String-Variablen (Zeichenketten)........................52
8.4. Boolean-Variablen (Wahr oder Falsch)...............57

**9. Programmverzweigungen 65**
9.1. „If ... Then ... Else" - Anweisung.........................65
9.2. Beispiel einer Verzweigung................................68
9.3. Einzeilige- und Block-Schreibweise....................69

**10. Programmschleifen 73**
10.1. For ... Next - Anweisung ... 73
10.2. Schrittweite von Schleifen ... 76
10.3. Zusammenfassung ... 77

**11. Programmbeispiel „Mathe-Trainer“ 81**
11.1. Projektvorbereitung ... 81
11.2. Das Listing ... 85

**12. PAUSE: „Vergangene Zeiten“ 91**

**13. Notausstieg – Programmabbruch 93**
13.1. Eingeschlafene Programme ... 93
13.2. VB-Anwendungen unterbrechen ... 95

**14. Was sind Unterprogramme? 97**
14.1. Die Vereinfachung von Anwendungen ... 97
14.2. Aufbau einer Funktion ... 98
14.3. Subroutinen und Funktionen ... 101
14.4. Vorzeitiges Ende einer Prozedur ... 102
14.5. Rekursive Prozeduraufrufe (Stacküberlauf) ... 103
14.6. Zusammenfassung ... 105

**15. Datenfelder (Arrays) 107**
15.1. Verwalten von Listen mit Indizies ... 107
15.2. Mehrdimensionale Arrays ... 109
15.3. Arrays dynamisch erzeugen ... 112
15.4. Die Funktion Array() ... 115
15.5. Zusammenfassung ... 118

**16. Verzweigungen mit SELECT...CASE 119**
16.1. Eine wählerische Anweisung ... 119
16.2. Der Aufbau der Anweisung ... 121
16.3. Zusammenfassung ... 123

**17. Programmbeispiel „Zahlenraten“ 125**
17.1. Projektvorbereitung ... 125
17.2. Das Listing ... 127

**18. PAUSE: „Multitasking“ 133**

**19. Do ... While-Schleifen 135**
19.1. Aufbau und Varianten ........ 135
19.2. Vorzeitiger Abbruch ........ 137
19.3. Zusammenfassung ........ 138

**20. Gültigkeitsbereich von Variablen 141**
20.1. Worum geht es eigentlich ........ 141
20.2. Option Explicit – Deklarationen erzwingen ........ 143
20.3. Was ist ein Deklarationsabschnitt? ........ 145
20.4. Lokale (private) Variablen ........ 148
20.5. Public (öffentliche) Variablen ........ 151
20.6. Zusammenfassung ........ 152

**21. Sichtbarkeit von Prozeduren 155**
21.1. Organisieren von Funktionen ........ 155
21.2. Öffentliche und private Prozeduren ........ 156
21.3. Zusammenfassung ........ 157

**22. Programmbeispiel „Sortiermaschine“ 159**
22.1. Projektvorbereitung ........ 159
22.2. Das Listing ........ 160
22.3. Spezial: Sortierung von Zeichenketten ........ 165

**EXTRA 1 Das Spiel „VB4Kids-Memory“ 167**
Mentale Vorbereitung ... 167
Spiele - Technik ... 168
Installation von Spiel und Quellcode ... 169

**EXTRA 2 Das Projekt im Überblick 171**
Die Spielregel ... 171
Der Spielablauf ... 172
Die einzelnen Projektdateien ... 173

**EXTRA 3 Workshop: Resourcendateien 176**
Wozu Resourcendateien? ... 176
Wie erstelle ich eine Resource ... 177
Verwendung der Resourcendatei im Projekt ... 180
Erzeugen des Projekts ... 182

**EXTRA 4 Workshop: Sounds mit API 185**
Heißt es der, die oder das API? ... 185
Deklaration der API-Soundfunktion ... 186
Verwendung der Soundfunktion ... 187

**EXTRA 5 Workshop: Collection 191**
Objekte mit Methoden und Eigenschaften ... 191
Erzeugen einer Auflistung ... 192
Verhinderung von doppelten Einträgen ... 195

**EXTRA 6 Prozeduren zum Spiel 201**
Verwaltung der Spielkarten ... 201
Ein neues Spiel starten ... 203
Die Karten-Klick-Routine ... 209
Die Bedeutung der Timer ... 214
Die Highscore-Liste ... 214

**Glossar 223**

**Indexverzeichnis 227**

# 1. Einleitung

## 1.1. Was Euch hier erwartet

Herzlich Willkommen im Reich der Bits und Bytes. Damit es zu keinen Missverständnissen kommt möchte ich Euch kurz einen Überblick über den Inhalt dieses Buches vermitteln. Es gibt auf dem Markt Unmengen von Kursen über das Programmieren in allen erdenklichen Programmiersprachen. Gerade im Themengebiet Visual Basic wird man mit offiziellen Programmierforen, Sourcecode-Seiten und „Knowledgement-Basen" erschlagen.

Habt Ihr schon mal im Internet nach Beispielen von VB-Programmen gesucht? Dann habt Ihr sicher auch gefunden! Sicher habt Ihr dermaßen viele Treffer gelandet, dass beim Ausschalten des Modems vermutlich vergessen wurde, was man eigentlich finden wollte! Ein allgemeines Problem im Internet.

Wieso setzt also dieser Kerl (der im folgenden ein wenig vorgestellt werden soll) noch einen Mottenfresser von Tutorial übers Programmieren in die Welt? Ganz einfach. Der Otto-Normalprogrammierer der auf der Suche nach weiteren schnackigen Code-Samples ist wird vermutlich mit den folgenden Kapiteln nicht viel anfangen können. Doch wenn Ihr noch unbefangen und völlig selbstlos den Start in die Programmiererwelt sucht, dann seid Ihr hier sicher richtig.

Seht dieses Buch als **ergänzende Lektüre zu den existierenden Handbüchern**. Der Einstieg in die umfangreiche Materie ist mit Handbüchern sicher schwer. Vielleicht kann ich hier ein wenig Starthilfe leisten. Ich bin seit einigen Jahren als Softwareentwickler tätig und möchte Euch Einsteigern sagen: *„Es kochen alle nur mit Wasser!"* Die hohe Kunst des Erfolgs in der Softwarebranche liegt nicht darin, alles zu wissen und es alle wissen zu lassen, sondern darin, stets zu wissen wo was steht, wenn man es nicht weiß und die richtigen zu fragen, die es wissen könnten! Vielleicht etwas verwirrend?

Kurzes Beispiel aus meiner Tätigkeit: Durch die Erfahrungen in meiner Programmierzeit habe ich diverse größere Projekte auf die Beine gestellt, die mit den verschiedensten Sprachen zu tun hatten. Schaut mir ein unerfahrenderer Kollege staunend über die Schulter und sagt: *„Echt irre, wie kommst Du auf solche Programme?"*, dann gibt es meistens den folgenden Kommentar: „Ich weiß, wo es steht!"

Nun möchte ich damit nicht sagen, dass alle Programme leicht verdiente „Codeklauereien" sind. Vielmehr wurde bis heute alles erfunden was mit erfolgreicher Programmierung zu tun hat. Eure Aufgabe besteht nun nur darin, die tausend kleinen Puzzlestücke zusammen-zusetzen und Euer persönliches Projekt auf die Beine zu stellen! Ich möchte Euch also nicht nur beim Programmieren eine Hilfestellung bieten, sondern auch Wege und Möglichkeiten zeigen, die zur Lösung Eures aktuellen Problems beitragen.

## 1.2. Was Ihr zum Programmieren braucht

Um die Grundlagen der Basic-Bastelei zu lernen, benötigt Ihr kein teures, dickes Visual Basic Entwicklerpaket. Im Prinzip sorgt Microsoft mit seinem Baukastensystem dafür, dass an jeder Ecke von Microsoft Office (Excel, Word oder Access) mit der leicht verständlichen Programmiersprache gearbeitet werden kann! In meinen Beispielen greife ich daher auf die Entwicklungsumgebungen dieser Anwendungen zurück.

Wir wollen hier auch kein teures Produktionsplanungssystem auf die Beine stellen, sondern mit verständlichen Funktionen etwas Spaß haben. Solltet Ihr jedoch Lust auf mehr gewonnen haben, dann wäre der Erwerb des VB-Entwicklersystems sicher eine Überlegung wert.

Ein wesentlicher Punkt sollte jedoch auch nicht vergessen werden. Das Lernen von Sprachen ist zu Beginn stets eine Fleißsache. Vielleicht hattet oder habt Ihr die eine oder andere Fremdsprache bereits hinterm Stammhirn sitzen. Dann wisst Ihr, wovon die Rede ist. Wir wollen uns hier aber nicht mit langweiliger Befehlspaukerei belasten. O.k., ein bisschen vielleicht.

Falls es eng wird, dann hoffe ich mit praktischen Beispielen etwas Schwung in die Sache zu bringen! Wie in Französisch, Russisch oder Türkisch haben wir es auch in BASIC mit elementaren Regeln und Grundlagen zu tun, die möglichst beherrscht werden sollten. Haben wir diesen Part hinter uns, dann wollt Ihr nur noch programmieren!

## 1.3. Wie Ihr das Buch am besten versteht

Ich habe mir bei der Gestaltung des Buches natürlich Gedanken zur Reihenfolge der vermittelten Themen gemacht. Dabei hat weder ein Sozialpädagoge noch ein Literaturnobelpreisträger geholfen. Warum nun das eine Kapitel genau vor dem anderen steht? Nun, es wäre vielleicht auch anders möglich, die Befehle und Eigenheiten der Sprache Visual Basic zu vermitteln. Mein Stil hilft vielleicht dabei, es einfacher zu machen.

Daher empfehle ich Euch Einsteigern, das Buch auch Seite für Seite durchzulesen. Viele Beispiele und Kapitel setzen das Wissen der zuvor behandelten Bereiche voraus. Lediglich das Extraprojekt „*VB4Kids-Memory*“ ist als Nachschlagewerk entwickelt, jedoch nur für Leser denen die Grundlagen von BASIC bekannt sind!

# 2. Dein erstes Prográmmchen

## 2.1. Programmieren in Microsoft Word 2000

Als Erstes greifen wir auf ein uraltes Trainingsbeispiel zurück, das in viele Programmierlektionen Einzug gefunden hat. Ich glaube inzwischen sagen zu können: Dieser erste Fetzen Code ist die Äquatortaufe eines jeden Programmierers. Doch nun zu den Fakten. Ihr sollt Euch einfach selbst mit einer kleinen Meldungsbox begrüßen! Warum dieses Beispiel aus *Abb. 2-1* so toll ist? Am Anfang lernt es sich am besten, wenn wir auch sehen was wir verzapft haben.

***Abb. 2-1***

Nicht wie in den hochmotivierenden Mathestunden, wo wir mittels einer „Easy-Integralrechnung" vor unserem geistigen Auge das optimale Volumen einer Blechdose ermitteln sollen. Dieser Einzeiler wird uns durch die Weiten der Microsoft-Office-Welt begleiten, damit hoffentlich jeder von Euch sein Programmierwerkzeug für die kommenden Kapitel findet. Ich werde es jedoch vermeiden, noch intensiver auf den Umgang mit Word, Excel oder Access einzugehen.

An dieser Stelle solltet Ihr auf jeden Fall ruhig etwas rumklicken und - ganz wichtig (!) - öfters mal die berühmte F1-Taste drücken! Die Online-Hilfe der meisten Officeprodukte ist zwar sehr komplex, doch mit der Zeit findet man immer schneller eine Lösung für alle möglichen Probleme! Zunächst hier die Befehlszeile, die Ihr zum Laufen bringen müsst, damit die abgebildete Meldung auf Eurer Mattscheibe erscheint:

```
MsgBox "Grüzi altes Haus! Wie gehts?", , "Prográmmchen"
```

Der Aufbau dieser Zeile soll uns an dieser Stelle noch nicht bewegen. Aber ich glaube mit etwas Logik kommt Ihr sicher aus eigener Kraft auf den einen oder anderen Zusammenhang mit der Meldung aus *Abbildung 2-1.* Wir werden uns natürlich später näher mit dem Wortschatz von Visual Basic beschäftigen, damit Ihr auch unbekannte Befehle selber untersuchen und verwenden könnt.

Bitte verzeiht, wenn ich nicht auf alle Versionen von MS-Word eingehen werde. Aber der Aufruf und die Verwendung von VB laufen zum Glück eigentlich immer in der gleichen Form ab. Als ersten Schritt müssen wir uns klar machen, dass unser erstes Programm irgendwo abgespeichert werden muss. Überhaupt einer der wichtigsten Punkte unter Windows: **Das regelmäßige Abspeichern der vielen vorgenommenen Änderungen!**

Da wir nun mit Word arbeiten liegt es nahe, ein neues Dokument zu öffnen. Natürlich genügt es nicht, wenn wir unsere Übungs-Befehlszeile einfach ins Dokument schreiben! Hierfür erschuf Microsoft ein separates Modul dem wir beim täglichen Briefeschreiben eher selten begegnen. Dieses Werkzeug nennt sich „Visual Basic-Editor“ und stellt unser lang ersehntes Ziel dieser Lektion dar.

Aber wie nun dort hinkommen? Mit einer einfachen Tastenabkürzung! Drückt doch mal [ALT]-[F11]! Aber halt! Lasst uns zunächst den Weg des Otto-Normalverbrauchers suchen. Ihr findet den entsprechenden Menüeintrag zum Start des Editors meist unter „Extras“ → „Makro“ → „Visual Basic-Editor“. Habt Ihr den Editor geöffnet, dann sieht der Bildschirm erst einmal mächtig gewaltig neu und vor allem ganz anders aus als sonst. Doch hier werden wir uns die nächsten 6 Jahre ... äh ... 6 Tage zu Hause fühlen.

Warum 6 Tage? Ich weiß nicht genau. Vielleicht weil ein gewisser Bodo Schäfer mal geschrieben hat: *„In sieben Jahren zur ersten Million“*, möchte ich zeigen, dass man bereits in 6 Tagen schon ein guter Programmierer werden kann?! Vielleicht aber auch damit Ihr ein kleines zeitliches Ziel vor Augen habt. Wir werden aber sicher nicht 6 Tage an dieser komischen Meldung *(Abb. 2-1)* rumbasteln!

Wichtig ist, um es noch einmal zu verdeutlichen, dass Ihr alles sauber und regelmäßig abspeichert! In Word solltet Ihr daher das Dokument zu Beginn gleich einmal auf der Festplatte verewigen und am besten über die Optionseinstellungen von Word den Autospeichern-Mechanismus aktivieren! Ihr wisst nicht wie das geht? Dann fragt doch einfach Onkel Einstein und drückt [F1]! Man muss nur die richtigen Fragen stellen, wie z. B.: „Autospeichern“. Gebt dieses Wort einfach in das Suchbegriffsfenster der Hilfe ein und Dr. Einstein, oder wen auch immer Ihr als Assistenten ausgewählt habt, sollte Euch ein paar treffende Angebote zur Thematik liefern!

Fassen wir die eben besprochenen Schritte noch einmal zusammen, die es uns ermöglichen in Microsoft-Word ein Stück Visual Basic-Code auszuprobieren:

1. Öffnet Word und erstellt ein neues Dokument. Normalerweise habt Ihr bereits nach dem Start von Word ein neues Dokument. Dann erübrigt sich natürlich dieser Schritt.

2. Speichert das neue Dokument gleich zur Sicherheit ab.

3. Startet über den Menüpunkt „Extras“ → „Makro“ → „Visual Basic-Editor“ die Entwicklungsumgebung von Visual Basic. Man kann zum Starten des Editors auch die Tastenabkürzung [Alt]+[F11] verwenden. Sicher eine lohnenswerte erste Vereinfachung für Euch, um den Editor das nächste Mal schneller zu starten!

4. Falls Ihr alles richtig gemacht habt, dann müsste das chaotische Fenster aus *Abbildung 2-2* zu sehen sein. Sicher eine Menge Holz für den Anfang, aber unser erstes Klassenziel ist erreicht!

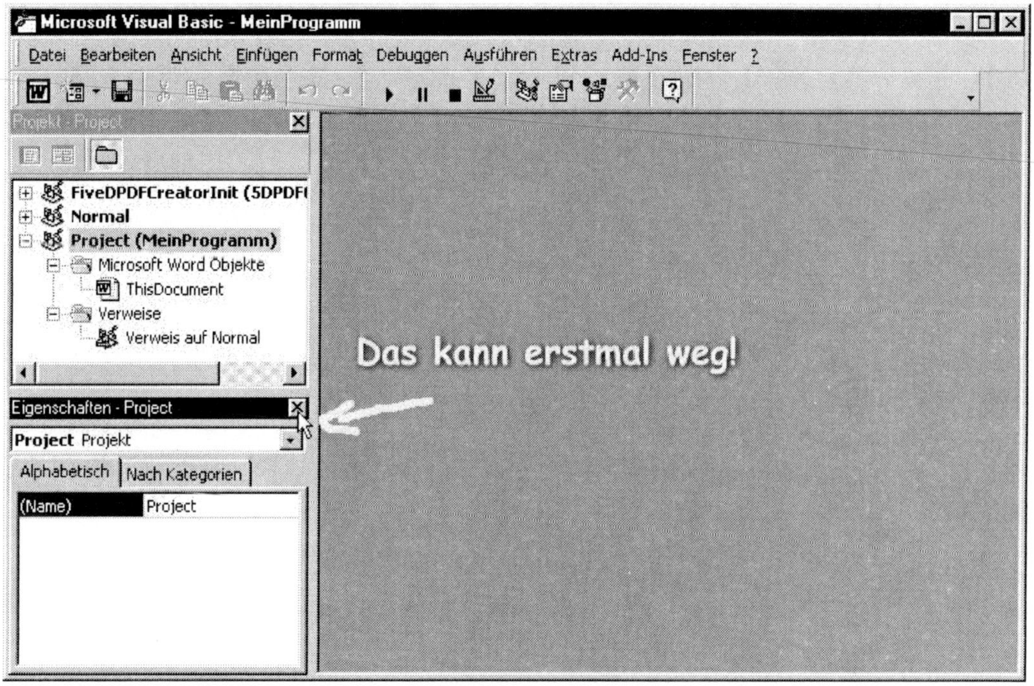


***Abb. 2-2***

Ihr habt jetzt eines der wichtigsten Werkzeuge vor Augen, das ein angehender Visual Basic-Programmierer beherrschen sollte. Wühlt ruhig einmal in den neuen Menü- und Symbolleisten rum, um ein Feeling für das neue Teil zu bekommen. Wir sollten uns hier aber nicht bis ins letzte mit allen Funktionen auseinander setzen. Der Aufbau des Fensters schimpft sich „Splitscreen" und bedeutet, dass mehrere kleine Unterfenster in Einem zusammengefasst wurden. Man kann diese Fenster natürlich auch verschieben oder auch einfach ausblenden. Genau das wollen wir gleich mal durchziehen.

In *Abbildung 2-2* seht Ihr im linken Teil das Fenster mit der Bezeichnung „Eigenschaften – Project". Klickt nun auf das Kreuz rechts neben der Bezeichnung und schwups ... haben wir ein unbekanntes, neues Problem weniger auf dem Monitor. Wir benötigen diese Eigenschaften unseres zukünftigen Projekts an dieser Stelle noch nicht und können daher gut darauf verzichten!

Habt Ihr Euch den Namen des Dokumentes gemerkt, den Ihr unter Schritt 2.) verwendet habt? Dann wird es leichter, mir zu folgen! Nehmen wir an der Name des Dokumentes lautet „MeinProgramm.doc". In diesem Fall seht Ihr in der *Abbildung 2-2* den für uns wichtigen Eintrag: „Project (MeinProgramm)" im linken Projektfenster unseres Editors! Die Darstellung in der so genannten „Baumstruktur" kennt Ihr ja bereits vom Datei-Explorer oder anderen Windowsprogrammen. Schauen wir uns also einmal diesen Projektbaum und seine kleinen Äste an von, denen uns einer ganz besonders interessiert: Der mit dem „Project (MeinProgramm)"!

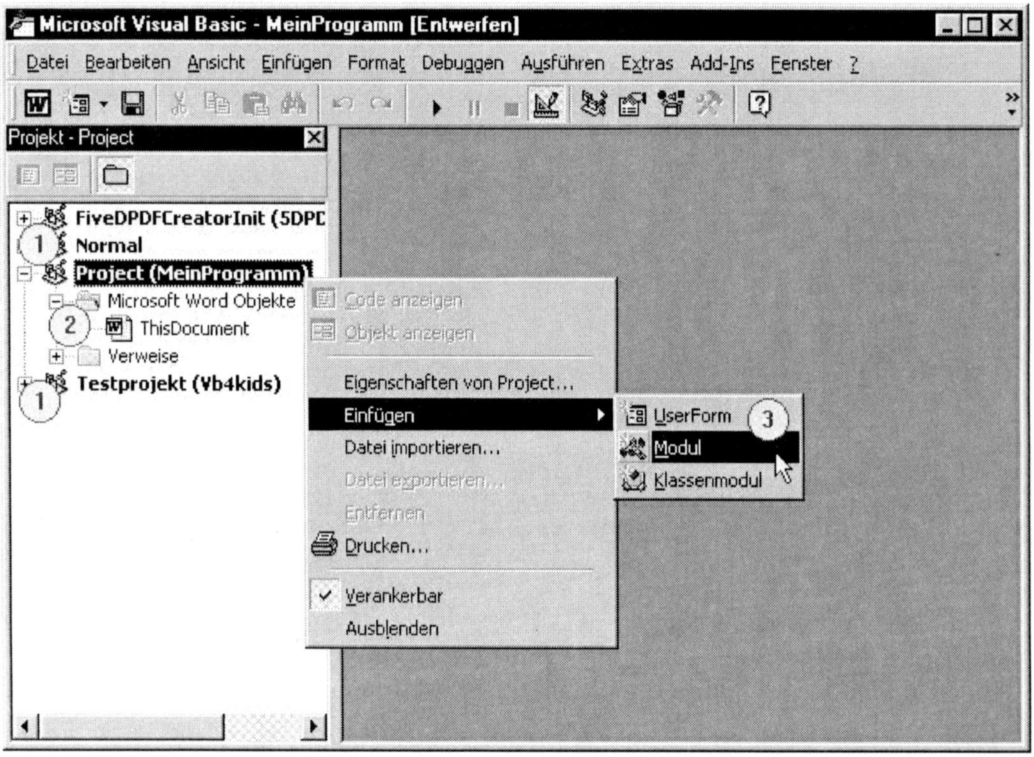


***Abb. 2-3***

In der *Abbildung 2-3* habe ich Euch einmal einige Punkte markiert, die wir für unser erstes Beispiel besprechen sollten. Die Grundäste der Projektliste sind in **Fettschrift** dargestellt und mit ***(1)*** bezeichnet. Projekte sind unser Hauptbaukasten für geschriebene Visual Basic-Programme. Jedes Word-Dokument erhält automatisch ein Projekt. Doch Moment mal! Warum sehen wir dann mehr als ein Projekt. Es ist doch nur ein Dokument geöffnet!

Richtig erkannt! Aber wie eingefuchste Word-User wissen, basieren alle neuen Dokumente auf der berühmten Vorlagendatei „Normal.dot". Da diese nun auch unsichtbar geöffnet ist, sehen wir auch dessen Projekteintrag mit der Bezeichnung „Normal". Die anderen Einträge aus *Abb. 2-3* lassen sich natürlich auch noch erklären: „FiveDPDFCreatorInit" ist eine Vorlagendatei und „Testprojekt (Vb4Kids)" ein weiteres geöffnetes Dokument, welches sich speziell auf meinem Rechner befindet.

Die Darstellung auf eurem Monitor dürfte also ein wenig anders aussehen.

Macht aber nix. Wir wissen: Der Eintrag mit den von Euch gewählten Dokumentennamen in Klammern soll unser Hauptprojekt sein. Meine Datei heißt „MeinProgramm"! Wenn wir nun einen Projekteintrag aufklappen, dann sehen wir diverse „Unteräste", die alle eine Gemeinsamkeit haben: Sie werden in einem gemeinsamen Projekt abgespeichert.

Unser Dokument hat auch einen Ast in diesem Baum - siehe Punkt ***(2)***. Dort finden wir viele tolle Eigenschaften, die uns hier aber nicht interessieren; Nur für ganz Neugierige!

Auf jeden Fall brauchen wir auch einen *„Unterast"*, um unsere erste BASIC-Befehlszeile unterzubringen. Hierfür wir ein *„Modul"* erstellt, in dem man diverse tolle Sachen reinprogrammieren kann. Markiert einfach unser Projekt und drückt anschließend die rechte Maustaste. Jetzt sollte sich das kleine Popup-Menü aus *Abb. 2-3* öffnen. Dort können wir dann über den Eintrag *„Einfügen"* → *„Modul"* - siehe Punkt ***(3)*** - unseren ersehnten Baukasten erzeugen. Das neue Modul wird automatisch im Unterast „Module" abgelegt, den es vorher noch gar nicht gab!

Zusammenfassend möchte ich Euch noch einmal den Sinn des Datei-Explorers darlegen. Im letzten kleinen Abschnitt seid Ihr ja mit vielen neuen Begriffen wie „ThisDocument" oder „Modul" zusammengestoßen. Offensichtlich kristallisiert sich hier wohl eine Notwendigkeit der Programmier-Grundschule heraus. Ihr solltet ein wenig Englisch lernen!

O.k., vielleicht genügt ein kleines Wörterbuch. Doch der Kern der ganzen Geschichte spielt sich, wie die europäische Luftfahrt, im Englischen ab. Vieles lässt sich allein durch Übersetzung der Befehle leicht selbst erklären. Das Wort „Modul" liefert hierfür ein gutes Beispiel.

Ein Modul ist wie ein Baukasten zu betrachten. Und unser Baukasten enthält Visual-Basic-Code. Die Baumdarstellung des Projektfensters erleichtert uns den Überblick über die verschiedenen Module, die nicht immer unbedingt Basic-Code beinhalten müssen. Konzentriert Euch jetzt nur auf unser Modul, das nach der Erstellung automatisch den Namen *„Modul1"* erhalten hat. Wir sind nur noch einige Meter vom Ziel entfernt ...

Die große Leere im rechten Teil unseres Fensters hat sich jetzt mit Leben gefüllt. Tragt jetzt die kleine Prozedur mit dem Namen „ZeigeMeldung()" in das neue Modul ein und drückt anschließend auf das Diskettensymbol in der Menüleiste, um unsere Arbeit abzuspeichern.

Beachtet bitte die genaue Zeichenfolge aus *Abb. 2-4* der drei Programmzeilen und lasst bitte auch kein Komma aus. Die Zeile „MsgBox ...“ habe ich mit einem Tabulator eingerückt. Warum? Erkläre ich Euch später!

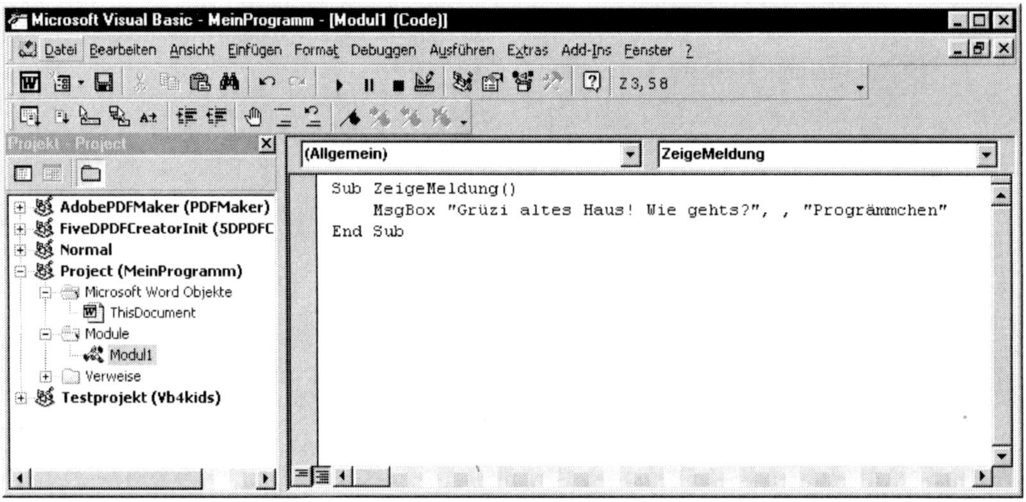


***Abb. 2-4***

So und jetzt wird es spannend! Klickt nun bitte einmal in den Quelltext und drückt anschließend die Taste [F5], um die kleine Funktion zu starten. Habt Ihr alles richtig gemacht, dann solltet Ihr die Meldung aus *Abb. 2-1* sehen. Herzlichen Glückwunsch! Warum solltet Ihr aber den Quelltext anklicken und was zum Henker bedeutet die Taste [F5]? Die Markierung ist deshalb wichtig, weil unsere VB-Verwaltung wissen muss, welche Funktion, bzw. welches Makro (wie es in Word heißt) eigentlich gestartet werden soll.

Mit der Tastenabkürzung [F5] wird die Funktion analog zum Menübefehl: „Ausführen → Makro ausführen“ gestartet. Wurde die gewünschte Funktion vorher nicht markiert so wird Euch Word vor dem Starten in einem Dialogfenster nach dem entsprechenden Makronamen fragen.

## 2.2. Programmieren in Microsoft Excel 97

Ich hoffe Ihr Excel-Freaks habt das Kapitel *„Programmieren in Microsoft Word 2000“* nicht einfach überlesen! Falls doch, so hab ich schlechte Nachrichten! Ihr solltet das auf jeden Fall nachholen! Hierfür gibt es einen ganz einfachen Grund: Zwischen Word und Excel gibt es keine wesentlichen Unterschiede zum Erstellen unserer Testfunktion.

Deshalb werde ich nicht noch einmal auf die bereits besprochenen Punkte des VB-Editors und der anderen Punkte eingehen. Für unser kleines Excel-Projekt solltet Ihr also nach durchackern des Word-Kapitels, die folgenden Schritte durchführen:

1. Startet Excel und erstellt eine neue Arbeitsmappe (diese sollte standardmäßig schon beim Start vorhanden sein).
2. Speichert die neue Arbeitsmappe am besten unter dem von uns im Beispiel verwendeten Namen „MeinProgramm“ ab.
3. Startet über den Menüpunkt „Extras“ → „Makro“ → „Visual Basic-Editor“ die Entwicklungsumgebung von Visual Basic. Genau wie in Word kann zum Starten des Editors auch die Tastenabkürzung [Alt] + [F11] verwendet werden!

An dieser Stelle seht Ihr den Visual Basic-Editor, den auch unsere Word-Freunde zur Programmierung verwenden. In der *Abb. 2-5* wurde von mir bereits das Projekteigenschaftsfenster (siehe Kapitel 2.1 auf Seite 11) geschlossen, um das Fenster übersichtlicher zu gestalten. Auch hier wieder ganz wichtig im Projektbaum die fettgedruckten Einträge.

Das sind unsere Hauptbaukästen zum Abspeichern der diversen Funktionen. Dieser Baum wird sich bei Euch anders darstellen. Doch falls Ihr eure Arbeitsmappe *„MeinProgramm“* genannt habt, dann werdet Ihr im Projektbaum über den dargestellten Eintrag *„VBAProject (MeinProgramm.xls)“* verfügen können. Erstellt dort unser neues Modul *(siehe Abb. 2-3)*, das automatisch von Visual Basic den Namen „Modul1“ erhält, und schreibt unsere Testfunktion `ZeigeMeldung()` hinein.

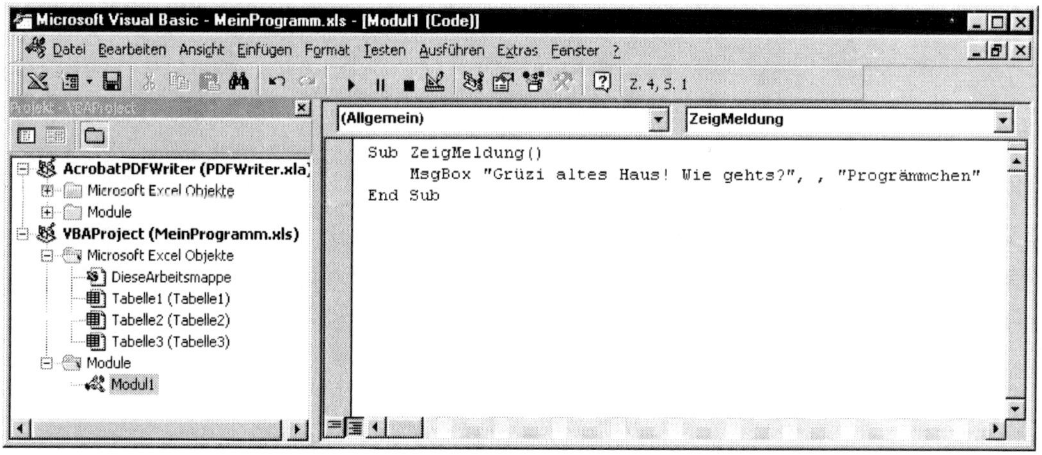


***Abb. 2-5***

Der Start unserer ersten Funktion erfolgt nun mit dem Menübefehl: „Ausführen“ → „Makro ausführen“ oder der Tastenabkürzung [F5]. Denkt bitte daran, die Funktion, also die Zeichenkette ***„ZeigeMeldung“***, vor dem Start mit der Maus einmal anzuklicken. Somit weiß Visual Basic was gestartet werden soll!

Bitte speichert das kleine Progrämmchen auch gleich nach der Erstellung ab. Am besten, bevor Ihr die [F5]-Taste drückt, um die Funktion zu starten. In unserem Beispiel wird sich hier wohl nix außergewöhnliches an „Schweren Ausnahmefehlern“ erwarten lassen, doch bei größeren Programmen wird auch das Risiko größer.

**Also, immer schön speichern!!!**

# 3. Was ist ein Computerprogramm?

## 3.1. Schritt für Schritt

Man kann sich sicherlich über die Reihenfolge des zweiten und dritten Kapitels streiten. Ich meine es kann nur von Vorteil sein, wenn Ihr schon einmal ein kleines Programm geschrieben habt, um die folgenden Zusammenhänge zu verstehen. Ein Programm ist einfach eine Sammlung von einzelnen Programmzeilen. Doch was passiert, wenn wir im Visual Basic-Editor die Taste [F5] drücken, um ein Programm zu starten?

```
01 Sub ZeigeMeldung()
02     MsgBox "Grüzi altes Haus! Wie gehts?", , "Progrämmchen"
03 End Sub
```

***Listing 3-1***

Der Rechner verarbeitet völlig stupide und ohne Spur von künstlicher Intelligenz die Programmzeilen immer schön der Reihe nach. Dabei kann es auch mal vorkommen, dass ein weiteres Programm aufgerufen wird, welches seinerseits auch wieder brav der Reihe nach abgearbeitet wird. Das kann ganz schön komplex werden.

Doch es gibt Dinge, auf die braucht man keine Rücksicht zu nehmen. Konzentriert Euch immer auf den kleinen Teil, den Ihr selbst geschrieben habt. Gerade in der Anfangszeit gerät man gerne in Versuchung, alles bis ins Letzte aufzuklären, um einen Programmierfehler zu finden.

Zurück zum Thema Programmverarbeitung in unserem recht übersichtlichen *Listing 3-1*. Als Erstes gibt es den Programmeinstiegspunkt in Zeile [01]. Die Anweisung ***„Sub“*** eröffnet dem Computer eine neue Funktion in der wir nach Lust und Laune unsere Zeilen schreiben können. Der Name der Funktion *„ZeigeMeldung()“* kann an dieser Stelle frei gewählt werden. Genauso gut könnten wir auch *„EatMyShirt()“* schreiben.

Auf jeden Fall muss es ein nachfolgendes *„End Sub“* geben, das dem Computer mitteilt: *„Stop! Hier endet die Funktion! Hier kommt nix mehr!“*. Diese beiden Programmzeilen [01] und [03] sind also unzertrennlich miteinander verbunden und gehören zusammen wie Thüringer und Kartoffelklöße! Zwischen diesen Zeilen kann sich das Programmiererherz frei entfalten. Die innere Stimme des Rechners beim Abarbeiten unseres Programms könnte sich so anhören:

Erklärung zum *Listing 3-1*:

Zeile 01:
Aha, ein ***Sub***! Hier beginnt also eine neue Funktion mit dem Namen *„ZeigeMeldung"*!

Zeile 02:
***MsgBox***! Jetzt soll ich also eine Meldung ausgeben. Aber was soll ich nur schreiben? Ist es vielleicht eine Warnmeldung oder eine Frage? Mal schauen was mir der Programmierer mit dem ersten Parameter vorgegeben hat. Was? Ich soll wirklich einen so blödsinnigen Satz wie: ***„Grüzi altes Haus! Wie gehts?"*** ausgeben? Also gut, von mir aus!

Was soll das denn? Der zweite Parameter ist ja leer! Dann bleibt mir wohl nix anderes übrig als den an dieser Stelle üblichen Wert zu nehmen. Ich zeige also nur eine „OK"-Schaltfläche an. Wenigstens hat mir der Dösel mit dem dritten Parameter noch die Titelleistenbeschriftung ***„Prognämmchen"*** mit auf den Weg gegeben. Zwar nicht sehr originell, aber wenigstens muss ich mir nicht schon wieder was ausdenken!

Zeile 03:
Na endlich das Ende des ganzen Elends. Ich habe ein ***End Sub*** gefunden! Dann gebe ich jetzt mal schnell den ganzen Speicher wieder frei, der vom Programm verbraucht wurde. Und Tschüß!

So einfach war die Verarbeitung des Dreizeilers. Was passiert im Rechner nach der Anweisung aus Zeile [03] *„End Sub"*? Die einleitende Frage muss eigentlich lauten: „Was passierte vor dem Aufruf unseres Programms?" Die Beantwortung ist einfach. Vor unserem Programm lief ein weiteres Programm und dieses wartete nur darauf, bis wir endlich die F5-Taste gedrückt hatten. Dann konnte es loslegen und unsere Zeilen verarbeiten. Diese „Mutterprogramme" bleiben für uns unwichtig. Sie sollen einfach nur funktionieren, damit wir fleißig programmieren können.

„Mutterprogramm" ist ein recht unprofessioneller Ausdruck. Besser sagt man dazu: ***„Das Run-Time"*** oder auch Laufzeitumgebung. Dieses *„Run-Time"* ist für die Verarbeitung unserer geschriebenen BASIC-Programme verantwortlich. Damit hätten wir auch schon die Beantwortung der Frage nach dem Ende der Zeile [03]. Unser Run-Time erhält zum Ende unseres Programms die Kontrolle zurück und wartet fleißig auf neue Startversuche unsererseits.

## 3.2. Befehle und Parameter

Jede Programmzeile besteht aus ganz bestimmten Befehlen und Befehlsparametern. Visual Basic macht die genaue Analyse bestimmter Befehlsaufbauten nicht ganz einfach, da es hier teilweise völlig hirnrissige Regeln gibt. Also merkt Euch erst einmal die beiden Begriffe: „**Befehl**" und „**Befehlsparameter**"! Schaut Euch die Zeile [02] im *Listing 3-1* an. Dort finden wir den Befehl „MsgBox" und einige Parameter: *„Grüzi altes Haus! Wie gehts?"* und *„Progrämmchen"*. Der Befehl ist also das erste Wort in der Zeile und alles was darauf folgt sind fast immer Parameter.

In unserem Beispiel wird mit dem Befehl „MsgBox" die Meldung aus *Abbildung 2-1* ausgegeben. Ihr habt sicherlich schnell erkannt wozu diese Befehlsparameter dienen. Denn was soll überhaupt mit dem Befehl „MsgBox" auf dem Bildschirm ausgeben werden? Wir übergeben ihm per Parameter alle notwendigen Informationen, die er für diese Darstellung benötigt. Woher aber weiß ich nun, welchen Befehl ich für welche Problemlösung verwenden muss und, ganz wichtig, welche Parameter sind zu übergeben?

Eine sehr wichtige Frage. Der erste Teil der Frage kann sich nur so beantworten lassen: Ihr müsst einfach alle Befehle und dessen sinnvollste Verwendung kennen! Das hat natürlich zur Folge, dass sich der Lernprozess eines **guten** Programmierers nicht so schnell in die Ecke stellen lässt. Wer viel weiß kann aber noch lange nicht gut programmieren. Es gab da mal diese Russisch-Streber in meiner Klasse, die haben Vokabeln gelernt bis die Ohren tropften. Zu den Klassenarbeiten waren sie stets die Besten. Nur frei Russisch sprechen sollte man besser nicht mit ihnen. In den meisten Fällen kam nur Gestammel raus.

Das Lernen von Befehlen oder Vokabeln reicht nun mal nicht aus, um ein Betriebssystem zu entwickeln oder ein Buch zu schreiben. Vielmehr versetzt uns unsere Kreativität und Logik in die Lage, hochkomplexe Dinge wie das Programmieren oder Labern in einer Fremdsprache zu meistern. Genau wie in einer Fremdsprache so gibt es auch bei Programmiersprachen oftmals mehrere Lösungswege, doch meistens nur wenige, die einer gewissen Grammatik, bzw. Ausdrucksweise entsprechen.

Ich werde Euch einige Beispiele zeigen, die veranschaulichen, wie man richtig komplizierten Quellcode schreibt, oder diesen auch übersichtlich und einfach darstellt. Doch das in einem späteren Kapitel. Nun zurück zum Beispiel aus *Listing 3-1*. Eine Kleinigkeit aus der Programmzeile [02] haben wir noch vergessen. Wozu dient die doppelte Kommafolge nach dem ersten Parameter? Eigentlich sollte sich dort ein weiterer Parameter befinden. Doch den brauchen wir nicht. Also wird er einfach ausgelassen.

Da wir jedoch den dritten Parameter angeben, muss diese doppelte Kommafolge verwendet werden. Man sollte also verstehen welcher Parameter welche Funktion hat. Beim Schreiben dieser Programmzeile seid Ihr durch kleine sogenannte *Tooltips* auf die Schreibweise des

Befehls „MsgBox“ hingewiesen worden. *Tooltips* sind die kleinen gelben Hilfetexte die hin und wieder mal auftauchen.

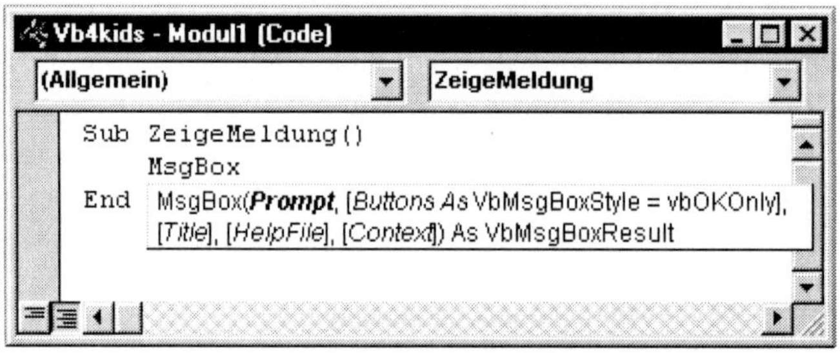


***Abb. 3-1***
*Die Soforthilfe von VB ist ganz schön schlau und greift dir kräftig unter die Arme!*

In dieser Abbildung seht Ihr noch einmal was passiert, wenn man nach der Eingabe des Befehls „MsgBox“ ein Leerzeichen drückt. Visual Basic zeigt Euch jetzt genau an, was alles so an Parametern übergeben werden muss oder kann. Diese *Tooltips* sind also eine riesige Hilfe; Zwar in Englisch, doch das gehört nun mal dazu! Die Auflistung aller Parameter ist in Klammern eingeschlossen. Alle Angaben sind hierbei mit einem Komma getrennt.

Zählen wir mal schnell die Parameter in unserem Befehl. Da wäre der erste Parameter mit der Bezeichnung *„Prompt“* (in der Abbildung fettgedruckt). Dieser ist deshalb fettgedruckt, weil wir in unserem Editor genau diesen Parameter jetzt angeben müssen. Der Befehl erwartet an dieser Stelle die Zeichenkette die in der Meldungsbox erscheinen soll. Haben wir diese Angabe erledigt und drücken jetzt ein Komma, so müsste sich der zweite Parameter in der gelben Tooltipanzeige in Fettschrift darstellen.

Die Beschreibung dieses Wertes wurde hier in eckigen Klammern („[...]“) eingeschlossen was bedeutet, dass wir hier eine Angabe machen können aber nicht müssen! Es handelt sich um einen sogenannten „optionalen“ Parameter. Alle weiteren Parameter sind ebenfalls in eckigen Klammern angegeben und daher als optional auch für unser Beispiel zu vernachlässigen.

Der Befehl „MsgBox“ hat also fünf Parameter mit der folgenden Beschreibung: *<Prompt>*, [*<Buttons>*], [*<Title>*], [*<HelpFile>*] und [*<Context>*]. Die speziellen Angaben wie *„ ... As VbMsgBoxStyle“* und *„ ... As VbMsgBoxResult“* interessieren uns hier erst einmal noch nicht. Sie haben mit der genauen Definition von Befehlen und Werten zu tun, die in einem späteren Kapitel beschrieben sind.

Parameter sind nicht gleich Parameter. Es gibt numerische Parameter mit ganz kleinen Zahlenbereichen, numerische Parameter mit unglaublich großen Zahlenbereichen, alphanumerische Parameter, Parameter mit nur zwei gültigen Werten und sogar Parameter die nix sind und doch angegeben werden müssen. Pow! Viel Kleinholz für den Anfang. Uns genügt es jetzt erst einmal zu wissen, dass wir nicht wissen, was für Arten von Parametern für unsere Beispiele verwendet werden.

Die Bedeutung der einzelnen Parameter scheint hier weitaus wichtiger zu sein. Allein der Tooltip zeigt uns nur bestimmte Schlagworte wie: *„Prompt"*, *„HelpFile"* oder *„Context"*. Was dahinter steckt erkennt Ihr später schon von allein, denn viele dieser Worte kommen in anderen Befehlen auch vor. Man muss also nicht für jede Kleinigkeit alles neu erlernen. Es steckt überall ein gewisses übereinstimmendes Konzept drin. Im nächsten Kapitel werde ich Euch zeigen, wie Ihr allein die Bedeutung der Parameter erfahren könnt.

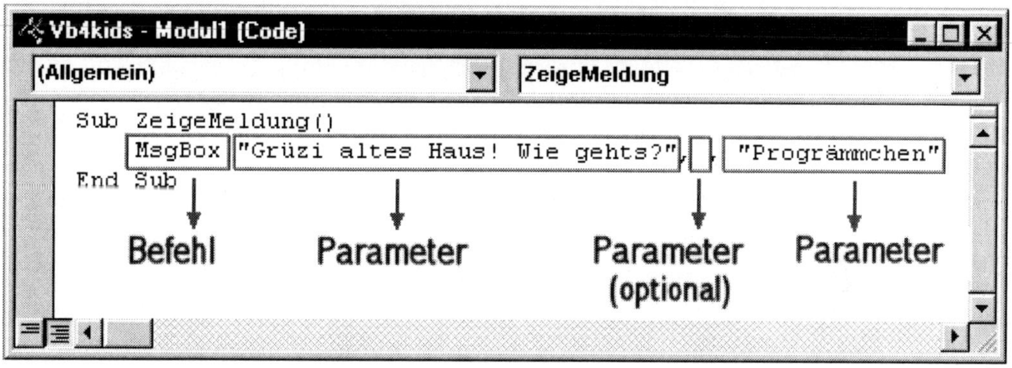


***Abb. 3-2***

Ein Wort noch zu den Parametern die nicht unbedingt angegeben werden müssen. Im Kapitel *„Schritt für Schritt"* auf Seite 19 konntet Ihr sehen, was der Rechner bei der Verarbeitung der Zeile [02] im Falle eines nicht angegebenen Parameters tut. Er verwendet einen vorgesehenen Standardwert. Es ist sehr wichtig, dass Ihr Kenntnis über diese Standardwerte habt, da diese die Wirkungsweise des von Euch benutzten Befehls entscheidend beeinflussen. Für die *Msgbox* wird z. B. die Standardschaltfläche „OK" ausgegeben, falls Ihr den entsprechenden zweiten Parameter einfach ignoriert.

Fassen wir noch einmal kurz zusammen:

☑

1. Das erste Wort in der Programmzeile ist ein ***Befehl*** bzw. eine ***Anweisung***.
2. Die Wörter nach dem Befehl sind dazugehörende ***Parameter***.
3. Parameter ***beeinflussen*** die Ausführung des Befehls!
4. Parameter können ***optional*** sein. Sie müssen dann nicht angegeben werden. In diesem Fall wird ein ***Standardwert*** verwendet. Optionale Parameter sind meist mit ***eckigen Klammern*** gekennzeichnet.
5. Nicht verwendete Parameter sind nur dann mit einer leeren Kommafolge markiert, wenn Ihr weitere, nachfolgende Parameter verwendet. (siehe *Abb. 3-2*)!

## 3.3. Der Trick mit der F1-Taste

Unsere *MsgBox* hat also die Parameter *Prompt*, *Title* und noch ein paar mehr. Übersetzt könnte man hierzu auch „Eingabe" und „Überschrift" sagen. Was aber wenn Ihr die Bedeutung von *Prompt* und *Title* nicht wisst? Was passiert, wenn der komische Tooltip nix Vernünftiges ans Tageslicht bringt und Euer Nachbar der Visual Basic-Profi mit seinem neuen Laptop in den Skiurlaub gefahren ist?

Dann hilft nur eins: Schnell den verflixten Befehl mit der Maus einmal angeklickt und die **F1-Taste** gedrückt! Die Zeichenfolge muss nicht unbedingt komplett markiert sein. Falls die deutsche Online-Hilfe installiert wurde, dann habt Ihr es jetzt sicher einfacher. Nach dem Start der so aktivierten Online-Hilfe, müsste jetzt die genaue Erklärung des Befehls *MsgBox* und dessen Parameter zu sehen sein. Es gibt sogar einige Beispiele. Meine Hilfe ist in Deutsch wie man in der folgenden Abbildung deutschlich … äh … deutlich sehen kann.

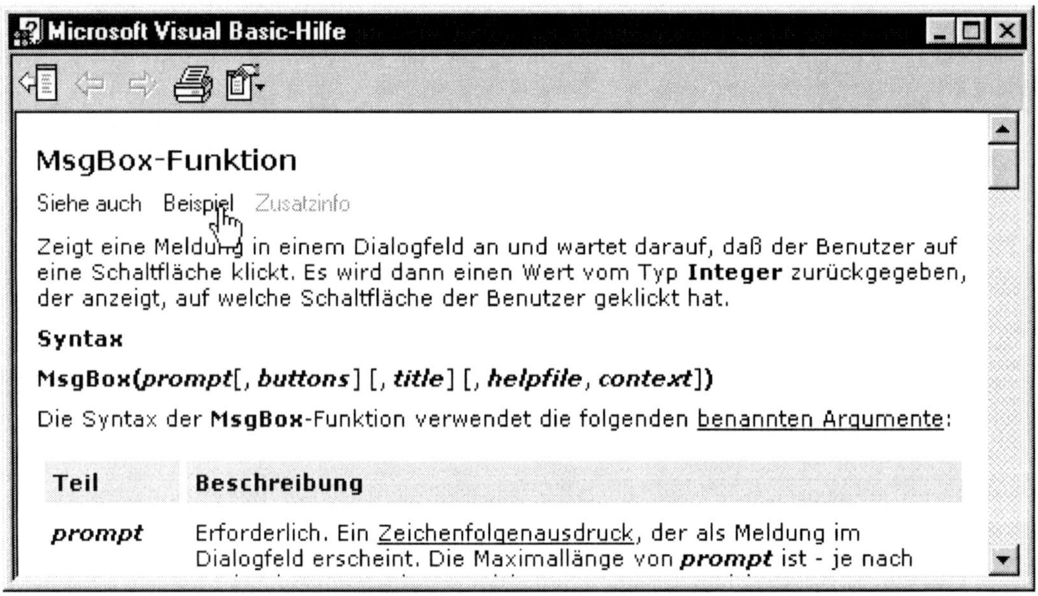


***Abb. 3-3***

Nahezu alle Hilfen zu Programmiersprachen zeigen zu Beginn die Befehlsbeschreibung die sogenannte **Syntax**. Im darauf folgenden Teil werden dann die einzelnen Parameter noch einmal ausführlich erläutert. In *Abb. 3-3* könnt Ihr die Visual Basic-Hilfeseite des Befehls „MsgBox" sehen. Interessant an dieser Stelle ist auch der Vergleich des kleinen Tooltips aus der *Abb. 3-1* und der Syntax aus *Abb. 3-3*, die sich ziemlich gleichen!

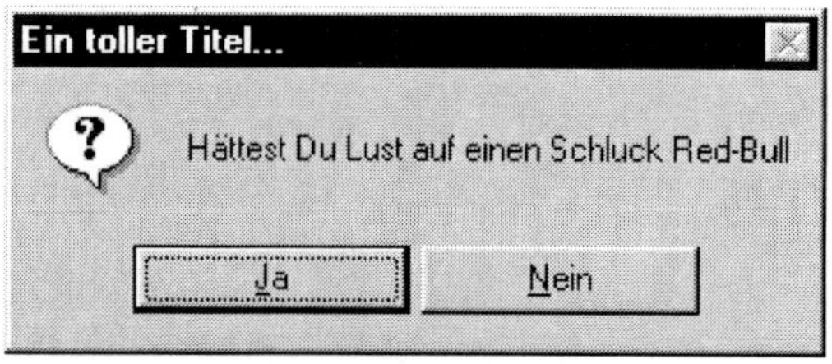


*Abb. 3-4*

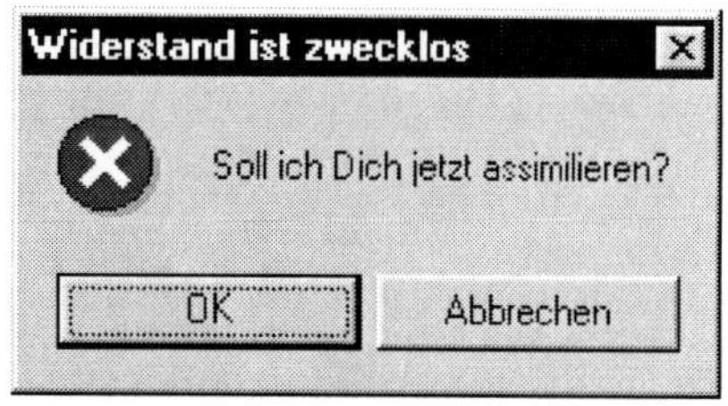


*Abb. 3-5*

Ich kann nur empfehlen, diverse Kombinationen auszuprobieren, um ein Feeling für die Verwendung unbekannter Befehle zu bekommen. Vielleicht sollten wir auch gleich zu unserer ersten Hausaufgabe kommen? Etwas zu früh? In diesen beiden Abbildungen sind zwei Schaltflächen inklusive eines Symbols (Fragezeichen oder Warnkreuz) im Einsatz. In der Hilfe zu Befehl *MsgBox* sehen wir, dass der zweite Parameter mit Buttons zu tun hat. Er hat jedoch auch Einfluss auf das angezeigte Symbol!

Ihr könntet jetzt sagen: *„Halt mal! Ich habe doch nur einen Parameter für das Aussehen der Box!"*, aber hier gibt es eine recht einfache Lösung. Die Werte „Schaltfläche Ja/Nein" und „Symbol-Fragezeichen" werden einfach addiert und als zweiter Parameter übergeben! Wenn Ihr am zweiten Parameter angelangt seid, dann schlägt Euch Visual Basic einen Wert vor. Wählt hier einfach ***vbYesNo***, drückt anschließend die Plustaste und schon geht die Liste erneut auf!

So einfach kombiniert Ihr mehrere Varianten von gültigen Parameterwerten. Versucht es mal ohne Beispiel-Listing. Aber Vorsicht! Nicht alle Kombinationen sind sinnvoll! Spielt ruhig ein wenig weiter und zaubert eure ersten selbst erstellten Meldungsboxen.

# 4. Variablen und Konstanten

## 4.1. Wann Variablen und wann Konstanten?

*Variablen* sind neben den bereits besprochenen Befehlen eine der wesentlichsten Bestandteile eines Programms. Sie sind für uns wie kleine Merkzettel oder auch Schubladen. Die Informationen, die sich hier befinden, können natürlich auch wieder verändert werden. Andernfalls wäre die Bezeichnung *Variable* wohl eher ein untreffender Begriff. Bei *Konstanten* verhält es sich anders. Die Informationen können nicht mehr verändert werden.

Vielleicht mit einer Notiz auf einem Zettel zu vergleichen, die wir mit einem Kugelschreiber, anstatt mit Bleistift erzeugt haben. Mit wegradieren ist hier nix zu machen. Beim Programmieren dreht sich im Prinzip alles um Variablen. Aus diesem Grund gibt es auch sehr viele Unterscheidungen. Wenn Ihr dieses Thema irgendwann einmal voll auf der Pfanne habt, dann seid Ihr dem Status eines Programmier-Gurus schon sehr nahe.

Stellt Euch vor, Ihr programmiert eine Dateneingabe, die vom Benutzer Namen und Passwort verlangt. Dann müsstet Ihr doch sicher innerhalb des Programms diese wertvollen Informationen irgendwo abspeichern, oder etwa nicht? An einer bestimmten Stelle erfolgt nämlich die Überprüfung der Benutzereingaben: „Darf der Benutzer XYZ überhaupt mit diesem Programm arbeiten?". Diese Angaben werden von uns in Variablen abgelegt.

Sie sind je nach Bedarf auch für andere Programme sichtbar, d.h., auch andere Funktionen können sich aus diesen Schubladen bedienen. Diese Variable für den Benutzernamen wird bei erneuter Abfrage wieder mit einem neuen Wert versorgt. Das bedeutet: **Variablen können während des Programmablaufs ihren Wert ändern!**

Stellt Euch nun vor, Ihr programmiert ein Betriebssystem wie Linux oder Windows. Das wäre doch echt toll, wenn Ihr das Teil auch nach Indien oder Italien verkaufen könntet. In diesem Fall müsste Euer Programm auch mehrere Sprachen unterstützen. Am Programm selbst würde sich nix ändern, doch die Bildschirmausgaben müssten in der neu gewählten Sprache erfolgen!

Ein klarer Fall für unsere Konstanten. Alle Wörter die im Programm verwendet werden sind jetzt in einem speziellen Modul, zentral als Konstanten abgelegt. Benötigt eine Funktion ein bestimmtes Wort oder eine Wortgruppe, dann holt sie sich diese aus dem zentralen Wortmodul mit den vielen Konstanten. Erstellen wir nun von unserem Betriebssystem eine deutsche und eine italienische Version, dann muss lediglich dieses zentrale Modul angepasst werden. Es wäre doch viel schwieriger in beispielsweise 7000 Codezeilen alle Wörter von der einen in die andere Sprache zu übersetzten! **Der Inhalt von Konstanten steht also vor dem Programmstart bereits fest und kann sich nicht mehr verändern!**

Eine sehr abstrakte Erklärung der Variablen und Konstanten, ich weiß. Daher auch gleich ein kleines Beispiel. Schaut Euch bitte die nachfolgenden Listings an und versucht einmal, den Unterschied der Programmergebnisse herauszufinden. Ihr werdet keinen Unterschied finden. Alle drei Listings haben das gleiche Ergebnis. Sie geben hintereinander drei verschiedene Meldungsfenster aus.

Im *Listing 4-1* sehen wir die Ausgangsform, die es zu optimieren gilt. Alle drei Befehlszeilen [03], [04] und [05] haben hier als Titel das Wort *„Prográmmchen“*. Wir können nun eine Variable (oder auch Schublade) erstellen lassen, die diesen Text aufnimmt, um ihn später an der richtigen Stelle wieder auszuspucken.

```
01 Sub ZeigeMeldung()
02
03     MsgBox "Grüzi altes Haus! Wie gehts!", , "Prográmmchen"
04     MsgBox "Was machen Deine Eltern?", vbQuestion, "Prográmmchen"
05     MsgBox "Heute Abend ins Kino!", vbQuestion + vbYesNo, _
06            "Prográmmchen"
07 End Sub
```

***Listing 4-1***

Unsere Variable erhält den Namen `sTitel`. Alle Variablen benötigen einen eindeutigen Namen. Stellt Euch vor wir ritzen den Namen `sTitel` in die Vorderfront unserer Schublade. Dann wissen wir später auch wo wir den Titel für unsere Meldungsboxen wiederfinden. Vor der Verwendung einer Variablen muss diese zunächst erzeugt werden. Im programmiertechnischen Sinn heißt das: **„Dimensionieren“**.

Besser wir bauen uns eine Schublade. Den Befehl hierfür seht Ihr in der Zeile [02] in *Listing 4-2*. Wir werden uns später noch ausführlich mit der Erzeugung von Variablen beschäftigen. Die Variable ist also jetzt ins Leben gerufen. Nun muss noch ein von uns gewählter Wert in diese neue Schublade abgelegt werden. Das geschieht in Zeile [04]. Auch hierzu später mehr.

Jetzt ersetzen wir den entsprechenden Parameter (siehe *Listing 4-2*) des Befehls *MsgBox* mit der Variablen: `sTitel`. Beachtet hierbei bitte, dass der Variablenname nicht in Anführungszeichen geschrieben wird. So weiß der Computer, dass dieser Text eine Variable ist und keine feste Zeichenkette! Das wiederum bedeutet, der Computer sucht sich die entsprechende Schublade mit der Bezeichnung `sTitel` und holt sich von dort den Wert.

```
Sub ZeigeMeldung()
    Dim sTitel

    sTitel = "Prográmmchen"

    MsgBox "Grüzi altes Haus! Wie gehts!", , sTitel
    MsgBox "Was machen Deine Eltern?", vbQuestion, sTitel
    MsgBox "Heute Abend ins Kino!", vbQuestion + vbYesNo, sTitel

End Sub
```

***Listing 4-2***

So langsam werden unsere Beispiele schon umfangreicher! Übrigens dienen die Leerzeilen nur der allgemeinen Übersichtlichkeit. Es geht nichts über einen vernünftig zu lesenden Quellcode. Auch nach Jahren der Vergessenheit! Auch hier solltet Ihr ruhig etwas rumprobieren und die eine oder andere Stelle verändern, um ein Gefühl für die Programmabarbeitung zu bekommen.

Laut der Definition von Variablen und Konstanten, scheint die Verwendung einer Variablen für das Beispiel in *Listing 4-2* aber etwas untypisch zu sein. Meint Ihr nicht auch, hier müsste eine Konstante eingesetzt werden? Schließlich bleibt der Wert der Variablen `sTitel` in allen Stellen des Programms erhalten! Die Variable `sTitel` hat also stets den konstanten Inhalt *„Prográmmchen"*! Aus diesem Grund stelle ich Euch natürlich auch die richtige Variante für unser Beispiel vor. Schaut Euch das *Listing 4-3* an.

Im Vergleich zur Variablen vereinen wir den Schritt der Konstantenerzeugung mit dessen Wertzuweisung in einer gemeinsamen Programmzeile Zeile [02]. Ich habe hier bewusst eine Großschreibweise verwendet. Es gibt gewisse Regeln, sogenannte ungeschriebene Gesetze bei der Namensgebung von Variablen und Konstanten. Die Konstante hat deshalb Großbuchstaben damit man diese später im Quellcode auch als Konstante wiedererkennt.

Übrigens kann auch hier ein beliebiger Name verwendet werden. Genauso gut wäre auch *KONST_WECKER* oder vielleicht *TITELBEZEICHNUNG*. Jedenfalls kann dieser Konstantenname an der gewünschten Stelle im Programm als Ersatz eingefügt werden. Sollen jetzt die Meldungsboxen einen anderen Titel erhalten, so braucht Ihr diesen nur in der Zeile [02] ändern. Bei unseren paar Zeilen lohnt es sich zwar noch nicht so gewaltig, doch stellt Euch mal einen 7000-Zeiler vor!

```
Sub ZeigeMeldung()
  Const DEF_TITEL = "Programmchen"

  MsgBox "Grüzi altes Haus! Wie gehts!", , DEF_TITEL
  MsgBox "Was machen Deine Eltern?", vbQuestion, DEF_TITEL
  MsgBox "Heute Abend ins Kino!", vbQuestion + vbYesNo, DEF_TITEL

End Sub
```

***Listing 4-3***

Da ich schon wieder den 7000-Zeiler anspreche: Ein kurzes Beispiel. Der Netscape-Browser hat z. B. über 7000 Programmzeilen. Also, unser Beispiel sollte uns nicht zu lange aufhalten. Wir haben noch mehr vor! Man sollte nicht unerwähnt lassen, dass diese gewaltige Menge von Programmzeilen nur durch strikte, organisierte Modulverwaltung und eiserne Einhaltung von Programmiervorschriften überblickt werden kann. Unser jetziges Kapitel stellt bereits einen wichtigen ersten Schritt beim Erlernen dieser Programmiervorschriften dar!

Den wirklich wichtigen Unterschied zwischen Variablen und Konstanten stelle ich Euch im nächsten Kapitel vor. Zwar haben wir hier zwei Arten von Speichermöglichkeiten kennen gelernt, doch warum sollte ich als Programmierer hier wirklich so strikt trennen? Nur so viel schon vorab: Die vorhergehende Frage muss lauten: *„Warum soll ich als* ***guter*** *Programmierer hier strikt trennen?“*

Fassen wir noch einmal kurz zusammen:

☑

**Variablen ...**

1. ***Variablen*** sind Zwischenspeicher (Schubladen) deren Inhalt ***wieder geändert*** werden kann.
2. Alle ***Variablen*** müssen zu Beginn der Funktion mit der Anweisung ***„DIM“*** (*„Dimensionieren“*), gefolgt vom Variablennamen, erzeugt werden.
3. ***Variablen*** werden über den gewählten Namen angesprochen. Sie dürfen ***nicht in Anführungszeichen*** eingeschlossen werden.

☑ **Konstanten ...**

1. ***Konstanten*** sind Zwischenspeicher deren Inhalt später ***nicht geändert*** werden kann.
2. ***Konstanten*** erhalten ihren Wert gleich bei der Erzeugung mit dem Visual Basic-Befehl ***„Const“*** gefolgt vom Konstantennamen und dessen Wert. (z. B.: ***Const*** *DEF_TITEL = „Prográmmchen“*)
3. ***Konstanten*** werden über den gewählten Namen angesprochen. Sie dürfen nicht in Anführungszeichen eingeschlossen werden.

## 4.2. Wie werden Variablen verwaltet?

Im vorangegangenen Kapitel war vom Zwischenspeicher die Rede, der Ort an dem unsere Informationen, Benutzerangaben o. ä., abgelegt werden können. Dieser Speicher ist nix weiter als der gute alte RAM, der in eurem Rechner steckt. Stellt Euch vor, der gesamte RAM besteht aus Tausenden kleinen Schränken, die alle als Variablenspeicher verwendet werden können.

Wenn wir also eine Variable in unserem Programm verwenden wollen, dann müssen wir uns nur einen dieser Schränke reservieren lassen. Generell wird der gesamte Speicherplatz erst einmal für alle Programme gesperrt und jedes Programm muss seine Variablen beim Betriebssystem (Windows 95/98/NT etc.) daher erst beantragen. Falls überhaupt noch Platz vorhanden ist, gibt uns das Betriebssystem einen Verweis auf einen Schrank zurück, der ganz allein von unserem Programm verwendet werden kann.

In *Abb. 4-1* seht Ihr eine Darstellung des RAM-Bereichs mit seinen vielen kleinen gesperrten Schränken. Mit unserem Befehl: `"Dim sTitel"` reservieren wir nun einen dieser Schränke zur Nutzung durch unser Programm. Dieser Schrank kann von keiner anderen Anwendung benutzt werden. Jeder kann sich vorstellen, dass diese Verwaltung sehr aufwendig ist. Wohl einer der Gründe der vielen Schutzverletzungen und Ressourcen-Probleme von Windows, die jedoch mit Windows NT/2000/XP gut in den Griff bekommen wurden.

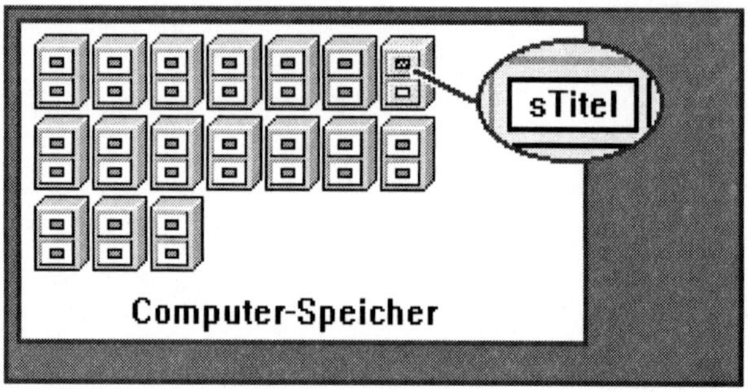


***Abb. 4-1***

```
01   Dim sTitel
02
03   sTitel = "Progrämmchen"
```

Zeile [01] reserviert uns den benötigten Schrank für Variable `sTitel` im RAM-Bereich unseres Rechners. Dabei wird vom Betriebssystem dieser Schrank mit dem Namen unserer Variablen versehen und somit für andere Anwendungen gesperrt. Zeile [03] legt in diesen Schrank den Text „Progrämmchen" hinein!

Jetzt wo wir unsere Schublade haben, können wir in unserem Programm beliebig oft auf den Inhalt zugreifen. In *Listing 4-2* wird in unsere Schublade der Text „Progrämmchen" abgelegt und anschließend als Parameter des Befehls *MsgBox* verwendet. Dies war jedoch ein schlechtes Beispiel für die Anwendung einer Variablen, da wir dort den Inhalt lediglich einmal setzen und dann unberührt lassen. Ein klarer Fall für eine *Konstante*! Besser versteht sich vielleicht das folgende Beispiel:

```
01  DIM sTitel
02
03  sTitel = "Prog"
04  MsgBox "Alles wurscht!", , sTitel
05
06  sTitel = sTitel & "rämm"
07  MsgBox "Alles wurscht!", , sTitel
08
09  sTitel = sTitel & "chen"
10  MsgBox "Alles wurscht!", , sTitel
```

***Listing 4-4***

Hier wird der Inhalt der *Variablen* in den Zeilen [03], [06] und [09] mit verschiedenen Inhalten versorgt. Das ist mit einer *Konstanten* definitiv nicht möglich! Übrigens kann man das „&"-Zeichen in den Zeilen [06] und [09] auch mit einem „+"-Zeichen vergleichen. In unserem Beispiel wird lediglich der Inhalt der Variablen *sTitel* mit einer Zeichenfolge zusammengefügt und anschließend wieder in dieser Variablen abgelegt.

Unsere Schubladen sind nicht immer von jedem Teil unseres Programms sichtbar! Das hat mit ganz bestimmten Zugriffsregeln zu tun! Die Erklärung dieser Regeln soll uns an dieser Stelle noch nicht so gewaltig interessieren. Wichtig ist jedoch die Tatsache, dass nach Beendigung unseres Programms die Schubladen vom Betriebssystem geleert und anschließend wieder gesperrt werden. D. h., andere Anwendungen auf unserem Rechner könnten diese Schublade jetzt für sich reservieren lassen.

## 4.3. Wie werden Konstanten behandelt?

Im Vergleich zum Thema Variablen können wir hier einen Gang zurückschalten. Konstanten sind nämlich nix weiter als Platzhalter oder auch Ersatz für bestimmte Programmangaben. Zum Verständnis möchte ich Euch kurz erläutern was passiert, wenn Ihr ein VB-Programm startet. Die tollen Zeilen werden nämlich intern in computerverständliche Befehle umgewandelt und erst dann ausgeführt.

Je nach Programmierwerkzeug könnt Ihr auch eine selbstausführende EXE-Datei erzeugen. In dieser EXE-Datei sind eure Befehle natürlich von Visual-Basic übersetzt worden. Mit Word ist dies jedoch nicht möglich. Word-Programme werden nur im Speicher übersetzt und anschließend ausgeführt. Dieser erste Schritt der Programmübersetzung vor der Ausführung nennt sich ***„Kompilieren“***.

Jetzt kommen endlich unsere Konstanten ins Rampenlicht. Alle von Euch im Programm eingebauten Konstanten werden nun vor dem *Kompilieren* (Übersetzungslauf) von VB erkannt, ausgewertet und direkt in Euren Quellcode an den entsprechenden Stellen einfach eingebaut. Wohl gemerkt, **vor** der eigentlichen Programmausführung!

```
Function MeinProgramm()

 Const DEF_MELD1 = "Hallo"
 Const DEF_MELD2 = "Sie"
 Const DEF_MELD3 = "Da"

 MsgBox DEF_MELD1
 MsgBox DEF_MELD2
 MsgBox DEF_MELD3

End Function
```

**Kompilieren**

```
Function MeinProgramm()

 MsgBox "Hallo"
 MsgBox "Sie"
 MsgBox "Da"

End Function
```

*Abb. 4-2*

Konstanten benötigen also bei unserer Programmausführung keinen Ausführungsspeicher im RAM des Rechners! Äußerst umweltfreundliche Geschichte also. Um es kurz zusammenzufassen: Überlegt Euch bereits vor der Programmumsetzung wo Konstanten den Variablen vorzuziehen sind! Habt Ihr diese Art und Weise der Konstantenverwendung begriffen, dann unterscheidet Ihr Euch bereits jetzt ganz wesentlich vom kleinen Hobby-Programmierer!

# 5. Programmbeispiel „EURO-Rechner"

## 5.1. Die Projektvorbereitung

Als kleine Zwischenprüfung wollen wir ein größeres Beispiel in Angriff nehmen, welches neben der Ausgabe von Werten auch dessen Eingabe zulässt. Hintergrund unseres Programms ist die Euroumstellung in Deutschland und Teilen Europas. Wir möchten einfach einen eingegebenen DM-Betrag von unserem Programm in die Währung EURO umgerechnet bekommen. Natürlich soll uns das entsprechende Ergebnis in einer Meldung ausgegeben werden. Doch uns fehlen hierfür noch ein bis zwei Dinge.

Beginnen wir mal von ganz vorn! Bevor Ihr Euch an die Lösung eines Problems setzt, solltet Ihr die Ziele ganz klar vor Augen haben. Besser noch – Ihr solltet die Ziele aufschreiben. Ist das Ziel klar beschrieben, dann notiert die notwendigen Schritte, die zu diesem Ziel führen müssen. In unserem Beispiel zeige ich Euch einmal die Ablauffolge, die die entsprechenden Schritte und natürlich auch das Ziel beschreibt:

1. Verarbeitung einer Benutzereingabe (Eingabe des DM-Betrages)
2. Prüfung der Gültigkeit der Benutzereingabe
3. Umrechnung des eingegebenen Betrages in unsere Währung (EURO)
4. Ausgabe des von DM in EURO umgerechneten Betrages.

Die Fähigkeit, diese Gedanken so aufzuschreiben wie ich es hier getan habe, muss von Euch gelernt, bzw. antrainiert werden. Kaum jemand von Euch wird sich sicherlich die Mühe machen, solche Aufstellungen vorzunehmen. Ich meine, 90% der Normalprogrammierer legen nach Schilderung der Zielsetzung gleich mit dem Schreiben des Quellcodes los. Und das ist falsch!

Klar, es macht viel mehr Spaß gleich loszuprogrammieren, anstatt die notwendigen Programmfunktionen und dessen Anforderungen an unser gesamtes Projekt bis ins Letzte zu erörtern. Macht man es richtig, dann werden ca. ¾ der gesamten Projektzeit mit der Planung verplätschert! Lediglich ¼ wird wahrhaftig programmiert! Hört sich komisch an, scheint aber auch logisch!

Mit der Zeit werdet Ihr sehen, dass sich ungeplante Projekte in die Länge ziehen, weil irgendwelche unwesentlichen Details übersehen wurden. Was bringt Euch nun eine Aufstellung in der Art, wie wir sie eben in den vier Schritten dargestellt haben? Ohne Programmier-Hintergrundwissen nicht sehr viel! Doch mit der Zeit kommt die Weisheit, inspiriert durch jede der vier Zeilen, bereits im Kopf die entsprechenden Codezeilen bereitzustellen. Man kann sich auch schon ein Bild darüber machen, welche Variablen oder Konstanten benötigt werden.

## „¾ Planung und ¼ Programmierung“!

Die Projektplanung erfordert ein gewisses Training. Ich weiß, dass Ihr eine derartige Planung am Anfang nicht durchführen werdet. Aber irgendwann, wenn Ihr mal richtig große Programme auf die Beine stellt, erinnert Ihr euch vielleicht an meinen Rat.

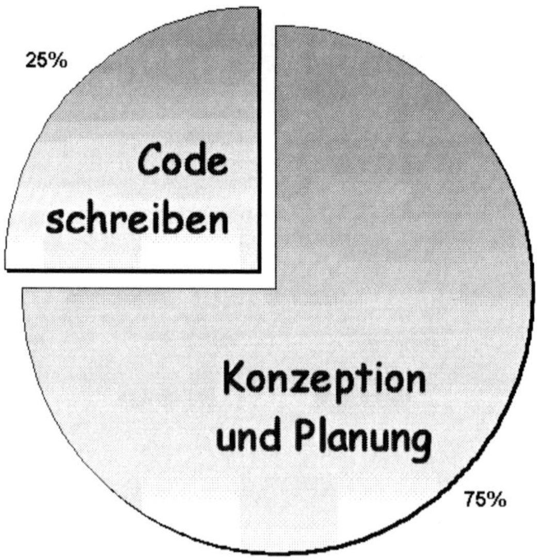

## 5.2. Der Quellcode

Genug der Theorie! Baut nun das *Listing 5-1* in eure VB-Umgebung ein und bringt das Programm zum laufen. Schaut Euch hier ruhig noch einmal die entsprechenden Schritte aus dem Kapitel „*Dein erstes Programmchen*“ auf Seite 11 an. Der gesamte Code muss in das von Euch angelegte Modul gebracht werden.

```
01 Const DEF_TITEL = "Euro-Umrechner"
02 Const DEF_MSG_EINGABE = "Geben Sie den DM-Betrag ein:"
03 Const DEF_MSG_RESULT1 = "Betrag in DEM: "
04 Const DEF_MSG_RESULT2 = "Betrag in EUR: "
05 Const DEF_KURS = 1.95583
06 '-----------------------------------------------------
07
08 Sub EuroRechner()
09     Dim nEingabe      'Variable zur Eingabespeicherung
10     Dim nFremdWg      'Variable zur Umrechnung der Eingabe
11
12     nEingabe = Val(InputBox(DEF_MSG_EINGABE, DEF_TITEL))
13     nFremdWg = nEingabe / DEF_KURS        'Umrechnung durchführen
14
15     nEingabe = Format(nEingabe, "#,##0.00") 'Eingabe formatieren
16     nFremdWg = Format(nFremdWg, "#,##0.00") 'Umrechnung formatieren
17
18     MsgBox DEF_MSG_RESULT1 & nEingabe & vbCrLf & _
19            DEF_MSG_RESULT2 & nFremdWg, vbInformation, DEF_TITEL
20 End Sub
```

***Listing 5-1***

Startet bitte das Programm, um den kompletten Ablauf einmal gesehen zu haben. Eine Erklärung des Quellcodes wird dadurch wesentlich erleichtert! Schließlich gibt es doch ein paar Neuigkeiten, die mit dem Beispiel verbunden sind und erklärt werden müssen.

Erklärung:

<u>Zeilen 01-07:</u>
Hier werden unsere Konstanten bereitgestellt. Sie sind hier außerhalb der Funktion „EuroRechner()“ platziert und daher auch für andere Funktionen in diesem Modul verfügbar (auch wenn wir hier keine weiteren Funktionen haben). Wie Ihr in Zeile [05] seht, kann man also auch Zahlen und nicht nur Zeichenfolgen, in Konstanten verwenden. Beachtet bitte, dass bei Dezimalzahlen ein Punkt als Komma verwendet wird!

Zeile [06] ist nix anderes als ein Kommentar der durch das Zeichen „ ' “ (einfaches Hochkomma) eingeleitet wird. Somit können wir unsere eigenen Erklärungen zum Quellcode abgeben, der von der Programmausführung unberücksichtigt bleibt, uns jedoch später ein besseres Zurechtfinden im Programm ermöglicht.

Zeilen 08 und 20:

Hier sind unsere beiden unzertrennlichen Zeilen, welche den Anfang und das Ende unserer Funktion beschreiben. Alle darin befindlichen Zeilen sind mit einem Tab eingerückt, sodass wir dessen Zugehörigkeit zur Funktion „EuroRechner()“ besser überblicken können.

Zeilen 09 und 10:

Das Wichtigste schlechthin: Unsere beiden Verarbeitungsvariablen. Die Variable *„nEingabe“* nimmt unsere Benutzereingabe entgegen und die andere *„nFremdWg“* wird zur Berechnung unseres Zielbetrages verwendet. Eigentlich würde die erste Variable genügen, um die gewünschte Währung zu berechnen. Doch am Schluss sollen zum Vergleich beide Beträge angezeigt werden.

Zeile 12:

Diese Zeile beinhaltet die größte Neuerung in unserem Kapitel. Hier haben wir gleich zwei neue Befehle. Dazu noch eine verschachtelte Befehlsstruktur. Fangen wir jedoch von vorne an:

1.) `nEingabe = Val(InputBox(DEF_MSG_EINGABE, DEF_TITEL))`

Zuerst haben wir die Variable „nEingabe“, die den vom Benutzer einzugebenen Betrag speichern soll. Die Variable wird also mit dem Wert gefüllt, der sich aus dem Ausdruck ergibt, der auf der rechten Seite des Gleichheitszeichens steht. Ganz einfach wie im Mathematikunterricht!

2.) `nEingabe = Val(InputBox(DEF_MSG_EINGABE, DEF_TITEL))`

Jetzt kommen wir zum kniffligen Teil. Wir haben auf der rechten Seite des Gleichheitszeichens zwei neue Befehle bzw. Funktionen. Einmal *„Val(...)“* und dann noch *„InputBox(...)“*. Die *InputBox* erzeugt die Eingabeaufforderung, die es dem Benutzer erlaubt, einen beliebigen Wert einzugeben (siehe *Abb. 5-1*). Drückt der Benutzer auf „Ok“ oder „Abbruch“, so wird der eingegebene Wert oder eine leere Zeichenfolge zurückgegeben.

Wir wollen jedoch einen Währungsbetrag haben und keine Zeichenkette. Also müssen wir noch überprüfen, ob der Benutzer auch wirklich eine Zahl eingegeben hat und nicht irgendwelchen anderen Schmu! Hört sich kompliziert an. Kann man auch kompliziert machen. Doch wir wenden hier eine recht einfache Lösung an, die man vielleicht auch als kleinen Trick bezeichnen kann. Es gibt nämlich die Funktion *„Val(...)“*, die aus dem angegebenen Parameter eine Zahl zaubert.

Was tun wir also? Wir geben als Parameter für den Befehl „Val(...)“ einfach den Befehl *„InputBox(...)“* an. Nun haben wir eine kleine Verschachtelung, die in Visual Basic und auch in anderen Programmiersprachen stets von innen nach außen ausgeführt wird. Es wird also zuerst die Eingabeaufforderung angezeigt und anschließend der Rückgabewert (im Beispiel der Wert 12.95) an die Funktion *„Val(...)“* als Parameter übergeben.

3.) `nEingabe = Val(InputBox(DEF_MSG_EINGABE, DEF_TITEL))`

Fast geschafft! Aus der Eingabe wird nun eine Zahl gemacht und in unsere Variable *„nEingabe“* geschoben. Bitte denkt daran, dass auch die im Beispiel verwendete Eingabe „12.95“ in der *InputBox* zunächst eine Zeichenkette ist und keine Zahl! Da wir später jedoch mit der Eingabe rechnen müssen, sollte dieser Wert unbedingt in eine Zahl umgewandelt werden. Übrigens liefert die Funktion „Val(...)“ bei einer leeren Eingabe die Zahl Null zurück!

Echt praktisch für unsere Eingabeüberprüfung. Probiert ruhig mal ein paar unsinnige Eingaben aus. Unser Programm dürfte davon recht unbeeindruckt bleiben! Falls Ihr es schon bemerkt habt, es gibt eine kleine Besonderheit bei der Eingabe von Dezimalzahlen. Verwendet einen Punkt, anstatt eines Kommas, wenn Ihr Nachkommastellen angeben möchtet! Ansonsten wird die Eingabe als Ganzzahl verstanden!

***Abb. 5-1***

Bitte untersucht die neuen Befehle auch mittels der Visual Basic-Online-Hilfe, um deren Bedeutung besser zu verstehen. Markiert einfach die entsprechende Funktion: *Val(...)* oder *InputBox(...)* und drückt anschließend die F1-Taste. Dort gibts auch zusätzliche Beispiele!

<u>Zeile 13:</u>
Hier kommt endlich unsere zweite Variable *„nFremdWg“* ins Spiel, die den umgerechneten Eingabewert aufnimmt. Die Deutung der Programmzeile ist für Euch Mathematiker sicher ein Kinderspiel. Der Eingabewert in der Variablen *„nEingabe“* wird einfach durch den Kurs *„DEF_KURS“* dividiert und in *„nFremdWg“* abgespeichert. Das wars schon! Als Operationszeichen wird hier jedoch ein „/“-Zeichen (auch

Slash genannt) anstatt eines Doppelpunktes angewendet. In unserem Beispiel gilt für die Zeile:

```
nFremdWg = nEingabe / DEF_KURS
```

auch die folgende Übersetzung ...

```
nFremdWg = 12.95 / 1.95583
```

Zeilen 15 und 16:
An dieser Stelle haben wir es schon wieder mit einer neuen Funktion zu tun. Sie heißt *„Format(...)“* und dient der Formatierung von Werten. Ihr solltet auch hier ruhig mit F1 die Online-Hilfe bemühen, um einiges mehr über diese Funktion herauszufinden. Format gilt als eine der umfangreichsten Funktionen in der Anfangszeit, da hier schier unendlich viele definierte zweite Parameter verwendet werden können.

In solchen Fällen schaut einfach in der Hilfe nach, welcher Parameter für eure Fälle ausreichend ist. In unserem Beispiel sollen die beiden Werte in *„nEingabe“* und *„nFremdWg“* in die gängigen Zahlenformate mit Tausendertrennpunkten und zwei Nachkommastellen gebracht werden.

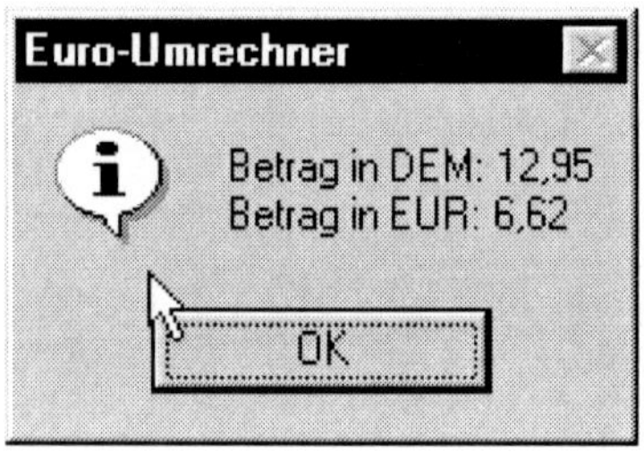


***Abb. 5-2***

Zeilen 18 und 19:
Diese beiden Zeilen sind im Prinzip nur eine! Die Funktion `MsgBox` ist Euch ja inzwischen bekannt. Hier brauche ich nicht viel zu erklären. Doch die Programmzeile ist etwas lang geraten und wird daher mit einem Unterstrich einfach umgebrochen. Wenn unser Visual Basic solch ein Zeichen findet, dann wird die folgende Programmzeile als zugehörend betrachtet. Hierbei ganz wichtig: **Vor dem Unterstrich ein Leerzeichen einfügen!**

Somit kann der gesamte Quellcode wesentlich übersichtlicher geschrieben werden. Ach ja! Eine kleine Neuheit habe ich natürlich auch hier eingebaut. Die kleine Konstante `vbCrLf` wird hier nämlich als Zeilenumbruch verwendet. Merkt Euch also, wenn Ihr eine neue Zeile in einer Meldungsbox haben wollt, dann fügt einfach diese Kostante hinzu, die in Visual Basic automatisch konfiguriert wurde.

Somit hätten wir unser Beispiel abgeschlossen. Ihr habt jetzt eine Menge Arbeit vor Euch, um die eine oder andere Stelle genau auseinanderzunehmen. Dieser Euro-Rechner ist ein gutes Beispiel für die effiziente Nutzung der Konstanten. Der Clou: Ihr könnt jetzt aus dem Euro- auch einen Dollar-Rechner machen. Hierfür müsst Ihr lediglich die Konstanten im Kopf des Beispielprogramms anpassen. In der ursprünglichen Funktion muss nix angefasst werden! Nicht schlecht oder?

Übrigens möchte ich hinzufügend erwähnen, dass wir hier eine sehr einfache Variablenbetrachtung vollzogen haben. Normalerweise wird die Verwendung von Variablen mit einer Typenzuordnung verbunden. D. h., Variablen sind entweder Zahlen oder Zeichenketten. Jedoch nicht abwechselnd mal das eine oder andere, wie in unserem Euro-Beispiel geschehen. Diese einfache Betrachtung wird für Euch den Einstieg in die Programmierwelt etwas erleichtern.

# 6. PAUSE: „Von der Logik“

Ich möchte vorab noch auf die vorangegangenen Kapitel hinweisen. Ihr solltet diese auf jeden Fall vorher einmal durchackern, um die folgenden Themen leichter zu begreifen. Wir haben Variablen, Konstanten und ein paar Befehle kennen gelernt, mit denen man schon etwas spielen kann. Es bedarf jedoch noch einiger wichtiger Anweisungen, um richtige Programme schreiben zu können.

Es wäre doch zum Beispiel nicht schlecht, wenn man den Programmablauf je nach Benutzereingabe in die eine oder andere Richtung laufen lassen könnte. Oder soll das Programm vielleicht solange laufen, bis der Benutzer die Abbruchtaste gedrückt hat? Triviale Beispiele, die mit dem Wissensstand aus den bisherigen Kapiteln noch nicht zu lösen sind!

*Werde ich jetzt Programmierer oder Frauenarzt ?*

Wenn Ihr die folgenden Kapitel hinter Euch gelassen habt, dann seid Ihr dem Status eines normalen Programmierers schon bedeutend nahe gekommen. Doch bis zum „Experten“ ist es noch ein weiter Weg. Dieser Weg hat für mich 16 Jahre gedauert. Also, die Zeit von meiner ersten unheimlichen Begegnung mit einem kleinen Homecomputer bis heute, wo ich mich mit Eurer Weiterbildung und den neuesten Anwendungsmöglichkeiten von Internetanwendungen beschäftige.

Bekommt aber keinen Schreck! Programmieren lernt man sehr schnell! Falls es nicht so schnell geht, dann solltet Ihr Überstunden machen oder es wirklich sein lassen! Die Welt des Programmierens hat sehr viel mit logischem Denken zu tun. Ich habe mich noch nicht mit meinem Psychiater darüber unterhalten, ob man Logik erlernen kann. Doch ich meine: Logik kann trainiert aber nicht erlernt werden. Der Duden beschreibt es kurz und prägnant: *„Logik ist die Fähigkeit, folgerichtig zu denken.“*

Man könnte auch ohne Logik programmieren, indem man sich einfach an feste Grundregeln hält. Zu vergleichen mit einem mittelmäßigen Schachspieler. Dieser kann 55 Eröffnungen bis zu einer Tiefe von mindestens 20 Zügen aus dem Ärmel schütteln, und dann? Dann kommt die eigene kreative Leistung und Logik zum Vorschein, die in keinem Lehrbuch steht.

Woher weiß ich nun, ob ich ein Programmierer werden kann oder auch nicht? Nun, das wird sich zeigen. Viele werden nach einem natürlichen Prozess der Selbstüberschätzung ohnehin erwachen, wenn es an die ersten wirklich praktischen Projekte geht.

Wie weit Ihr kommt, hängt nur von Euch allein ab. Nicht von dieser Lektüre oder anderen Umwelteinflüssen! Ihr allein werdet im Laufe des Lernprozesses und kennenlernens der Programmiersprache entscheiden: „Johh – Absolut mein Ding!“ oder auch: „Basic ist Doof! Ich will doch lieber Frauenarzt werden!“

Genug der leeren Worte. Womit beschäftigen wir uns nun in den nächsten Kapiteln? Als Erstes natürlich mit der Vertiefung unseres bereits erworbenen Wissens. Ganz wichtig hierbei noch einmal das Thema Variablen. Auch wenn Euch das auf den Keks gehen wird, Ihr benötigt unbedingt gute Kenntnis über Variablen. Dieses notwendige Übel stellt den Kern des Programmierens dar. Im Prinzip dreht sich alles um das Hin- und Herschieben von Informationen im Speicher des Computers mittels Variablen. Also dann: Augen auf und durch!

Anschließend werden wir weitere Befehle besprechen, die es uns ermöglichen, endlich mal ein paar vernünftige Beispielprogramme zu erstellen. Es wird hier um Unterprogramme, Schleifen und Verzweigungen gehen. Vielleicht habt Ihr ja schon mit diesen Befehlen zu tun gehabt, aber eigentlich noch nicht so richtig dahinter geschaut? Hierzu noch mal ein Ratschlag: Auch wenn Programmierer später viele Codezeilen wiederverwenden ohne darüber nachzudenken, so ist es für Euch Anfänger sehr wichtig, dies nicht zu tun! Schaut Euch die Zeilen genau an, die Ihr verwendet und versucht, den genauen Sinn und die Syntax (Befehlsvorschriften) zu verstehen!

# 7. Programm-Kommentare

## 7.1. Die ignorierten Programmzeilen

Vielleicht macht die Verwendung von Programmzeilen keinen Sinn, wenn diese ohnehin ignoriert werden. Aber wir haben es hier weniger mit Programmzeilen zu tun. Es sind vielmehr beliebige Kommentare die unseren Quellcode verzieren können. Von diesen Kommentaren (englisch: „*Remarks*“) solltet Ihr reichhaltig Gebrauch machen! Ihr glaubt gar nicht wie seltsam verkorkst und mysteriös Euch das eigene Programm vorkommt, wenn Ihr es einige Wochen später noch einmal betrachtet! Also schreibt Euch selbst ruhig einige erklärende Sätze. Einfach nur eine eigene Hilfestellung für später!

Wie fügen wir nun einen Kommentar ins Programm ein? In vorherigen Beispielen habe ich bereits diverse Kommentare verwendet. Im Quellcode erscheinen diese dann grün gefärbt. Somit kann man deutlich zwischen den echten Programmzeilen und eingefügten Kommentaren unterscheiden. Kommentare werden ursprünglich mit dem Schlüsselwort ***„Rem“*** definiert. Lasst uns doch noch einmal die Online-Hilfe fragen! Schreibt hierzu einfach das Wort ***Rem*** in den VB-Editor, markiert das gute Teil und drückt die F1-Taste:

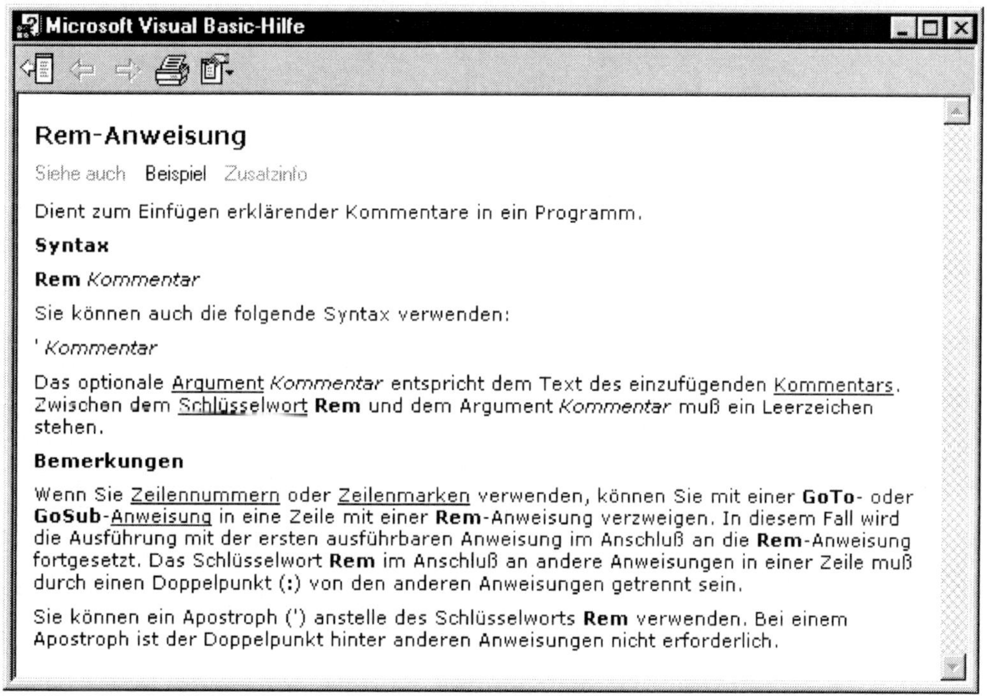


***Abb. 7-1***

Das eben erwähnte Wort *„ursprünglich"* im Zusammenhang mit der Erzeugung von Kommentaren wird nun deutlicher. In der Online-Hilfe steht zusätzlich im letzten Absatz: *„Sie können ein Apostroph ( ' ) anstelle des Schlüsselwortes Rem verwenden. ...".* Das bedeutet die folgenden beiden Beispiele sind identisch:

```
Rem Dieser Kommentar soll mich daran erinnern,
Rem endlich die Programmfehler zu beseitigen
```

```
' Dieser Kommentar soll mich daran erinnern,
' endlich die Programmfehler zu beseitigen
```

Man sollte jedoch nicht nur einzelne Codeabschnitte mit Kommentaren versehen. In der Praxis ist es z. B. auch üblich, im Kopf eines Quellcodebereiches diverse Informationen abzulegen. Dort kann man dann nachlesen, welche Funktionen dort zu finden sind, wie der Autor heißt und welches Copyright hier zu berücksichtigen ist. Gerade in großen Projekten helfen derartige Angaben bei der Pflege der vielen Bestandteile.

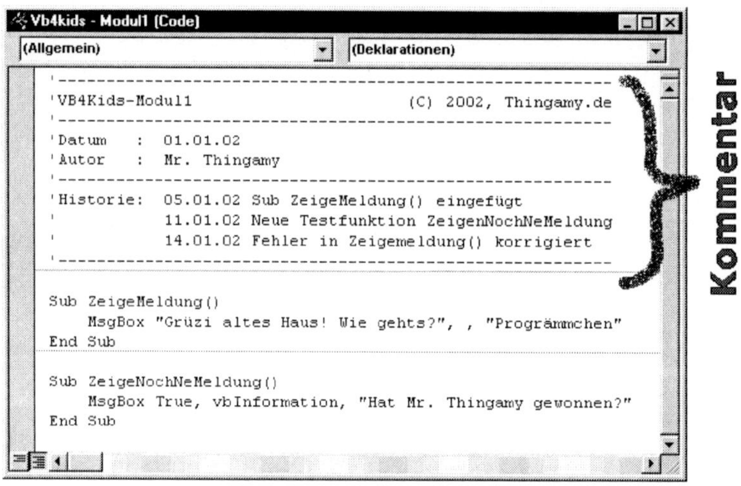


***Abb. 7-2:***
*Wichtige Infos zum Quellcode sollten immer im Kopfbereich zu finden sein.*

Ich möchte wirklich nicht weiter beim Thema der Kommentare verweilen. Sicher eine leicht zu lernende Geschichte. Dokumentiert nun recht fleißig Eure schöpferischen Werke, damit Ihr auch morgen noch wisst, was Ihr gestern verzapft habt!

# 8. Typen von Variablen

## 8.1. Unsere ersten drei Variablentypen

In Kapitel 4.2 „Wie werden Variablen verwaltet?“ auf Seite 31 habe ich versucht, Euch anhand der Darstellung von Schränken die Erzeugung und Verwendung von Variablen zu erklären. Zu diesem Zeitpunkt haben wir die Notwendigkeit von Variablentypen erst einmal vernachlässigt. Alle Schränke waren von der gleichen Bauweise und man konnte dort reinstellen was einem so unter die Finger kam.

Leider ist im Leben aber nicht alles so einfach. Es gibt nämlich in der Computerwelt verschiedene Arten von Variablen und somit benötigen wir auch Schränke von unterschiedlicher Bauweise, bzw. unterschiedlicher Größe! Wir wollen in den folgenden Kapiteln erst einmal nur drei Variablentypen durchleuchten.

Damit behaltet Ihr den Überblick und habt die Chance, auf leichte Art und Weise, die vielen anderen Typen selbst zu entdecken! Die angesprochenen Variablentypen sind: Zahlen, Zeichenketten und Ja/Nein-Werte. Zahlen und Zeichenketten kennt Ihr sicherlich alle. Aber was sind Ja/Nein-Werte? Nun, überall in Eurem Programm, wo eine Aktion die Antwort in der Form „Ja“ oder „Nein“ erfordert, haben wir es mit diesem Variablentyp zu tun.

Unsere ersten drei Variablen-Typen:

| Variablentyp | Befehl | Beispiel des Inhaltes |
|---|---|---|
| Zahlen | Dim ... **Integer** | 1332 oder 0 oder –43 |
| Zeichenketten | Dim ... **String** | „Katzeklo“ oder „Hallo Du!“ |
| Ja/Nein | Dim ... **Boolean** | True oder False<br>(Wahr oder Falsch) |

Die Notwendigkeit zwischen diesen Typen zu unterscheiden liegt tief im Innern unseres geliebten Computers. Wie wir nun inzwischen gelernt haben, werden alle Variablen im Speicher (RAM) abgelegt. Hierfür wird logischerweise Speicherplatz gebraucht, der von der Größe der Variable abhängt. Um diese Speicherverwaltung schnell und übersichtlicher zu gestalten, hat man daher alle möglichen Arten von Variablen in Gruppen eingeteilt.

Mit Ausnahme der angesprochenen Zeichenketten benötigen alle diese Gruppen den gleichen Speicherplatz. Für unsere Variablen vom Typ Integer werden z. B. immer 2 Byte des RAM-Bereichs verbraucht, egal ob nun eine 34 oder 4324 Verwendung findet. Für den Typ Boolean (Ja/Nein) sind nur zwei Zustände möglich. Somit bräuchte man eigentlich nur die kleinste Speichereinheit ( 1 Bit ) des Speichers. Aber aus technischen Gründen werden hierfür auch 2 Byte verbraten. Hat mit der kleinsten Größe von Registern der Computerzentrale (CPU) zu tun. Nicht weiter drüber nachdenken!

## 8.2. Integer-Variablen (Zahlen)

Wie im Kapitel zuvor erklärt, benötigt eine Variable vom Typ *Integer* 2 Byte Speicherplatz. Warum das so ist, hängt mit dem Zahlenbereich zusammen, der mit diesem Typ verwendet werden kann. An dieser Stelle schauen wir uns einfach mal an, was die Visual Basic-Hilfe zu sagen hat. Schreibt einfach das Wort „Integer" in Euren VB-Editor, markiert dieses Wort und drückt anschließend die F1-Taste.

Die *Abb. 8-1* zeigt die Hilfe aus dem Word-VB-Editor. Die Erklärungen beinhalten sicher viel Neuland, doch das Wichtigste kann man sich herauslesen. Und das wäre? Natürlich der Zahlenbereich der mit Integer-Variablen dargestellt werden kann. Wie Ihr der Abbildung entnehmen könnt, sind das alle Zahlen im Bereich von –32.768 bis 32.767. Wenn die verwendete Zahl Nachkommastellen hat, so werden diese von Visual Basic abgeschnitten und die Zahl gerundet! Es sind also ***nur Ganzzahlen*** darstellbar! Denkt bitte daran!

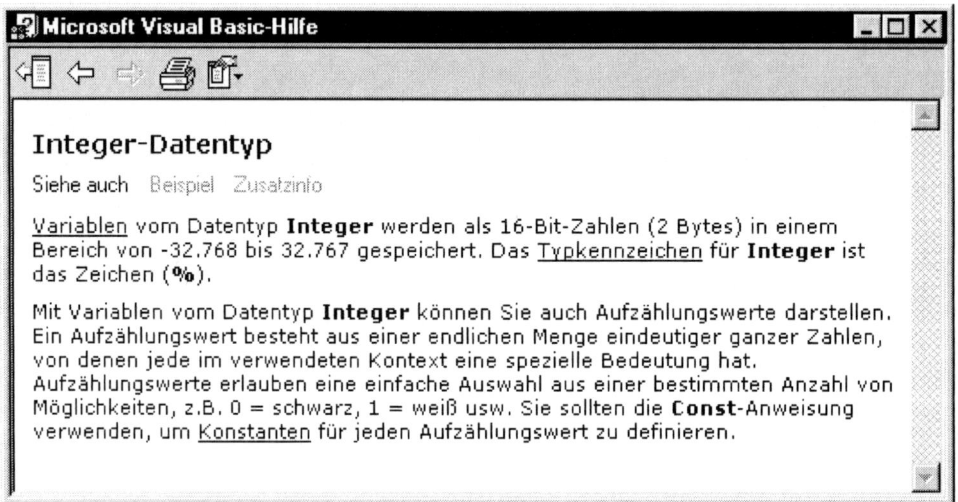


***Abb. 8-1***

Probiert jetzt die Funktion im *Listing 8-1* aus, um mehr über Variablen vom Typ Integer zu lernen. Wir addieren hier einfach zwei Zahlen miteinander und lassen uns das Ergebnis in einer einfachen Messagebox anzeigen. Neu in diesem Listing ist die **Dim**ensionierung der drei Variablen *nZahl1, nZahl2 und nErgebnis*. In vorherigen Beispielen haben wir Variablen einfach mit der Anweisung „Dim ..." erzeugt.

Nun werden wir etwas genauer und bestimmen mit „**Dim ... Integer**“, welcher Inhalt sich in dieser Variablen befinden wird. Damit kommen wir der Programmverarbeitung sehr entgegen. In der Abarbeitung von Programmen ist es für das Run-Time (System zur Verarbeitung unserer Programme) immer vorteilhaft, vorher zu wissen, wie groß der benötigte Speicherplatz ist!

```
01 Sub Addition()
02     Dim nZahl1     As Integer
03     Dim nZahl2     As Integer
04     Dim nErgebnis  As Integer
05
06     nZahl1 = 1500
07     nZahl2 = 2650
08     nErgebnis = nZahl1 + nZahl2
09
10     MsgBox "Berechnung: " & CStr(nZahl1) & "+" & _
11                             CStr(nZahl2) & "=" & _
12                             CStr(nErgebnis)
13 End Sub
```

***Listing 8-1***

Erklärung zum *Listing 8-1*:

Zeilen 01 und 13:
Mit diesen Befehlen entsteht unsere Prozedur `Addition()` überhaupt erst. Sie gehören unzertrennlich zusammen!

Zeilen 02-04:
An dieser Stelle werden alle benötigten Variablen reserviert. Die Namensgebung ist hierbei nicht besonders wichtig. Eines könnt Ihr Euch jedoch angewöhnen. Verwendet als ersten Buchstaben für Variablen mit Zahlen ein ***„n“*** (***n***umerisch). Später im Quellcode kann man so schneller auf den Typ einer Variablen schließen!

Zeilen 06 und 07:
In diesen beiden Programmzeilen bekommen unsere Variablen *nZahl1* und *nZahl2* ihren Wert zugewiesen. Übrigens haben alle Variablen vom Typ Integer bereits einen Wert nachdem sie mit „Dim ... Integer“ erzeugt wurden. Der Inhalt ist dann eine Null.

Zeile 08:
Der Kern unseres kleinen Programms befindet sich genau an dieser Stelle. Hier wird der Variablen *nErgebnis* das Ergebnis aus der Addition der beiden Variablen *nZahl1* und *nZahl2* zugewiesen. Hier solltet Ihr auch ruhig etwas rumexperimentieren. Verändert z. B. das Pluszeichen in ein Minuszeichen.

Oder vielleicht sogar eine Multiplikationsaufgabe? Hier unsere vier Grundrechenoperationen:

```
Addition       :   nErgebnis = nZahl1 + nZahl2
Subtraktion    :   nErgebnis = nZahl1 - nZahl2
Multiplikation:    nErgebnis = nZahl1 * nZahl2
Division       :   nErgebnis = nZahl1 / nZahl2
```

Wichtig nur: Das Ergebnis darf den zuvor beschriebenen Zahlenbereich –32.768 bis 32.767 nicht verlassen! Falls doch, dann wird VB sicherlich eine Fehlermeldung bringen.

Zeilen 10-12:
In diesen drei Programmzeilen treffen wir eigentlich zu früh auf das Thema *„Variablen für Zeichenketten“*. Also schaut Ihr noch nicht so genau hin! Jedenfalls gehören alle drei Zeilen zusammen. Weil aber die Darstellung dieses Befehls in einer Zeile zu lang geworden wäre, habe ich diese einfach zerhackt. An der Stelle wo die Zeile umgebrochen werden soll, muss einfach die Zeichenfolge „ _“ stehen. Also ein Leerzeichen plus Unterstrich. Komplett würde die Zeile so aussehen:

```
MsgBox "Berechnung: " & CStr(nZahl1) & "+" & CStr(nZahl2) & "=" & _
                                             CStr(nErgebnis)
```

Den Befehl „MsgBox“ kennen wir inzwischen. Daher möchte ich an dieser Stelle auch nicht alle Einzelheiten näher erläutern. Nur soviel: Nach dem Befehl *MsgBox* folgt lediglich der erste Parameter, der den auszugebenden Inhalt der Meldung darstellt. Dieser besteht in unserem Beispiel allerdings aus mehreren Teilen, die alle zu einer Zeichenkette zusammengefügt wurden.

Wie Ihr seht, kommen hier auch unsere drei Variablen vor. Weil der Befehl *MsgBox* als ersten Parameter eine Zeichenkette (auch String genannt) erwartet, müssen unsere numerischen Variablen vorher umgewandelt werden. Die Funktion *CStr( )* wandelt also eine Zahl in eine Zeichenkette um. Weitere Einzelheiten zum Thema Zeichenketten findet Ihr im Kapitel *„String-Variablen (Zeichenketten)“* auf Seite 52.

So das wars schon. Abgesehen von der neuen `CStr()`-Funktion also nix weltbewegendes. Habt Ihr alles ordentlich in eure Codemaschine kopiert und die ganze Kiste zum Laufen gebracht, dann müsste auf eurer Flimmerkiste die folgende Meldung erscheinen ...

Hier einige Beispiele für das *Listing 8-1*:

| Berechnung | Ergebnis | Bemerkung |
|---|---|---|
| `nZahl1: -1465`<br>`nZahl2:  5164`<br><br>**`Addition`** |  | |
| `nZahl1: 10.51`<br>`nZahl2:  4.25`<br><br>**`Addition`** | 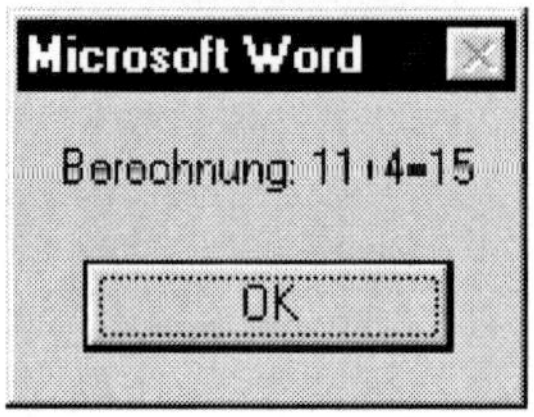 | Die beiden Werte mit Nachkommastellen werden gerundet, weil nur Ganzzahlen erlaubt sind.<br>*nZahl1* wird hier aufgerundet<br>*nZahl2* wird hier abgerundet<br>(Die Rundung wird vonVB automatisch durchgeführt) |
| `nZahl1:  50`<br>`nZahl2: 130`<br><br>**`Multiplikation`** | 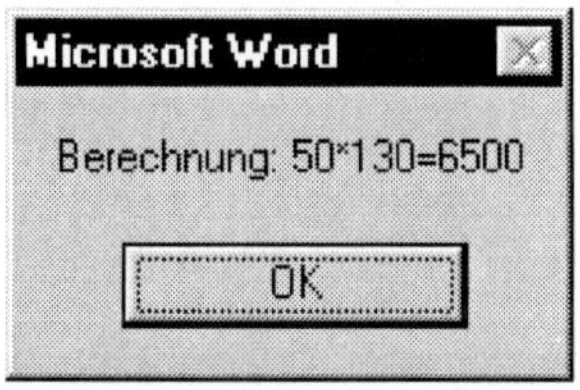 | |
| `nZahl1: 1800`<br>`nZahl2:  520`<br><br>**`Multiplikation`** | 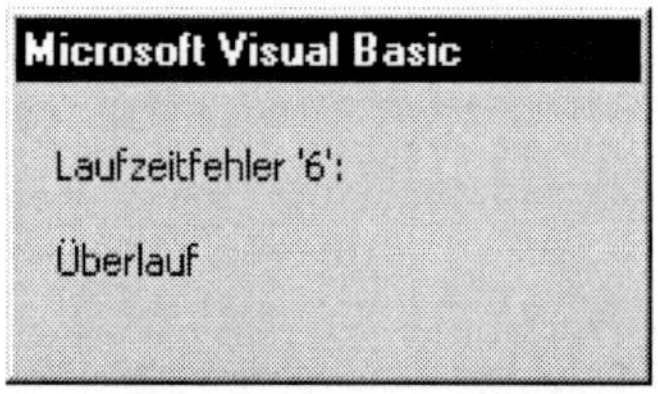 | Das Ergebnis 963.000 überschreitet den Grenzbereich für Integervariablen und führt zu einer Fehlermeldung. |
| `nZahl1: 1800`<br>`nZahl2:    0`<br><br>**`Division`** | 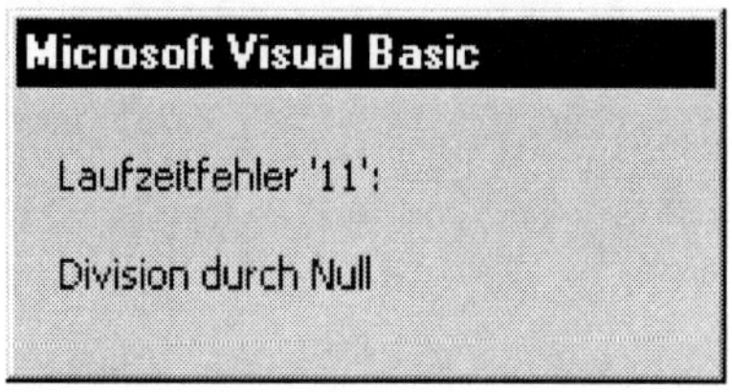 | Auch dran denken:<br>Eine Division durch Null ist auch in der Computerwelt nicht erwünscht! |

Abschließend möchte ich Euch noch einmal auffordern, mit dieser einfachen Funktion herumzuspielen. Ich weiß, dass gerade Einsteiger endlich „Das große Programm“ schreiben möchten, ohne sich mit lästigem Kleinkram abgeben zu müssen. Aber wir haben es hier mit den wichtigsten Grundlagen des Programmierens zutun!

**Zusammenfassung: Variablentyp Integer**

1. Variablen vom Typ **Integer** können nur **Zahlen** im Bereich von **–32.768 bis 32.767** aufnehmen.
2. Die Überschreitung des gültigen Zahlenbereichs führt zu einem **Programmfehler**!
3. **Nachkommastellen** werden von VB abgeschnitten und zur Rundung verwendet. Es können also nur Ganzzahlen abgespeichert werden.

## 8.3. String-Variablen (Zeichenketten)

Bisher haben wir es schon öfters mit Zeichenketten zu tun gehabt. Die Funktion *MsgBox* erwartet z. B. als ersten Parameter eine Zeichenkette. Zeichenketten sind also nix weiter als eine Ansammlung von Zeichen auch ***Strings*** genannt. In der nachfolgenden Abbildung seht Ihr die Erklärung der Online-Hilfe zu diesem Thema.

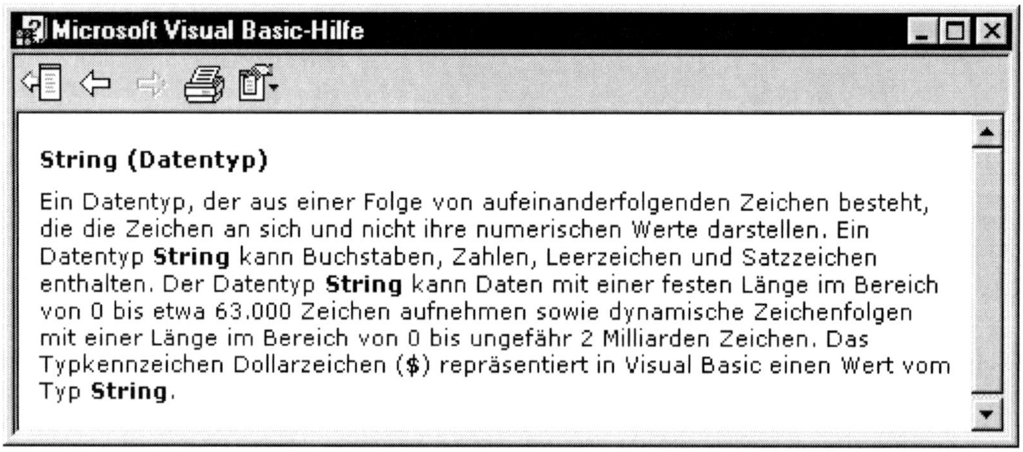


*Abb. 8-2.*

Strings können also durchaus auch Zahlen sein! In Wirklichkeit sind es nur die Zeichen der Zahlen. Etwas verwirrend. Wir können diesen Fall aber sehr einfach auseinanderhalten:

| | |
|---|---|
| „007“ | ist eine Zeichenkette (weil in Hochkommas eingeschlossen!) |
| 007 | ist eine Zahl (VB schneidet die Nullen automatisch ab) |
| „Katze“ | ist eine Zeichenkette |

**Zeichenketten sind also stets in Hochkommas eingeschlossen!** Ein weiterer Punkt aus der Online-Hilfe mag den einen oder anderen von Euch vielleicht auch interessieren. Ich meine den folgenden Teil:

*„Das ... Dollarzeichen ($) repräsentiert ... einen Wert vom Typ String.“*

Diese Passage bedeutet, dass wir zur Erzeugung von Strings zwei Schreibweisen verwenden können. Die folgenden beiden Befehle haben dementsprechend die gleiche Bedeutung:

```
Dim sTeil1 As String          (Variante 1)
Dim sTeil$                    (Variante 2)
```

Schaut nur! Die zweite Variante ist viel kürzer. Dem Variablennamen wird einfach direkt ein Dollarzeichen hintendran gesetzt. Es liegt nahe, diese Schreibweise zu verwenden. In großen Programmen können wir so echt eine Menge Holz sparen. Aber weit gefehlt! Nehmt Euch bitte einen kleinen Ratschlag zu Herzen: *„Versucht Euren Quellcode so klar und deutlich wie möglich zu gestalten.“* Hätte unser Wahrnehmungsvermögen die Wahl, so würde es sich sicher für „String“ anstatt für „$“ entscheiden.

Diese Abkürzung ist eine spezielle Eigenheit von Visual Basic, die (wie ich meine) die Lesbarkeit der Programme nur unnötig erschwert. Es gibt zu jedem Typ solch eine kleine Abkürzung. Im Kapitel zuvor ist dem einen oder anderen von Euch vielleicht auch die Abkürzung für Integervariablen aufgefallen. Dort ist es das Prozentzeichen (%). Ich würde Euch gern von diesen Abkürzungen abraten - jedenfalls in größeren Programmen!

Kommen wir nun zu einem kleinen Beispiel, dass die häufigste Funktion, das Zusammenfügen von Zeichenketten, einfach darstellt. Zur „Addition“ von Zeichenketten wird das kaufmännische Und-Zeichen „&“ verwendet. Keine große Sache also, und sicher einfach zu verstehen. Ich habe mir erlaubt, eine Prozedur aus einem zurückliegenden Kapitel einzubauen, das sich mit Konstanten beschäftigt hat.

Zur Erinnerung: *„**Konstanten** sind Zwischenspeicher deren Inhalt später **nicht geändert** werden kann!“*. Für die Titelüberschrift unserer Messageboxen im Listing also der ideale Anwendungsfall.

```
01 Sub Textspiel()
02     Const DEF_TITEL = "Zungenbrecher"
03
04     Dim sTeil1 As String
05     Dim sTeil2 As String
06     Dim sTeil3 As String
07
08     sTeil1 = "Die Katze "
09     sTeil2 = "tritt die "
10     sTeil3 = "Treppe krumm!"
11
12     MsgBox sTeil1, vbQuestion, DEF_TITEL
13     MsgBox sTeil2, vbQuestion, DEF_TITEL
14     MsgBox sTeil3, vbQuestion, DEF_TITEL
15
16     sTeil1 = sTeil1 & sTeil2 & sTeil3
17
18     MsgBox sTeil1, vbInformation, DEF_TITEL
19
20 End Sub
```

***Listing 8-2***

Erklärung zum Listing:

Zeile 02:
Hier definieren wir unsere Konstante *DEF_TITEL*, die als Titel in der Messagebox verwendet wird! Der Name der Konstanten ist von mir absichtlich groß geschrieben, damit wir im Quellcode besser erkennen, dass es sich hier um einen unveränderlichen Wert handelt. Ein Beitrag zum Thema Lesbarkeit!

Zeilen 04-06:
In diesen drei Zeilen werden unsere Hauptdarsteller erzeugt: *sTeil1*, *sTeil2* und *sTeil3*. Diese Variablen sind also unsere Zeichenketten, die miteinander verkettet werden sollen.

Zeilen 08-10:
Die Variablen werden jetzt mit Leben gefüllt. Bei der Zuweisung der ersten beiden Variablen achtet auf das unmerkliche kleine Leerzeichen am Ende der Wortgruppe. Ansonsten würde logischerweise nach dem direkten Zusammenfügen der Variablen ein recht zusammenhangloses Wort entstehen.

Zeilen 12-14:
Nun schauen wir uns einmal den Inhalt der von uns gefüllten Variablen in drei separaten Meldungen an. In diesen drei Programmzeilen werden also nacheinander drei Meldungen mit den Inhalten der drei Variablen *sTeil1*, *sTeil2* und *sTeil3* angezeigt

Zeile 16:
Hier nun unsere Verkettung der drei Wortgruppen zu einer zusammengehörenden Zeichenkette. Als Speicher dieser Operation nehmen wir einfach die Variable `sTeil1`. Diese Variable wird also mit dem Endergebnis überschrieben. Diese Zeile könnt Ihr Euch also so vorstellen:

```
sTeil1 = "Die Katze " & "tritt die " & "Treppe krumm!"
```

Zeile 18:
Zum Schluss gibts noch das Ergebnis unserer ersten Zeichenkettenverarbeitung zu bewundern. Etwas anders sieht die Meldungsbox jedoch schon aus. Etwas Abwechslung ist manchmal nicht schlecht. Also habe ich mit der VB-Konstanten *vbInformation* ein Ausrufezeichen eingebaut.

Abschließend zum Thema Strings ein kleines Beispiel, das den wohl häufigsten Programmfehler produziert, den VB-Programmierer so verzapfen. Es geht um die Zuweisung eines Wertes in einer Variablen, die diesen Wert nicht mag, weil er vom falschen Datentyp ist. Im Vorfeld hierzu eine kleines Detail.

Wir haben gelernt, dass Zeichenketten mit dem Zeichen „&" zusammengefügt werden können. In Visual Basic darf man aber auch das Pluszeichen „+" verwenden. Bitte beachtet, dass bei der Erstellung der beiden Variablen keine Variablentypen angegeben wurden! Also versucht doch einmal, die folgende Funktion zum Laufen zu bringen.

```
Sub AchtungFehler()
    Dim sTeil1
    Dim sTeil2

    sTeil1 = "Mein Alter: "
    sTeil2 = 35

    MsgBox sTeil1 + sTeil2

End Sub
```

***Listing 8-3***

Was ist passiert? Es kommt zum **Laufzeitfehler 13** der besagt, dass wir versucht haben, zwei Werte mit unterschiedlichen Datentypen zu kombinieren.

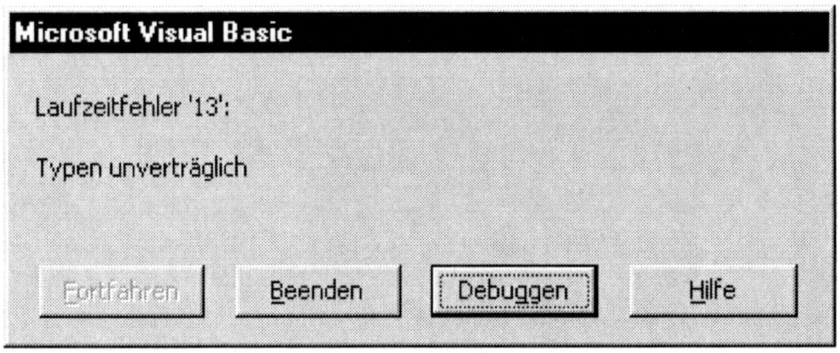


***Abb. 8-3:***
*Ein Datentyp wurde verwendet, der sich an dieser Stelle nicht mit dem Datentyp einer anderen Variablen verträgt!*

Unsere beiden Variablen *sTeil1* und *sTeil2* haben nach der Erzeugung noch keinen Datentyp. Erst nach der Zuweisung der Inhalte (*„Mein Alter: “* und *35*) wird von Visual Basic der Variablentyp automatisch festgelegt.

Da wir in der Messagebox auch noch dummerweise das Pluszeichen verwenden, kommt es zum Fehler, weil wir „Äpfel mit Birnen“, sprich Zeichenketten und Zahlen miteinander kombinieren! Eine einfache Änderung im Quellcode schafft hier Abhilfe:

```
sTeil2 = "35"
MsgBox sTeil1 & sTeil2
```

**Zusammenfassung: Variablentyp String**

1. Variablen vom Typ ***String*** beinhalten nur Zeichenfolgen.
2. ***Strings*** müssen in ***Hochkommas*** eingeschlossen werden.
3. Die ***Verkettung*** von Strings erfolgt mit dem Zeichen ***„&“***

## 8.4. Boolean-Variablen (Wahr oder Falsch)

Der Typ *Wahr* oder *Falsch* heißt in Visual Basic ***Boolean-Variable***. Wir erhalten diesen Typ ganz einfach, wenn wir Werte miteinander vergleichen. Ein sehr wichtiger Typ übrigens. In der Programmiererwelt gibt es hierfür auch die Bezeichnung: ***Logischer Wert***. Wir werden ihn sehr oft gebrauchen. Schauen wir uns zunächst den Befehl an, der uns eine Variable vom Typ Boolean beschert:

```
Dim bOk As Boolean
```

Der Variablenname ist wie immer beliebig. Das kleine "b" vor dem "Ok" solltet Ihr jedoch besonders beachten. Wie zuvor erwähnt, verwende ich den ersten Buchstaben für Variablennamen gerne als Kennzeichen das beschreibt, um welchen Variablentyp es sich hier handelt. Was liegt also näher, als für **Boolean** ein ***„b“*** einzusetzen! Im vorherigen Kapitel für Strings war es der Buchstabe „s“.

Es gibt jetzt eine kleine Besonderheit bei der Zuweisung von Werten an eine logische Variable. Bisher haben wir einfach eine Zahl oder eine Zeichenkette nach dem Gleichheitszeichen angegeben. Nun müssen wir jedoch irgendwas angeben, das den Wert *Ja/Nein* oder auch *Wahr/Falsch* zur Folge hat. Der einfachste Weg ist die Verwendung der reservierten Schlüsselwörter ***True*** oder ***False*** (einfach übersetzt: wahr oder falsch). Diese beiden Wörter können in Visual Basic verwendet werden, um eine Variable vom Typ *Boolean* mit einen Startwert zu füttern. z. B.:

```
bOk = True      'Variable hat den Inhalt <Wahr>
bOk = False     'Variable hat den Inhalt <Falsch>
```

Nun schauen wir uns der Vollständigkeit halber doch noch schnell an, was die Online-Hilfe zu diesem Boolean-Datentyp zu melden hat. Im Prinzip haben wir die wichtigsten Stichpunkte bereits angesprochen. Was in *Abb. 8-4* steht, finde ich an dieser Stelle etwas zu viel des Guten.

In der Praxis lernt man am besten. Im *Listing 8-4* finden wir ein Beispiel, das sich mit dem Vergleich zweier Zahlen beschäftigt. Wir möchten z. B. wissen, ob eine Zahl größer als die andere ist. In diesem Fall wird durch eine einfache Vergleichsoperation einer der beiden Zustände *True* bzw. *False* erzeugt. Kopiert Euch die Programmzeilen in den VB-Editor und startet die Funktion.

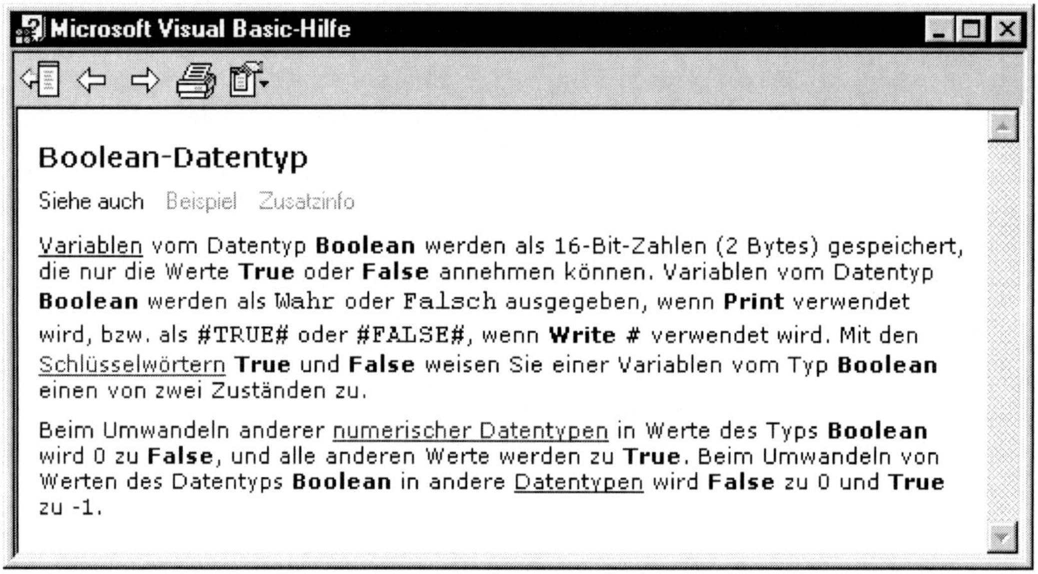
Microsoft Visual Basic-Hilfe

**Boolean-Datentyp**

Siehe auch Beispiel Zusatzinfo

Variablen vom Datentyp **Boolean** werden als 16-Bit-Zahlen (2 Bytes) gespeichert, die nur die Werte **True** oder **False** annehmen können. Variablen vom Datentyp **Boolean** werden als `Wahr` oder `Falsch` ausgegeben, wenn **Print** verwendet wird, bzw. als **#TRUE#** oder **#FALSE#**, wenn **Write #** verwendet wird. Mit den Schlüsselwörtern **True** und **False** weisen Sie einer Variablen vom Typ **Boolean** einen von zwei Zuständen zu.

Beim Umwandeln anderer numerischer Datentypen in Werte des Typs **Boolean** wird 0 zu **False**, und alle anderen Werte werden zu **True**. Beim Umwandeln von Werten des Datentyps **Boolean** in andere Datentypen wird **False** zu 0 und **True** zu -1.

***Abb. 8-4***

Programmbeispiel zur Verwendung von Boolean-Datentypen. Wir vergleichen zwei Zahlen miteinander und geben das Ergebnis in einer Meldungsbox aus:

```
01 Sub WahrOderFalsch()
02     Dim bOk    As Boolean
03     Dim nZahl1 As Integer
04     Dim nZahl2 As Integer
05
06     nZahl1 = 25
07     nZahl2 = 50
08
09     bOk = (nZahl1 > nZahl2)
10     MsgBox bOk, vbInformation, "Vergleich: 25 > 50"
11
12     bOk = (nZahl1 < nZahl2)
13     MsgBox bOk, vbInformation, "Vergleich: 25 < 50"
14
15 End Sub
```

***Listing 8-4***

Erklärung zum Listing:

Zeile 02
Hier wird unsere Logische Variable ins Leben gerufen. Bereits nach dieser Anweisung hat die Variable (logischerweise!) einen Inhalt, der da wäre: *False* !

Zeile 09
Die Variable `bOk` erhält den von uns gewünschten Inhalt. Achtung! Hier eine Neuheit: Anstatt einer direkten Wertangabe wird ein ***Ausdruck*** verwendet, der einen der beiden Zustände *True* oder *False* erzeugt. Unser Ausdruck ist ganz einfach der Vergleich der zuvor erzeugten Integer-Variablen `nZahl1` und `nZahl2`. Ist 25 größer als 50? Wohl kaum. Also nach Adam Riese eine klares *False*!

Zeile 10
Hier erfolgt die Ergebnisausgabe unserer kleinen Vergleichsoperation. Eine weitere Besonderheit in dieser Zeile: Wie wir gelernt haben, erwartet der Befehl *MsgBox* als ersten Parameter eine Variable vom Typ *String*. Doch die dort verwendete Variable *bOk* ist ein Boolean-Datentyp! Nun, VB wandelt in diesem Fall die Variable einfach in einen brauchbaren Zeichenkettenwert um. Daher erscheint in der Meldungsbox auch das Wort *„Wahr“* oder *„Falsch“*! (Diese Wörter können je nach verwendetem Basic-Editor variieren. So ist auch die Ausgabe von *„True“* oder *„False“* möglich!)

Zeile 12
Eine kleine Änderung des Vergleichsoperators mit großer Wirkung. Der Operator „>“ wird nun einfach umgedreht. Das Resultat aus der Frage: *„Ist 25 kleiner als 50?“* speichern wir wieder in unserer Variablen `bOk` ab.

Zeile 13
Hier gilt das Gleiche wie in Zeile [10] beschrieben. Die kleine Anpassung in dieser Zeile: Wir haben den Titeltext der Meldungsbox entsprechend der zuvor durchgeführten Vergleichsoperation geändert.

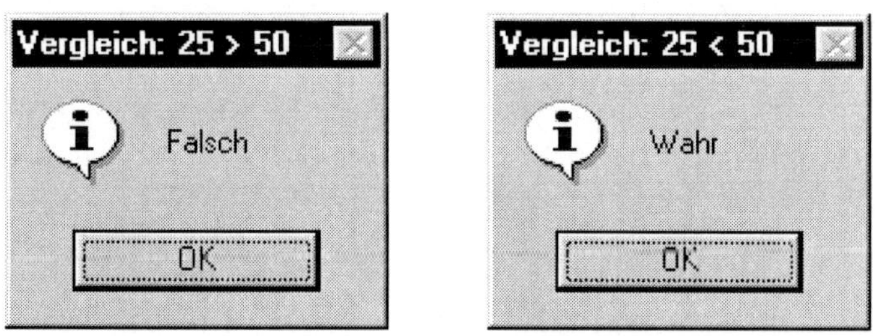


*Meldungen aus Listing 8-4*

Wichtig für Euch ist jedoch noch eine Erklärung zum Begriff ***Ausdruck***. Ausdrücke sind immer eine Kombination von Variablen und Operatoren, die einen bestimmten Rückgabewert liefern. Sprich das Ergebnis eines Ausdruckes können wir in Variablen abspeichern. Dieses Ergebnis ist jedoch nicht zwangsläufig ein Boolean-Datentyp!

Was wir von Ausdrücken erwarten können hängt im wesentlichen von den im Ausdruck verwendeten Datentypen und den Operatoren ab. Hierbei sind sehr viele Kombinationen möglich. Alle genau unter die Lupe zu nehmen, wäre an dieser Stelle wirklich zuviel des Guten. Klingt nicht sehr verständlich oder? In der nachfolgenden Tabelle habe ich Euch mal einige Beispiele von Ausdrücken zusammengestellt.

Hier ein paar Beispiel-Ausdrücke und deren Rückgabetypen:

| Der Ausdruck | liefert das Ergebnis | vom Typ |
|---|---|---|
| `25 > 54` | False | **Boolean** |
| `340 + 60` | 400 | **Zahl** |
| `420 > 460 - 43` | True | **Boolean** |
| `"P" < "M"` | False | **Boolean** |
| `"AB" & "BA"` | „ABBA“ | **String** |

Wie man sieht, kann man durchaus Vergleichsoperationen mit Subtraktionen oder Additionen untereinander kombinieren! Im Prinzip könnt Ihr alles miteinander verknoten bis eure Vorstellungskraft zusammenbricht. In der Spalte der Typen habe ich bewusst auf die Verwendung des Begriffes *„Integer“* verzichtet, da es noch weitere Zahlen-Datentypen gibt. Es ist hier nicht sinnvoll, einfach zu sagen: *„Wenn ich zwei Zahlen addiere, dann erhalte ich einen Integer-Wert zurück!“*. Es können auch die noch unerwähnten Typen *Long*, *Double* oder vielleicht *Byte* sein.

Einen wichtigen Themenkomplex haben wir doch tatsächlich beinahe vergessen! Wir können nämlich auch Boolean-Variablen miteinander kombinieren. Das Ergebnis aus solchen logischen Verknüpfungen habe ich nachfolgend dargestellt. Sicher ein trockener Teil, doch im nächsten Kapitel können wir uns wieder mehr den praktischen Dingen zuwenden. Doch wozu brauchen wir logische Verknüpfungen?

Stellen wir uns vor, Mr. Thingamy sitzt in einer Quizshow und hat die Riesenchance mit der Beantwortung der nächsten Frage, seinen Traum von einer Fahrrad-Rundtour im schönen Mecklenburg-Vorpommern zu verwirklichen.

Falls Mr. Thingamy jetzt noch gute **Kenntnisse** in der südamerikanischen Tierwelt hat **oder gut Raten** kann **und** zusätzlich die **Sendezeit noch nicht vorbei** ist **und** Ihm die **korrekte Antwort** aus den Lippen gleitet, **dann** hat er **1.000,- DM** gewonnen!

Was für ein riesen Teil von Satzgebilde. Ist auch beabsichtigt! Wir haben hier viele Bedingungen (fett markiert), die ausgewertet das Ergebnis liefern: Hat er nun den Tausender verdient oder nicht?

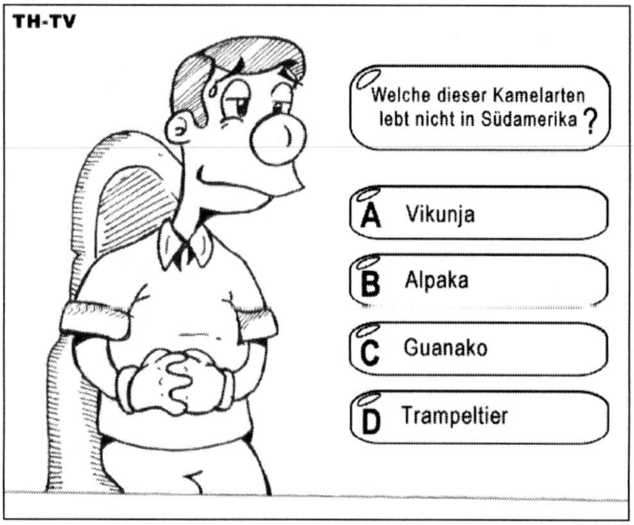


***Abb. 8-5:***
*Mr. Thingamy in einer Quizshow? Warum nicht! Fachidioten sollten auch mal beweisen, dass sie wirklich nur von Dingen wissen, die ihr Fach betreffen ...*

Versucht einmal das folgende Listing nachzuvollziehen:

```
Sub QuizShow()
    Dim bKenntnisse    As Boolean
    Dim bKannGutRaten  As Boolean
    Dim bSendungZuEnde As Boolean
    Dim bAntwortOk     As Boolean
    Dim bGewonnen      As Boolean

    bGewonnen = False
    bKenntnisse = True
    bKannGutRaten = False
    bSendungZuEnde = False
    bAntwortOk = True

    bGewonnen = bKenntnisse Or bKannGutRaten
    bGewonnen = bGewonnen And Not bSendungZuEnde
    bGewonnen = bGewonnen And bAntwortOk

    MsgBox bGewonnen, vbInformation, "Hat Mr. Thingamy gewonnen?"
End Sub
```

***Listing 8-5***

Die ersten Zeilen bedürfen sicher keiner näheren Erläuterung. Wie Boolean-Variablen erstellt werden und die Variablen die entsprechenden Startwerte erhalten ist jetzt klar. Doch was kommt dann? Stück für Stück werden unsere einzelnen Bedingungen ausgewertet.

Gewonnen hat unser Kandidat, wenn die Variable `bGewonnen` nach der Auswertung der letzten Bedingung den Wert „*True*" beinhaltet. Wir gehen davon aus, dass unser Kandidat gute Kenntnisse hat, nicht besonders gut Raten kann, die Sendung noch läuft und, ganz wichtig, er hat die richtige Antwort gegeben.

Erklärung zum Listing:

Zeile 14:
In den Zeilen zuvor haben wir die einzelnen Startbedingungen gesetzt. Nun wird unsere, alles entscheidende Variable `bGewonnen` mit dem ersten Ergebnis unserer Quizbedingungen versorgt. Übersetzt den Operator **„Or"** einfach ins deutsche „Oder" und Ihr habt die Erklärung dieser Zeile:

```
bGewonnen = bKenntnisse Oder bKannGutRaten
Ergebnis: True (Wahr)
```

Zeile 15:
Gute Kenntnisse oder gut Raten reicht uns nicht. Jetzt wird überprüft, ob die Sendung noch nicht zu Ende ist. Weil hier die Variable `bSendungZuEnde` nur True ist, wenn die Sendung zu Ende ist, müssen wir den Inhalt umkehren (negieren). Das erreicht man mit dem Schlüsselwort „*Not*". Das vorläufige Endergebnis aus Zeile [14] `bGewonnen` hat bis hier den Wert True. Jetzt noch die Sendelaufzeit abgefragt ergibt das folgende Zwischenergebnis:

```
bGewonnen = bGewonnen Und Nicht bSendungZuEnde
```
oder auch ...
```
bGewonnen = True Und Nicht False          Ergebnis: True (Wahr)
```

Zeile 16:
Bis jetzt stimmt noch immer alles! Doch nun die letzte und wichtigste Bedingung: Hat unser Kanditat die richtige Antwort gegeben?

```
bGewonnen = bGewonnen Und bAntwortOk
```
oder auch ...
```
bGewonnen = True Und True                 Ergebnis: True (Wahr)
```

Zeile 18:
Jetzt wird das amtliche Endergebnis in einer Meldungsbox ausgegben.

Da Ihr das Grundkonzept aus *Listing 8-5* nun begriffen habt, spielt ruhig mit den Kombinationen der Ausgangswerte ein wenig rum. Man könnte z. B. davon ausgehen, das

Mr. Thingamy keine Kenntnisse über die afrikanische Tierwelt hat, dafür aber sehr gut raten kann. Wie dürfte dann das Ergebnis unseres kleinen Programms aussehen?

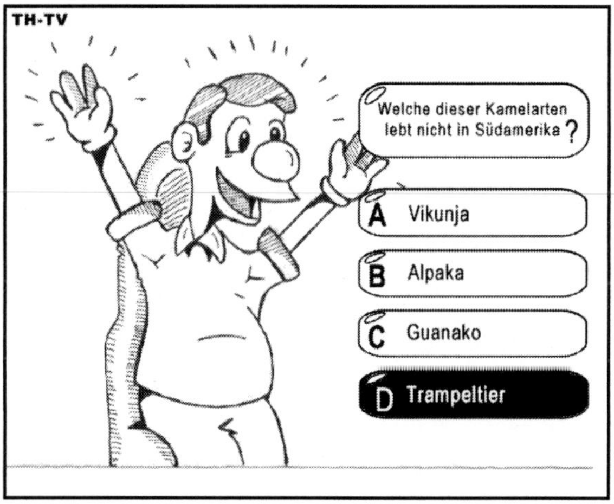


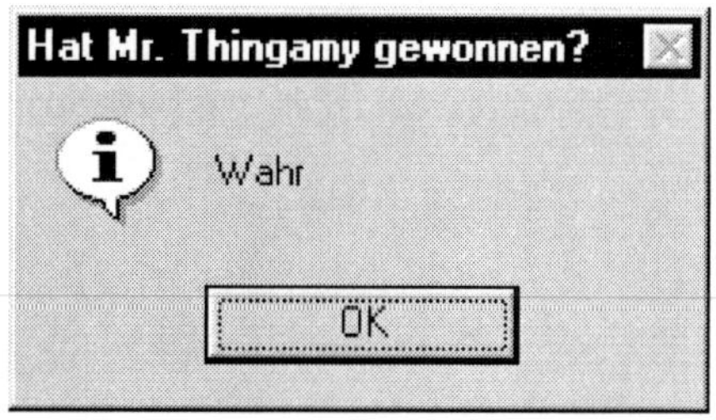


*Meldung aus Listing 8-5*

Glück gehabt? Nein! Unser Kandidat hat wirklich aus eigenen Kräften, selbstsicher und unbeirrt die richtige Antwort gegeben!

Die Kombinationsmöglichkeiten von logischen Werten mittels der verschiedenen Operatoren „***And***" und „***Or***" werden in den meisten Lehrbüchern anhand von Tabellen erklärt. In diesem Buch wollen wir einmal mehr auf die umfangreiche Online-Hilfe von VB hinweisen. Dort sind die Varianten ausführlich aufgelistet. Markiert hierfür einfach in Eurem Quellcode das Wort „***And***" und drückt anschließend die F1-Taste. Ebenso kann mit dem Wort „***Or***" oder „***Not***" verfahren werden.

Die Regeln dieser vielfältigen, sogenannten „*logischen Konjunktionen*" gehen auf die unterste Maschinenebene unseres Computers zurück. Vielleicht habt oder hattet Ihr ja mal in der Schule mit dem Thema „*Bitweise* Verknüpfungen" zu tun. Dann wisst Ihr ja worum es geht. Wenn diese Grundlagen nicht vorhanden sind und Ihr wirklich noch tiefer in die logische Materie vordringen möchtet, dann schaut Euch noch intensiver die Online-Hilfe an.

**Zusammenfassung: Variablentyp Boolean**

1. Logische Variablen vom Typ ***Boolean*** können nur zwei Inhalte haben: ***True*** oder ***False***
2. Nach Erstellung von ***Boolean-Datentypen*** (Dim ... As Boolean) besitzen diese bereits vor der ersten Zuweisung den Wert ***False***!
3. Logische Variablen können mittels der Operatoren ***And***, ***Or*** und ***Not*** beliebig kombiniert und ausgewertet werden.

# 9. Programmverzweigungen

## 9.1. „If ... Then ... Else" - Anweisung

All die schönen Dinge, die wir bisher gelernt haben, ermöglichen uns das Schreiben kleiner Programme ohne viele Extras. Doch eine vernünftige Anwendung verlangt mehr. Wir müssen entsprechend bestimmter Bedingungen den Ablauf des Programms in die eine oder andere Richtung lenken. Bisher haben wir Beispiele programmiert, die aus wenigen Befehlen bestanden und sich schnurgerade von der ersten bis zur letzten Zeile bewegten.

Dass wir es in den wenigsten Fällen mit solch einer einfachen Struktur zu tun haben werden, dürfte verständlich sein. Greifen wir als Erklärung hierfür einfach mal das vorangegangene Beispiel aus *Listing 8-5* auf, das sich mit der Beantwortung einer Quizfrage für Mr. Thingamy beschäftigte. Am Ende des Programms geben wir eine Meldungsbox aus, die mit *„Wahr"* oder *„Falsch"* darauf hinweist, ob unser Kandidat richtig geantwortet hat.

Eine recht ärmliche Programmausgabe - nicht wahr? Würde es nicht mehr Eindruck machen, wenn anstatt dessen die Meldung *„Leider verloren! Das war die falsche Antwort."* oder *„Herzlichen Glückwunsch! Sie haben soeben 1.000,- EUR gewonnen!"* erscheint? Klar doch. Nur hierfür fehlt noch eine Kleinigkeit, die es uns ermöglicht, das Eine oder Andere im Programm auszuführen.

Diese Anweisung heißt ***„If ... Then ... Else"*** (übersetzt: *„Wenn ... Dann ... Sonst"*). Sie ermöglicht uns die Ausführung von bestimmten Programmzeilen, wenn eine Bedingung erfüllt wurde.

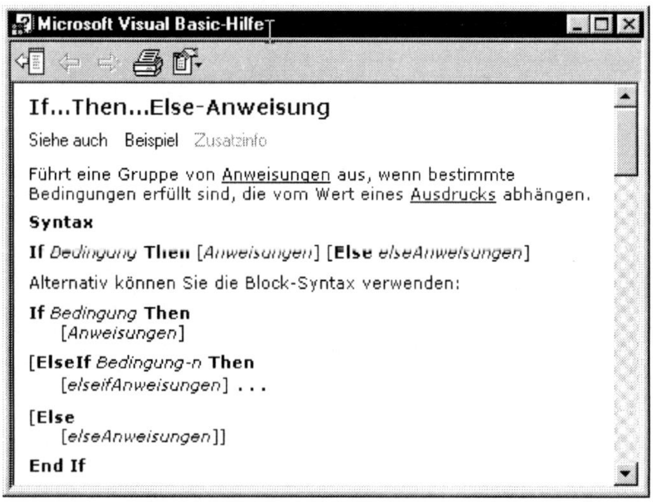


***Abb. 9-1:***
*Auszug der Online-Hilfe zum Thema If-Anweisung. Ohne Verzweigungen wäre ein gutes Computerprogramm undenkbar.*

In der folgenden Abbildung seht Ihr einen kleinen Ablaufplan, der uns zeigt, welcher Programmteil wann ausgeführt werden muss.

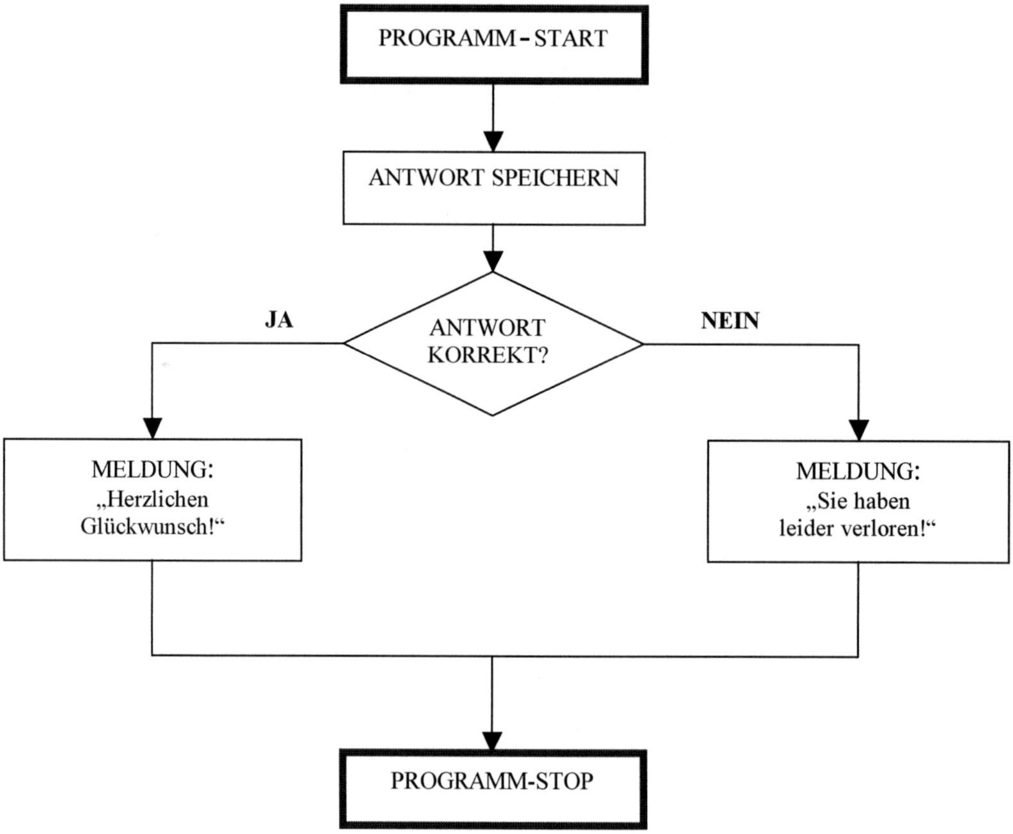


***Abb. 9-2***

Derartige Programmablaufpläne sind für einen gelernten Programmierer das Salz in der Suppe. Bei der Erstellung solcher Pläne gibt es genaue Vorschriften und Zeichnungsanweisungen, die uns hier jedoch schnurz sind. Wenn Ihr jedoch mal große Programme schreiben möchtet, dann werdet Ihr um die Definition der Anforderungen hierfür nicht herumkommen.

Wie das geschieht, ist letztendlich jedem selbst überlassen, doch mit einer Ablaufskizze kann man sich das ganze Projekt wesentlich besser vorstellen. Wie sieht das Ganze jedoch programmtechnisch aus? Es gibt zwei erste Grundformen bei der Verwendung der Programmverzweigung.

Generell kann mit ***„If ... Then"*** bestimmt werden, ob ein bestimmter Programmabschnitt ausgeführt werden soll oder nicht. Mit ***„If ... Then ... Else"*** haben wir zusätzlich die Möglichkeit, einen bestimmten Programmabschnitt ausführen zu lassen, wenn die Bedingung nicht zutrifft.

Das Schlüsselwort ***If*** leitet immer die Programmverzweiung ein. Wo ein ***If*** steht muss es auch ein passendes ***Then*** in der selben Zeile geben! In einer neuen Zeile folgt nun der Programmabschnitt, der ausgeführt werden soll und abschließend in einer separaten Programmzeile die Beendigung der Programmverzweigung mit den Schlüsselwörtern ***End If***!

## Variante 1

**If** *<Bedingung>* **Then**

> Programmabschnitt wird nur ausgeführt, wenn *<Bedingung>* gleich ***True*** ist!

**End If**

## Variante 2

**If** *<Bedingung>* **Then**

> Programmabschnitt wird nur ausgeführt, wenn *<Bedingung>* gleich ***True*** ist!

**Else**

> Programmabschnitt wird nur ausgeführt, wenn *<Bedingung>* gleich ***False*** ist!

**End If**

Bisher doch echt einfach oder nicht? O.k., ohne konkretes Beispiel kann man damit nix anfangen. Doch vielleicht noch ein paar mahnende Worte vorweg. Das Erlernen der Programmverzweigung zählt zu den wichtigsten Grundlagen der Programmierung! Die ***If ... Then ... Else –Anweisung*** gehört zu den Anweisungen, die am häufigsten zur *„Nicht-Mehr-Lesbarmachung"* mißbraucht werden. In Deutsch: Die Verzweigungen können (wenn unsachgemäß verwendet) äußerst unübersichtliche Programmteile verursachen, die nur noch sehr schwer zu lesen sind!

Wir können durchaus als Programmabschnitt innerhalb einer If-Anweisung eine weitere Verzweigung einbauen und innerhalb dieser Verzweigung wieder eine neue Verzweigung usw. Man nennt diese unsinnige Art der Programmierung *„Tiefe Verschachtelung"*. Oft wird diese Verschachtelung aus Vereinfachungsgründen gewählt. Der Entwickler muß sich keine Gedanken um eine organisierte Strukturierung seiner Anwendung machen und kann einfach drauflos programmieren.

## 9.2. Beispiel einer Verzweigung

Wie Ihr Euch denken könnt, hat unsere neue *If ... Then ... Else-Anweisung* mit dem mittleren Teil der *Abb. 9-2* zu tun. Dort verzweigt sich der Programmablauf in die eine oder andere Richtung. Das bedeutet, es kann nur einer der beiden Programmzweige verarbeitet werden. Entweder die Antwort ist richtig oder sie ist es nicht. Formulieren wir unser Beispiel noch einmal mit einfachen Worten:

*„**Wenn** die Antwort korrekt ist, **dann** kommt die Meldung »Herzlichen Glückwunsch!«, an**sonst**en kommt die Meldung »Leider verloren! «“*

Bitte achtet auf die unterschiedlichen Zeileneinrückungen, die ich an späterer Stelle erklären werde. Es sind jedenfalls keine zufälligen Leerzeichen (Tabstops!). Jede eingerückte Zeile soll auch wirklich so eingerückt sein!

```
01 Sub SuperQuizShow()
02     Dim bGewonnen As Boolean
03
04     bGewonnen = True
05
06     If bGewonnen Then
07       MsgBox "Herzlichen Glückwunsch!", vbInformation, "Quiz-Show"
08     Else
09       MsgBox "Leider verloren!", vbInformation, "Quiz-Show"
10     End If
11
12 End Sub
```

***Listing 9-1***

Erklärung zum Listing:

Zeile 02:
Wir erstellen uns hier eine Boolean-Variable mit dem Namen `bGewonnen`. Der Inhalt dieser Variablen bestimmt den anschließendenden Weg der Programmverzweigung.

Zeile 04:
Wir setzen unsere Hilfsvariable auf *True*, um die Meldung anzusteuern, die bei einer richtigen Antwort ausgegeben wird.

Zeile 06:
Hier die entscheidende Programmzeile: Die Anweisung `If` leitet die gesamte Programmverzweigung ein und erwartet nachfolgend einen Ausdruck, der einen Wert vom Typ Boolean zurückgibt. In unserem Beispiel handelt es sich um keinen Ausdruck, sondern um einen Variable, die den geforderten Booleanwert beinhaltet.

Da wir in Zeile [04] die Variable `bGewonnen` auf True gesetzt haben, wird im Programm mit der Zeile [07] fortgefahren. Die Zeilen [08] und [09] werden anschliessend übersprungen.

Zeile 07:
Mit dem Befehl ***MsgBox*** geben wir hier die Glückwunschmeldung aus. Allerdings nur, wenn die Bedingung aus Zeile [06] zutrifft!

Zeile 08:
Das Schlüsselwort `Else` gehört zur zuvor definierten Programmverzweigung aus Zeile [06]. `Else` steht allein in einer separaten Programmzeile und markiert den Beginn des Programmabschnittes, der ausgeführt wird, wenn die Bedingung der Verzweigung **nicht** zutrifft!

Zeile 09:
Diese *MsgBox* kommt nur zum Einsatz, wenn die Bedingung aus Zeile [06] **nicht** zutrifft!

Zeile 10:
Damit unsere Run-Time erkennt, wann die Verzweigungskonstruktion endlich zu Ende ist, benötigen wir noch dringend die abschließenden Schlüsselwörter ***End If***!

## 9.3. Einzeilige- und Block-Schreibweise

Das Beispiel aus *Listing 9-1* stellt bereits die fortgeschrittene Version dar. Ihr könnt durchaus die Zeilen [08] und [09] auskommentieren. In diesem Fall erhält man nach dem Programmstart nur dann eine Meldung, wenn die Antwortvariable `bGewonnen` auf True gesetzt wurde. Macht nicht viel Sinn, zeigt uns aber, dass nicht immer ein *Else-Abschnitt* verwendet werden muß.

Da wir schon beim Abspecken sind. Eine Variante gibt es noch, die keine der Schlüsselwörter ***„End If“*** erfordert. Dies ist stets dann der Fall, wenn wir den auszuführenden Programmabschnitt, bzw. den gewünschten Befehl direkt hinter das Schlüsselwort ***„Then“*** setzen. Diese einzeilige Schreibweise ist in *Listing 9-2* zu sehen. In der Zeile [06] steht dort unsere *IF-Anweisung* gefolgt von einer *MsgBox*. In diesem Fall endet der gesamte Verzweigungsabschnitt nach dem Befehl *MsgBox*! Es wird also kein *„End If“* mehr benötigt.

```
Sub SuperQuizShow()
    Dim bGewonnen As Boolean

    bGewonnen = True

    If bGewonnen Then MsgBox "Herzlichen Glückwunsch!"

End Sub
```

*Listing 9-2*

Viele Varianten. Doch welche nur nehmen? Ich selbst bevorzuge die folgende, getrennte Variante, da diese im Quellcode wesentlich schneller vom Auge zu analysieren ist. Wir haben es hier zwar mit der größeren, aber übersichtlicheren Blockschreibweise zu tun

```
Sub SuperQuizShow()
    Dim bGewonnen As Boolean

    bGewonnen = True

    If bGewonnen Then
        MsgBox "Herzlichen Glückwunsch!"
    End If

End Sub
```

*Listing 9-3*

**Zusammenfassung: If ... Then ... Else - Anweisung**

1. Mit der ***„If - Anweisung“*** können bestimmte Programmabschnitte ausgeführt werden, die vom Ergebnis des Verzweigungsausdrucks (Boolean-Typ) abhängen.
2. Es kann die einzeilige Schreibweise verwendet werden, bei der die Programmanweisung direkt nach dem Schlüsselwort ***„Then“*** folgt. In diesem Fall ist kein abschließendes ***„End If“*** notwendig.
3. Es kann die Blockschreibweise verwendet werden (mit abschließendem ***„End If“***).
4. Mit der Angabe des Schlüsselwortes ***„Else“*** wird ein separater Programmabschnitt eingeleitet, der nur dann ausgeführt wird, wenn die Verzweigungsbedingung nicht zutrifft.

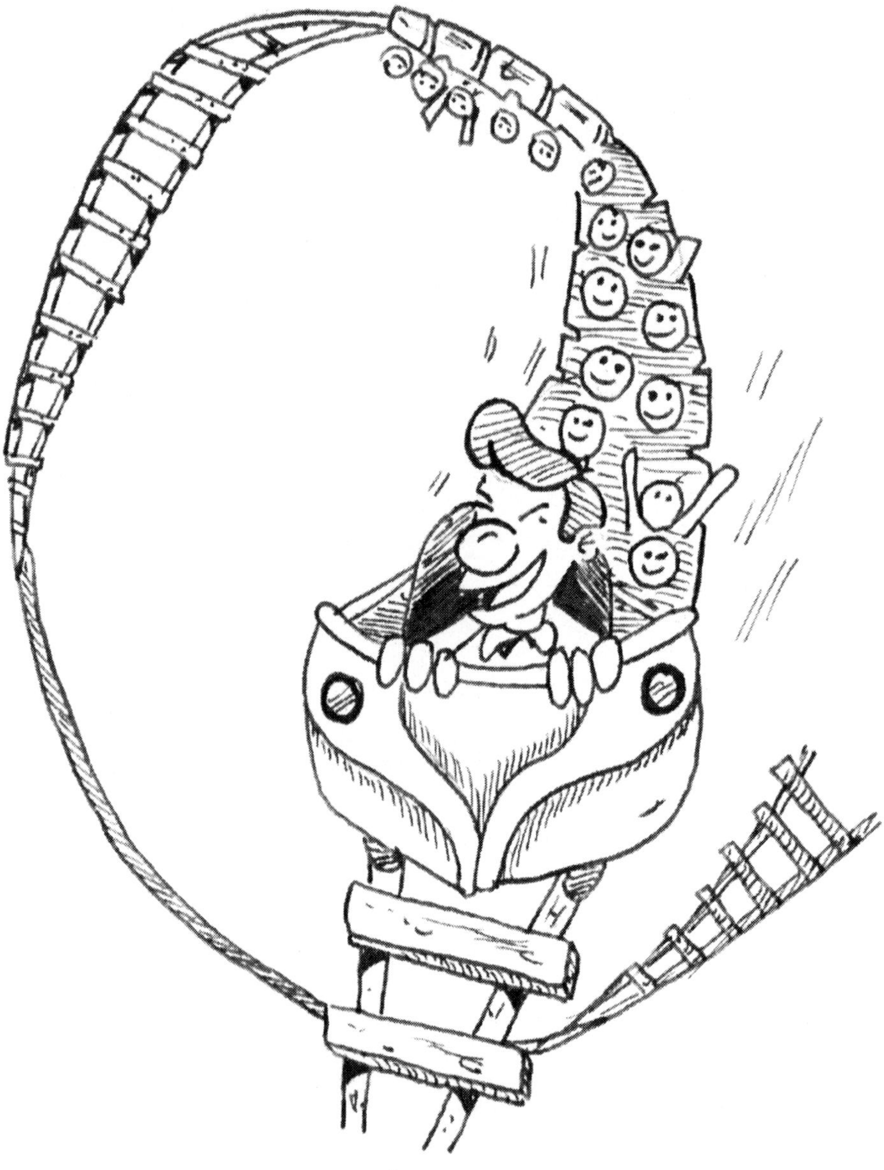

# 10. Programmschleifen

## 10.1. For ... Next - Anweisung

Das Erlernen von Programmverzweigungen hat unseren Horizont bereits merklich erweitert. Die Verarbeitung von Bedingungen innerhalb von Programmabläufen ist das Wesen von sinnvollen Applikationen. Doch bisher konnten wir nur kurzlebige Teile schreiben, da der Ablauf geradeaus von Zeile [01] bis zum bitteren Ende unaufhaltsam festgesetzt war. Es gibt natürlich die Möglichkeit, unseren Code rotieren zu lassen! Könnte ein Programm bestimmte Programmabschnitte nicht wiederholen, dann wären wir beim Einschalten unseres Rechners sicher überrascht.

Nach einer freudigen Boot-Anzeige mit lustigen Systeminformationen und einem vielleicht netten Werbe-Slogan, wäre unser PC anschließend wieder schwarz und leblos, weil sich das Betriebssystem eben nur geradeaus von Zeile [01] bis zum Ende bewegen konnte.

An dieser Stelle möchte ich Euch eine Form von Programmschleifen erklären, die für eine fest definierte Anzahl von Durchläufen verwendet wird. Es handelt sich um die ***„For ... Next-Anweisung“***. Viele Einsteiger haben sicher schon diese sogenannten Schleifen verwendet. Doch ich konnte in vielen Anfängerprojekten feststellen, dass wesentliche Grundlagen völlig mißachtet wurden.

Darum auch hier meine Bitte: Nehmt Euch ruhig richtig Zeit für diese Anweisung und probiert was das Zeug hält. Schleifen sind wichtig und sollten gut beherrscht werden. Bis hier haben wir mit unserem Kenntnisstand nicht viele Probleme bekommen, da unser Programmablauf geradlinig verlief. Nun aber besteht die berechtigte Gefahr, dass Ihr *„Endlos-Schleifen“* hinzaubert.

Jeder kennt die ach so geliebten Momente, in denen man gebannt auf die Sanduhr des Mauszeigers schaut und sich fragt: *„Lebt die Kiste noch oder muß ich schon wieder den Hebel umlegen?“*. Diese Schleifen ohne Ende lassen den Rechner in einen tiefen Schlaf fallen. Ein beherzter Druck auf den Reset-Knopf hilft zwar, läßt aber oftmals die zuvor erstellten und dummerweise nicht gespeicherten 148 neuen Programmzeilen im Universum verdampfen!

In der nachfolgenden *Abb. 10-1* sehen wir den ersten Teil der Online-Hilfe zum Thema *For ... Next-Schleifen.* Ich habe hier bewußt nur diesen Teil der Hilfe abgebildet. Wir konzentrieren uns erst einmal auf die reine Anwendungsgrundform, ohne auf die vielen kleinen Details und Variationen einzugehen. Ähnlich wie bei der *If–Anweisung* gibt es auch hier ein einleitendes **„For“** und ein abschließendes Schlüsselwort: **„Next“**. Dazwischen liegen unsere Programmzeilen, die mehrmals innerhalb eines Programmaufrufes ausgeführt werden sollen.

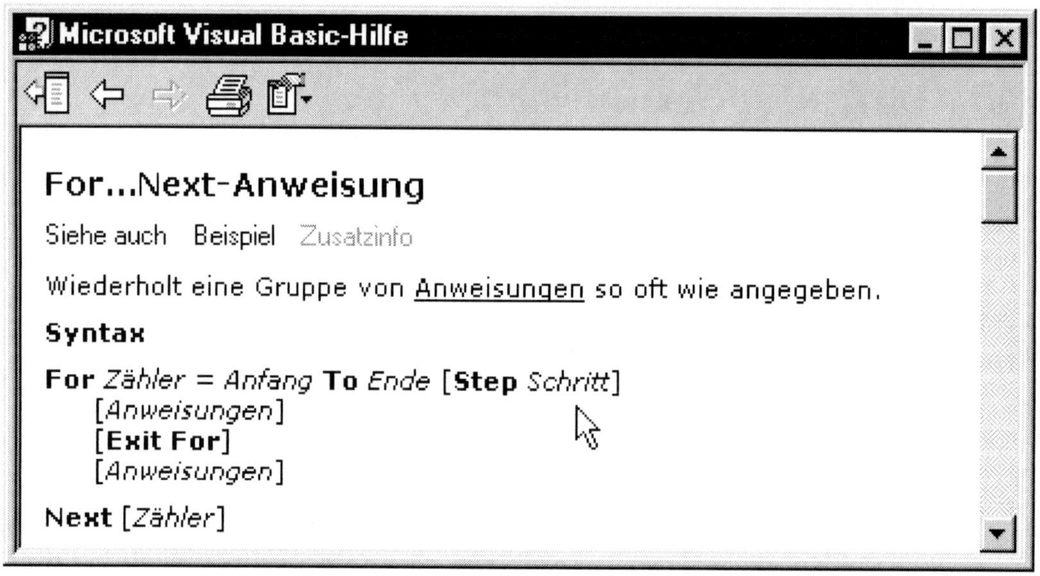


*Abb. 10-1*

Besonders wichtig in unserer Schleife ist der ***Zähler***. Der Zähler kontrolliert die Schleifendurchläufe und ist nichts weiter als eine gewöhnliche Variable. In dieser Variablen wird der aktuelle Schleifendurchlauf mitgezählt. Um dies zu verdeutlichen, nachfolgend ein kleines Beispiel, das uns den Inhalt dieser Zählervariablen auf dem Bildschirm in Aktion darstellt.

Im *Listing 10-1* wurde eine Schleife erstellt, die genau dreimal eine Meldungsbox auf dem Bildschirm ausgibt. Wir benötigen hierfür eine beliebige Variable mit einem numerischen Datentyp (z. B. Integer) und unseren Programmabschnitt, der wiederholt werden soll. Im Beispiel der Befehl *MsgBox*. Kommen wir zum Kern der Funktionsweise. In *Abb. 10-1* stehen zwei weitere Angaben zur Erklärung: *Anfang* und *Ende*.

Der ***Anfang*** ist ein numerischer Wert, der angibt mit welchem Inhalt unsere Zählervariable den Schleifenlauf beginnt. Der Programmabschnitt wird weiterhin nur dann durchlaufen, wenn der Inhalt unserer Zählervariablen kleiner oder gleich des numerischen ***Ende-Wertes*** ist! Hört sich schon mal mächtig kompliziert an. Doch im nachfolgendem Beispiel sicher einfach zu deuten.

Jedenfalls spiegelt sich in der verwendeten Zählervariablen stets der aktuelle Durchlauf der Schleife wieder. Da es eine numerische Variable ist, können wir diese natürlich auch für andere Zwecke gebrauchen. Man kann den Inhalt z. B. in einer Meldungsbox ausgeben.

```
01 Sub MeineSchleife()
02     Dim nLoop As Integer
03
04     For nLoop = 1 To 3
05         MsgBox "Durchlauf Nr.: " & CStr(nLoop), , "For ... Next"
06     Next nLoop
07
08 End Sub
```

***Listing 10-1***

Erklärung zum Listing:

Zeile 02:
Wir erstellen unsere zukünftige Zählervariable `nLoop` für den Schleifendurchlauf. Der Name ist natürlich frei wählbar. Der Datentyp muss eine Zahl, aber nicht unbedingt ein Integer sein! Der genaue Datentyp hängt von der Anzahl der gewünschten Schleifendurchläufe ab. Je mehr Durchläufe, um so größere Werte muss unsere Zählervariable aufnehmen können! Siehe auch Kapitel *„Typen von Variablen"* auf Seite 47.

Zeile 04:
Hier wird die Zählervariable `nLoop` mit dem Anfangswert 1 initialisiert. Gleichzeitig wird `nLoop` mit dem Endwert 3 verglichen. Falls der Zähler `nLoop` größer als der Endwert ist, dann wird im Programm mit der Zeile fortgefahren, die der *Next-Anweisung* folgt (im Beispiel die Zeile [07]). Wenn aber der Zähler im grünen Bereich ist, dann erfolgt die Abarbeitung des Programmabschnittes innerhalb der Schleife.

Zeile 05:
Hier geben wir mit der Messagebox den Inhalt der Zählervariablen aus. Mit der Funktion `CStr()` wird der Integer-Datentyp von `nLoop` in einen String umgewandelt.

Zeile 06:
Das *Next-Schlüsselwort* kennzeichnet das Ende unserer Schleife. **Hier wird der Zähler um den Wert 1 erhöht**. Die Angabe der Zählervariablen hat eigentlich nur informativen Charakter und kann ausgelassen werden. Falls wir jedoch mehrere Schleifen benutzen, die vielleicht noch verschachtelt sind, dann kann man das *Next* durch die Angabe der Zählervariablen dem Schleifenbeginn besser zuordnen.

Stößt unser Run-Time auf die *Next-Anweisung* so wird der Programmablauf bei der zugehörenden *For-Anweisung* (Zeile [04]) fortgesetzt. Somit erfolgt ein **Rücksprung** in unserem Programm!

Die einfache Regel lautet also: Die Schleife wird solange durchgeführt, **bis die Zählervariable den Endwert überschritten hat**! Die Zählervariable braucht vor der Schleife nicht mit dem Startwert versorgt werden! Dies geschieht automatisch beim Erreichen der *For-Anweisung*. Bei der Manipulation der Zählervariablen innerhalb des Schleifen-Programmabschnittes sollte man Vorsicht walten lassen! Es könnte zu einer endlosen Verarbeitung der Schleife kommen, weil die Zählervariable künstlich unter dem definierten End-Grenzwert gehalten wird!

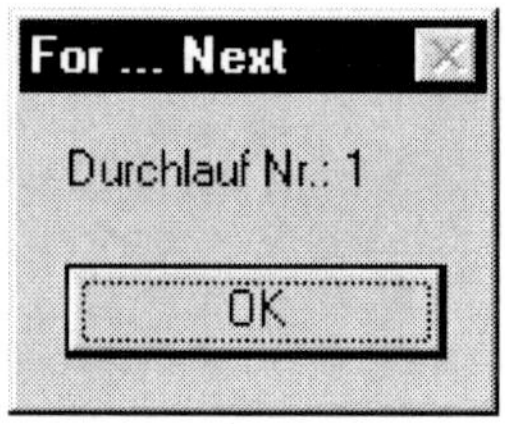


## 10.2. Schrittweite von Schleifen

Ich denke, die einfache Form der Schleife läßt sich sehr gut verstehen. Falls es noch größere Zweifel gibt, dann macht Euch keine Sorgen. In den nächsten Beispielen wiederholen sich einige Dinge. In diesem Kapitel kommt eine kleine Erweiterung hinzu, die den Ablauf der Programmschleife beeinflußt. Bisher wurde nach Ausführung der Next-Anweisung unsere Zählervariable um den Wert „Eins“ erhöht.

Manchmal möchten wir jedoch eine andere Schrittweite verwenden. Um dieses Problem zu lösen, verwendet man in der Schleife das Schlüsselwort ***„Step“***. Dieser Zusatz wir in der einleitenden *For-Anweisung* am Ende angefügt und mit einem numerischen Wert versehen, der die Schrittweite angibt.

```
Sub MeineStepSchleife()
    Dim nLoop As Integer

    For nLoop = 2 To 10 Step 2
        MsgBox "Durchlauf Nr.: " & CStr(nLoop), , "For ... Next"
    Next nLoop

End Sub
```

***Listing 10-2***

Im *Listing 10-2* habe ich einfach das vorherige Beispiel als Vorlage genommen und um das Schlüsselwort ***„Step“*** erweitert. Hinter dem Step steht die Zahl 2 als Angabe der Schrittweite. Beachtet an dieser Stelle den Schleifenbereich von „2“ bis „10“. Wir können natürlich beliebige Anfangs- und Endwerte verwenden. Ich möchte Euch jedoch ein kleines praktisches Beispiel liefern, dass sich mit geraden Zahlen beschäftigt. Wird unser Programm nun gestartet, so werden in der Messagebox alle geraden Zahlen von 2 bis 10 ausgegeben.

Im Listing Zeile [06] erfolgt die Erhöhung des Schleifenzählers `nLoop` um die von uns vorgegebene Schrittweite. Beim ersten Durchlauf hat unser Zähler den Wert **2**. Also erhöht die Next-Anweisung den Inhalt von `nLoop` um die Schrittweite **2**. Somit hat der Zähler beim nächsten Durchlauf den Wert **4**. In dem Moment wo der Zähler größer als unser Endwert **10** ist, wird die Schleife beendet.

Nachfolgend habe ich eine kleine Tabelle erstellt, die den Ablauf etwas deutlicher machen soll. In der ersten Spalte steht die Nr. des gerade durchgeführten Schleifenlaufes. In den anderen Spalten seht Ihr den Inhalt der Zählervariablen in der jeweiligen Programmzeile.

| Lauf Nr. | Inhalt von `nLoop` Zeile [04] | Messagebox `nLoop` Zeile [05] | Next nLoop Zeile [06] |
|---|---|---|---|
| 1 | **2 Anfangswert** | MsgBox **2** | nLoop + 2 = 4 |
| 2 | **4** | MsgBox **4** | nLoop + 2 = 6 |
| 3 | **6** | MsgBox **6** | nLoop + 2 = 8 |
| 4 | **8** | MsgBox **8** | nLoop + 2 = 10 |
| 5 | **10** | MsgBox **10** | nLoop + 2 = 12 |
| 6 | **12** | **Abbruch: 12 > 10 !!!** | |

*Schematischer Ablauf aus Listing 10-2*

In der Tabelle sieht man wie oft die *For-Anweisung* angesprungen wird bevor der Schleifenlauf endet. Beim sechsten Mal überschreitet der Inhalt der Zählervariablen `nLoop` den zulässigen Endwert 10 und das Programm wird mit der Programmzeile die der *Next-Anweisung* folgt fortgesetzt!

## 10.3. Zusammenfassung

Einen nicht unwesentlichen Punkt haben wir noch nicht angesprochen. Es geht darum, die Schleife gezielt abzubrechen, bevor die maximale Anzahl der Durchläufe erreicht ist. Die Anweisung, die hierfür Verwendung findet, nennt sich: ***„Exit For“*** und bewirkt einen sofortigen Sprung zur Programmzeile die nach der *Next-Anweisung* steht. Eine zweite Möglichkeit des Abbruchs besteht darin, die Zählervariable innerhalb der Schleife einfach auf einen Wert größer als den Endwert zu setzen. Doch bedenkt noch einmal die Gefahr beim Manipulieren der Zählervariable!

## Es kann zu Endlosschleifen kommen!

Fassen wir noch einmal kurz zusammen, was bei Schleifen zu beachten ist. Da es noch andere Arten von Programmschleifen gibt, ist ein Punkt besonders zu beachten. Wann setzen wir ***For - Anweisungen*** ein? Wir setzen diese Form der Schleife ein, wenn uns vor Beginn der *For - Anweisung* die Anzahl der Schleifenläufe bekannt ist! Ein Beispiel hierfür wäre eine Passwortabfrage, die oft nur drei Versuche zuläßt. Hier ist die Anzahl der Versuche vorher bekannt; Eine For-Schleife ist also die richtige Wahl. Andere Schleifen werden in folgenden Kapiteln folgen.

**Zusammenfassung: For - Anweisung**

☑

1. Mit der ***„For - Anweisung“*** kann ein Programmabschnitt durch eine festgelegte Schleifenzahl wiederholt werden.
2. Die ***„For - Anweisung“*** wird als Schleife verwendet, **wenn die Anzahl der Schleifenläufe** vorher **bekannt ist.**
3. Es wird eine numerische ***Zählervariable*** benötigt, die als Schleifenzähler dient. Die Zählervariable muss vom Datentyp groß genug definiert sein!
4. ***For-Schleifen*** benötigen einen fest definierten ***Anfangs- und Endwert.*** Diese Werte können auch in Form von Variablen angegeben werden. Der Anfangswert darf nicht größer als der Endwert sein, da die Schleife sonst nicht ausgeführt wird.
5. Der Programmabschnitt zwischen den Schlüsselwörtern ***„For“*** und ***„Next“*** wird solange ausgeführt, bis der Inhalt des Schleifenzählers den *Endwert überschritten* hat.

# 11. Programmbeispiel „Mathe-Trainer"

## 11.1. Projektvorbereitung

Zur Abwechslung jetzt wieder ein kleines Projekt, das sich mit den Themen der letzten Kapitel beschäftigt. Also werden wir die *„IF - Anweisung"* verwenden und natürlich von unserer neu erlernten Schleife der *„For - Anweisung"* Gebrauch machen. Die ganze Geschichte erhält zusätzlich einen praktischen Nutzen in Form eines Mathetrainers, der sich mit der Multiplikation von Zahlen auseinandersetzt. Den Schwierigkeitsgrad könnt Ihr hierbei selbst bestimmen!

Unser Programm soll selbstständig eine Multiplikationsaufgabe vorbereiten, die wir dann zu lösen haben. Bei falscher Antwort gibt es einen Fehlerpunkt. Die Anzahl der Fragen kann beliebig eingestellt werden und zum Schluss erscheint eine Anzeige der ermittelten Fehlerpunkte.

Zunächst wollen wir uns einmal Gedanken über die durchzuführenden Funktionen machen, um eventuelle Probleme zu erkennen. Wir legen also nicht gleich mit dem Programmieren los, sondern erstellen uns ein einfaches Konzept mit der Auflistung des Ablaufs. Die nachfolgende Aufstellung zeigt uns, woran wir denken müssen:

**Konzeption Mathe-Trainer**

1. Erzeugung der Multiplikationsaufgabe. Hierzu gehört die Generierung von zwei Zufallszahlen für den ersten und zweiten Multiplikator.
2. Anzeige der Rechenaufgabe.
3. Erzeugung und Speicherung einer Benutzereingabe
4. Überprüfung der Benutzereingabe und Vergleich mit der Lösung.
5. Meldung, ob die Antwort richtig oder falsch war.

Diese Aufstellung stellt den Kern unserer Anwendung dar. Bereits beim ersten Punkt stehen wir vor einem Problem. Dort ist die Rede von der Generierung von Zufallszahlen. Offensichlich eine Funktion, von der wir bisher nichts gehört haben. Darum hier auch gleich die Lösung:

**Konzept Punkt 1)**

Zur Erzeugung von Zufallszahlen gibt es die Funktion ***Rnd( )***. Diese „Randomize-Funktion“ liefert uns eine Zahl von 0 bis 0,9999 (Periode). Doch welche Zahl wollen wir eigentlich? Für unser Beispiel benötigen wir eine Zahl von 1 bis 10. Und wie macht man aus einer Zahl von 0 bis 0,9999 eine Ganzzahl? Hierfür benötigen wir noch eine Funktion die aus numerischen Werten eine Ganzzahl zaubert.

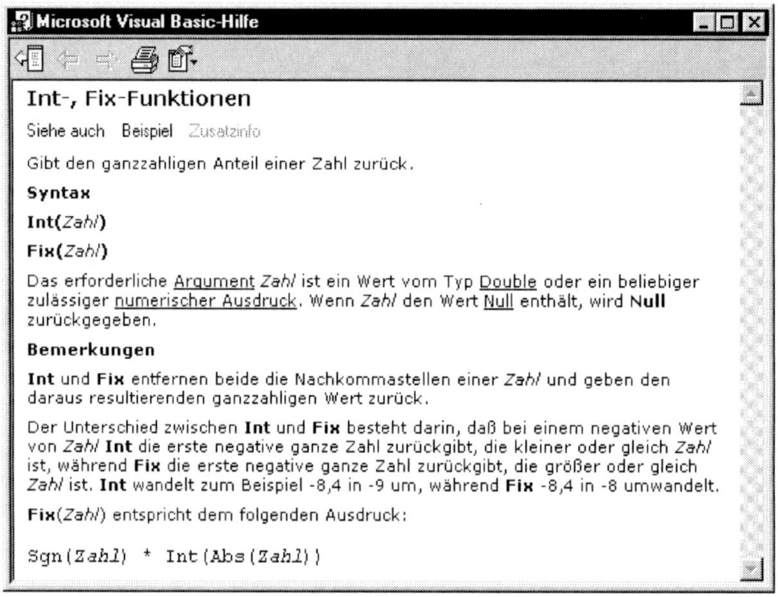


***Abb. 11-1:***
*Neben Int() gibt es auch noch die weniger bekannte Funktion Fix()!*

Die entsprechende Funktion nennt sich ***Int( )***. Das Schlüsselwort ***Int*** steht für *„Integer“* und bedeutet soviel wie Ganzzahl. Aus dem Kapitel für unsere Variablentypen sind wir bereits auf diesen Begriff gestoßen. Als Parameter verlangt *Int()* den numerischen Wert, der umgewandelt werden soll. Jetzt haben wir alles beisammen und können uns den Ausdruck zusammenbauen, der uns die gewünschte Zufallszahl von 1 bis 10 liefert.

```
Int( Rnd() * 10 ) + 1
```

Der Parameter für die *Int-Funktion* wird also aus dem Zufallsergebnis, multipliziert mit unserem höchsten gewünschten Wert, gebildet. Das Ergebnis würde jetzt eine Ganzzahl zwischen 0 und 9 liefern. Also noch die Zahl 1 hinzuaddiert und schon haben wir das Problem gelöst! Übrigens findet Ihr diese Formel auch in der Online-Hilfe von Visual Basic. Einfach das Schlüsselwort *Rnd* in Euren Editor schreiben, markieren und F1 drücken.

In der erscheinenden Hilfeseite könnt Ihr noch mehr über die Generierung von Zufallszahlen erfahren. Sicher kann man diese Formel auch für viele andere Programme gebrauchen. Eine sehr universelle Geschichte, die unseren sonst so vorhersehbaren Anwendungen endlich ein wenig Pfiff verleiht.

**Konzept Punkt 2)**

Die Anzeige der Rechenaufgabe dürfte für uns eine Kleinigkeit sein. Wir gehen davon aus, dass zuvor zwei Zahlen per Zufallsgenerator generiert wurden. Diese beiden Zahlen müssen nun als Multiplikationsaufgabe dem Benutzer auf dem Bildschirm dargestellt werden. Idealerweise wird er gleichzeitig aufgefordert, die Lösung der Aufgabe einzugeben. Somit können wir gleich mit dem nächsten Punkt fortfahren, der sich mit der Benutzereingabe beschäftigt.

**Konzept Punkt 3)**

Zur Eingabeaufforderung nehmen wir die Funktion ***InputBox()***, die bereits im Eurorechner-Beispiel auf Seite 37 vorkam. In dieser *InputBox* geben wir auch gleich die zu lösende Rechenaufgabe mit aus. Das Ergebnis der Benutzereingabe wird in einer Variablen gespeichert.

**Konzept Punkt 4)**

Die Multiplikation der zuvor gespeicherten beiden Zufallszahlen und der vom Benutzer eingegebene Wert können nun miteinander verglichen werden. Hierfür genügt eine einfache Boolean-Operation, die in diesem Band besprochen wurde.

**Konzept Punkt 5)**

Das Ergebnis der Überprüfungsoperation dient uns als Vorlage der notwendigen Programmverzweigung mittels der kennen gelernten If-Anweisung. In dieser Verzweigung können wir den Benutzer davon in Kenntnis setzen, ob die Lösung der Aufgabe einwandfrei oder mangelhaft war.

So, das war es eigentlich schon. Wir haben jetzt ein Grundgerüst, das uns eine zufällige Multiplikationsaufgabe stellt, die Antwort abfragt und uns von der Richtigkeit der eingegebenen Lösung informiert. Für Euch wird es in diesem Stadium schwer sein, sich das Programm bereits vor Augen vorzustellen. Aber mit der Zeit kommt diese Fähigkeit, Konzepte aufzustellen, ohne eine Zeile programmiert zu haben. Diese Arbeitsweise mag in unserer kleinen Anwendung unnütz wirken, doch der Vorteil liegt klar auf der Hand.

Bereits bei der Konzepterstellung werden wir auf mögliche Probleme stoßen, die es zu lösen gilt. Würden wir gleich losprogrammieren, dann müssten oft mehrere Programmabschnitte immer wieder umgeworfen, neu geschrieben oder gelöscht werden. Der Aufwand erhöht sich, wenn wir uns nicht bereits im Vorfeld über alle nötigen Abläufe und Funktionen Gedanken machen.

Die hohe Kunst des **produktiven** Programmierens liegt jedoch auch darin, sich nicht in endlosen Konzepten zu verlieren. Irgendwann sollte man schon ein Programm schreiben. Doch ich glaube für Euch Heimanwender genügt es, wenn wir uns auf das Wesentliche beschränken. Vielleicht wollt Ihr ja mal beruflich Programme entwickeln? In diesem Fall erscheint es logisch, dass nicht unendlich viel Kapital für das Austüfteln von Anwendungen vorhanden ist.

Es gibt viele Wege nach Rom, aber nur wenige, die sich verkaufen lassen! Die schnelle Konzepterstellung kommt mit der Erfahrung des Programmierers. Je mehr Anwendungen geschrieben wurden, desto mehr Fehler wurden gemacht, die beim nächsten Projekt berücksichtigt werden und so die Qualität deutlich erhöhen. Wenn man aus Fehlern lernt!

Unser Beispielprogramm sollte aber noch etwas Schliff bekommen. Schließlich wollen wir doch alles in diesem Buch Erlernte einbauen. Was fehlt also noch? Wir haben noch keine Schleife! Was kann man mit einer Schleife tun? Richtig - Wir wiederholen bestimmte Programmabschnitte. Somit werden wir zusätzlich den gesamten Ablauf der besprochenen Rechenaufgabe mehrmals durchführen. Der Benutzer bekommt z. B. fünf Multiplikationsaufgaben und wird anschließend über die Fehleranzahl informiert.

Das bedeutet auch, dass die vorgekommenen Fehler gezählt werden müssen. In Punkt 5) unseres Konzeptes steht eine Programmverzweigung, die den Benutzer darüber informiert, ob die Antwort richtig oder falsch war. Nun braucht die Fehlerzählung nur in diesen Verzweigungsteil eingebaut werden, der sich mit den falschen Antworten befaßt und schon haben wir auch diesen Zusatz elegant hinzugefügt.

Genug der Vorbereitung. Jetzt folgt der schwerste und für Euch zeitaufwendigste Teil unseres Beispiels. Wie immer werden die Programmzeilen im Anschluß an das Listing von mir kommentiert. Ihr könnt dieses Programm mit Word, Excel oder auch direkt in Visual Basic ausprobieren.

## 11.2. Das Listing

```
Sub MatheTrainer()
    Const DEF_TITEL = "Multiplikations-Trainer"
    Const DEF_MAXZAHL = 10
    Const DEF_FRAGEN = 5

    Dim nEingabe As Integer   'Speicher für Benutzereingabe
    Dim nZahl1   As Integer   '1. Multiplikator
    Dim nZahl2   As Integer   '2. Multiplikator
    Dim sMsg     As String    'Hilfsvariable um Textfolgen aufzubauen
    Dim nFehler  As Integer   'Fehlerspeicher
    Dim nLoop    As Integer   'Schleifenzähler

    For nLoop = 1 To DEF_FRAGEN

        nZahl1 = Int(Rnd() * DEF_MAXZAHL) + 1
        nZahl2 = Int(Rnd() * DEF_MAXZAHL) + 1

        sMsg = "Aufgabe Nr.: " & CStr(nLoop) & vbCrLf & vbCrLf
        sMsg = sMsg & CStr(nZahl1) & " x " & CStr(nZahl2) & " = ?" & _
                                                               vbCrLf
        nEingabe = Val(InputBox(sMsg, DEF_TITEL))

        If nEingabe = 0 Then
            MsgBox "Prüfung wird abgebrochen!", vbInformation, DEF_TITEL
            Exit For
        End If

        If nEingabe = nZahl1 * nZahl2 Then
            MsgBox "Die Antwort ist richtig!", vbInformation, DEF_TITEL
        Else
            nFehler = nFehler + 1
            nEingabe = nZahl1 * nZahl2
            MsgBox "Die Antwort ist Falsch! Lösung:" & vbCrLf & _
                   CStr(nZahl1) & " x " & CStr(nZahl2) & " = " & _
                   CStr(nEingabe), vbCritical, DEF_TITEL
        End If

    Next nLoop

    sMsg = "Die kleine Matheprüfung ist beendet." & vbCrLf
    sMsg = sMsg & "Du hattest " & CStr(nFehler) & " Fehler!"
    MsgBox sMsg, vbInformation, DEF_TITEL

End Sub
```

***Listing 11-1***

Bevor wir mit dem Entknoten loslegen noch ein Wort zu den Einrückungen im Quelltext. Die Zeilen stehen absichtlich nicht direkt bündig untereinander. Ich habe Euch in vorhergehenden Beispielen oft darum gebeten, diese Einrückungen auch zu verwenden. Aber was soll das nun wirklich bedeuten? In diesem Listing kann man es deutlich erkennen.

Befehle wie *For - Anweisungen* oder *If - Verzweigungen* bestehen aus einem einleitenden und abschließenden Befehl. Bei der Schleife sehen wir z. B. das Schlüsselwort ***„For“*** und das zugehörende ***„Next“*** in einer Spalte stehen. Dazwischen haben wir vertikal einen leeren Zwischenraum, weil wir den inneren Programmabschnitt eingerückt haben. Ebenso bei den *If - Anweisungen*. Der Grund ist also die Übersichtlichkeit des Quellcodes.

Man sieht somit schnell, welche Anweisung zu welchem Block gehört. Das Programm würde natürlich auch ohne diese Schreibform laufen, doch seht diese Einrückungen als zwingende Regel beim Programmieren an! Eine kleine Ausnahme seht Ihr in Zeile [33]. Dort steht die *MsgBox* mit einem sehr langen Parameter. Zu lange Zeilen können mit einem Leerzeichen zzgl. Unterstrich („ _“) getrennt werden.

Ich habe hier die getrennten Folgezeilen eingerückt, damit man diese als zur *MsgBox* gehörend erkennt. Würden diese auf gleicher Höhe mit der *MsgBox* stehen, so könnte man sie schnell mit eigenständigen Programmzeilen verwechseln! Übrigens steht das *„Else“*-Schlüsselwort auf der gleichen Höhe wie sein *„If“*, damit wir die Programmabschnitte der Verzweigungen dem entsprechenden Teil der *If - Anweisung* schneller zuordnen können!

Erklärung zum *Listing 11-1*:

Zeile 02:
Die Konstante `DEF_TITEL` dient uns als Titelüberschrift der vielen Meldungsboxen. Weil sich der Titel nicht ändert haben wir keine Variable, sondern einen festen Wert gewählt.

Zeile 03:
Die Konstante `DEF_MAXZAHL` wird im Programm als Begrenzung der Zufallszahlengenerierung verwendet. Es können also nur Multiplikationsaufgaben bis zu diesem Wert in den Aufgaben entstehen. Wir möchten uns erst einmal auf nicht so schwierige Aufgaben konzentrieren und wählen daher den Maximalwert 10.

Zeile 04:
Diese Konstante `DEF_FRAGEN` bauen wir an späterer Stelle in unsere *For-Schleife* ein. Sie bestimmt die maximale Anzahl der Schleifendurchläufe und somit auch die Anzahl der Fragen, die uns nach dem Start des Beispiels gestellt werden.

Zeilen 06-11:
Die Bedeutung der Variablen habe ich als Kommentar direkt in der entsprechenden Zeile untergebracht. Übrigens eine sehr praktische Stelle, um Quellcode kurz zu erläutern. Gerade bei Variablen solltet Ihr diese Form anwenden. Versucht bitte auch, sprechende Variablennamen zu verwenden, die sich quasi von selbst erklären.

Zeile 13:
Hier beginnt unsere Schleife. Den Anfangswert haben wir auf 1 festgelegt. Das Ende der Schleife wird hier nicht direkt als Zahl, sondern mittels einer Konstanten angegeben. Wichtige Einstellungen des Programms bleiben so zentral an der Stelle der Konstantendefinitionen. Der Endwert *DEF_FRAGEN* bestimmt hier wie viele Fragen vom Programm gestellt werden.

Zeilen 15-16:
Die im Vorfeld erklärte Generierung von Zufallszahlen findet jetzt seine praktische Anwendung. In diesen beiden Zeilen werden die Multiplikatoren erzeugt, die unsere Rechenaufgabe darstellen und den beiden Zwischenvariablen zugeordnet. Die Konstante *DEF_MAXZAHL* bestimmt dabei die größte erzeugbare Zahl. Ihr könnt diesen Parameter einfach im Kopf des Listings ändern und somit den Schwierigkeitsgrad der Aufgaben anpassen. Übrigens haben wir hier den Konzeptpunkt 1) unserer Vorbereitung erfüllt.

Zeilen 18-19:
Diese Zeile wird Euch wahrscheinlich etwas länger beschäftigen. An dieser Stelle bereiten wir die Anzeige unserer Rechenaufgabe vor. Die Variable *sMsg* dient dabei als Zwischenspeicher. Wir bauen uns schrittweise die Zeichenfolge teils mit direkten Wörtern und Umwandlungsfunktionen auf. Der Sinn der zwei Zeilen liegt einfach darin, die Übersichtlichkeit zu bewahren.

Man kann diese beiden Zeilen natürlich auch in einer unterbringen. Doch manchmal ist es sinnvoll, den Quellcode ein wenig zu vergrößern, wenn wir dadurch mehr Überblick erlangen. Schaut Euch die Meldung nach Start des Programms an und Ihr werdet besser verstehen, wie die einzelnen Teile zusammengefügt wurden.

Eine Neuerung gibt es hier aber doch noch. Am Ende steht die Kontante `vbCrLf`, ausgeschrieben heißt das: **C**arriage **R**eturn **L**ine **F**eed. Diese Konstante steht uns in VB automatisch zur Verfügung und beinhaltet eine ganz spezielle Zeichenfolge, die einen Zeilenumbruch bei der Anzeige von Zeichenketten bewirkt.

Zeile 21:
Endlich der große Moment. Wir erfüllen in dieser Zeile die Konzeptpunkte 2) und 3) in einem Rutsch. Die uns inzwischen bekannte Funktion `InputBox()` dient uns also zur Anzeige der Rechenaufgabe und fordert den Anwender zugleich zur Eingabe der Lösung auf. Der erste Parameter *sMsg* wurde zuvor aufwändig zusammengebastelt und stellt den Text dar, der in der Eingabe angezeigt wird.

Der zweite Parameter *DEF_TITEL* ergibt den Titel des Eingabefensters. Das Ergebnis der Eingabe wird mittels der Funktion `Val()` in eine Zahl umgewandelt. So können wir sicher sein, dass wir an späterer Stelle nicht Äpfel mit Birnen vergleichen. Das Ergebnis muss nämlich für unseren weiteren Ablauf auch wirklich ein numerischer Wert sein!

Zeilen 23-26:
Diese Verzweigung wurde in unserem Konzept noch nicht besprochen. Sie hat die Aufgabe unsere Fragerunde zu beenden, falls der Benutzer keine Lösung eingegeben hat. Wir nutzen hier die Tatsache, dass die Funktion `Val()` aus Zeile [21] eine „Null“ liefert, wenn der Benutzer keine Angabe macht. Dies passiert, wenn trotz leerer Eingabe die Schaltfläche ***„OK“*** gedrückt wurde.

Auch die Benutzung der Schaltfläche ***„Abbrechen“*** erzeugt diesen Wert. Der entscheidende Bedingungsausdruck in Zeile [23] wird also dann ***True*** liefern, wenn der eingegebene Wert eine Null ist! Nur dann werden die beiden Zeilen [24] und [25] ausgeführt. Andernfalls springt unser Programmzeiger zur Zeile [26].

Doch was passiert nun in Zeile [24] und [25]? Zunächst wird der Benutzer über den Programmabbruch informiert (Zeile [24]). Anschließend müssen wir die Schleife verlassen. Dies realisieren wir mit dem Schlüsselwort `Exit For` in Zeile [25]. Diese Anweisung bewirkt, dass der Programmzeiger auf die Programmzeile gesetzt wird, die der *Next-Anweisung* der aktuellen Schleife folgt (also Zeile [40]). Wir könnten auch mit einem Befehl (*„Exit Sub“*) das Programm komplett beenden, doch natürlich sollen noch die bisher gesammelten Fehlerpunkte angezeigt werden!

Zeilen 28-36:
Diese nächste Verzweigung hat mit unserem Konzeptpunkt 4) zu tun. Wir vergleichen in der Zeile [28] die Eingabe des Benutzers mit unserer Multiplikationsaufgabe. Wenn die Eingabe richtig ist, dann wird die Zeile [29] mit einer Bestätigungsmeldung angesprungen. Andernfalls („Else“) geht es weiter mit Zeile [31].

Ab Zeile [31] erfolgt die Auswertung falscher Eingaben. Wir erinnern uns, dass wir den Fehlerzähler erhöhen müssen und auch die richtige Lösung anzeigen wollen (Lerneffekt). Die Anzahl der Fehler haben wir in der Variablen `nFehler` abgelegt. In Zeile [31] erhöhen wir einfach den Inhalt um eins. In der nächsten Zeile wird die Variable `nEingabe` für einen Moment als Hilfsspeicher missbraucht, um das Ergebnis in der nachfolgenden MsgBox anzeigen zu können.

Wir legen dort einfach das Ergebnis unserer Multiplikationsaufgabe ab. In den Zeilen [33] bis [35] zeigen wir die Falschmeldung inklusive der Lösung an. Auch hier werden die zu langen Programmzeilen mit einem Leerzeichen + Unterstrich getrennt, damit es übersichtlich bleibt.

Zeile 38:
Dieses ***Next*** gehört zur ***For-Anweisung*** aus Zeile [13] und stellt das Ende unserer Schleife dar. Allerdings nur, wenn der Schleifenzähler `nLoop` nach der Erhöhung um den Wert 1 größer als der in der Konstanten *`DEF_FRAGEN`* definierte Endwert ist! Wurde die Schleife bereits fünfmal durchlaufen, dann geht es mit der Zeile [40] weiter. Andernfalls erzeugt uns das Programm ab Zeile [15] erneut eine Rechenaufgabe!

Zeilen 40-42:
Wir haben es geschafft. Befindet sich der Programmzeiger an dieser Stelle, dann wurden entweder alle Rechenaufgaben beantwortet oder der Benutzer hat die Prüfung abgebrochen (siehe Zeile [25]). Abschließend soll jedenfalls eine Schlussmeldung mit Ausgabe der Fehler erfolgen. Auch hier wird der Übersicht halber der Meldungstext in separaten Zeilen zuvor zusammengebastelt.

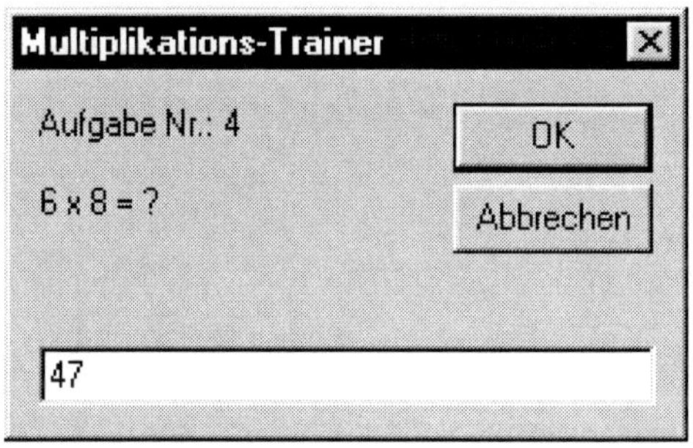


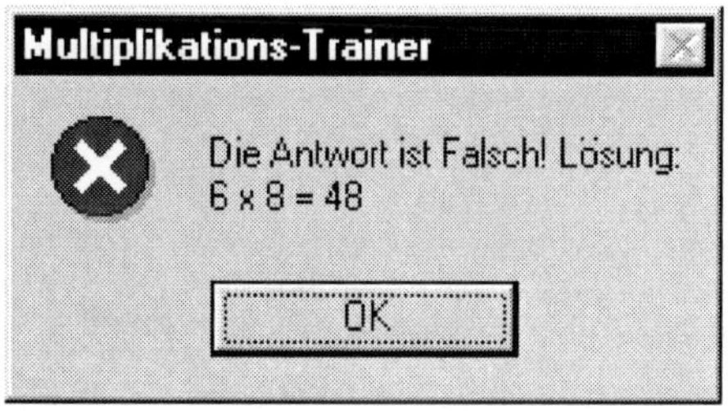


***Beispielanzeigen***

# 12. PAUSE: „Vergangene Zeiten“

Die vergangenen Kapitel haben uns völlig neue Möglichkeiten gezeigt, Programmabläufe variabler zu gestalten. Ich hoffe, Ihr habt Euch inzwischen intensiv mit Programmverzweigungen und Schleifen beschäftigt! Wie sieht es denn mit Endlosschleifen aus? Ist noch keiner in einer verzwickten Schleife ohne Ende gelandet? Falls nicht, dann einfach abwarten. Ich bin sicher, dass jeder von Euch einmal in diese Situation kommt. Wie man da wieder rauskommen könnte, erfahrt Ihr in *„Notausstieg – Programmabbruch“* auf Seite 93.

Zwei Stunden Code geschrieben, F5 gedrückt und nix passiert! Das Programm läuft und läuft und denkt nicht dran, die Kontrolle an Euch zurückzugeben. Alles futsch; Der Rechner lässt nicht mehr mit sich reden. Ich kann mich noch gut an meinen ersten "Code-Crash" erinnern. Wir haben damals von polnischen Computerfreunden das Listing für ein Autorennen erhalten.

Dieses für damalige Zeiten total abgefahrene Actionspiel wurde für den Heimcomputer *„Z80-Sinclair Spektrum Plus“* geschrieben. Leider gab es von den Kollegen kein Übertragungsmedium zum Kopieren der Software. Nix mit CD rein und losspielen. Wir mussten in mühevoller Kleinarbeit alle sechszehn A4-Seiten Quellcode selbst in die Maschine hacken. Erst dann bestand die Möglichkeit, das Programm auf das Tape eines Kassettenrekorders zu überspielen. Es war übrigens Maschinensprache und kein BASIC!

Nach der fehlerfreien Eingabe der vielen kryptischen Hex-Zahlen, hätte man endlich ein Rennen fahren können. Stundenlanges Konzentrieren und das stetige Vergleichen der Prüfziffern machten uns natürlich müde. Doch das Einschalten der Kaffeemaschine und die damit verbundene Spannungsspitze im Stromkreis, war dann wohl nicht so gut. Ein kurzes Zucken auf dem Bildschirm und die Geschichte war gelaufen.

Alle bis zu diesem Zeitpunkt eingegebenen Zahlen (ca. 5 Kbyte Handarbeit) waren futsch. Am schlimmsten ist es immer, wenn man die letzte Seite Code noch sieht, diese aber nicht mehr abspeichern kann! Es war damals schon recht abenteuerlich. Wir konnten viel von unseren Freunden lernen, mussten uns jedoch auch selbst durch die Betriebssysteme wühlen.

Hin und wieder wurden undokumentierte Systemroutinen freigelegt, die dann in unseren ersten Anwendungen Einzug hielten. Also, viel Eigenleistung. Zu diesem Thema habe ich in der Gründerzeit von THINGAMY.DE die folgende Nachricht eines „Programmierers“ erhalten, die ich hier einmal veröffentlichen möchte. Schaut einmal, was jemand zu sagen hat, der bereits allmächtig auf die Welt kam:

*„... und zur Idee deiner Page: Finde ich zwar ganz gut aber die Kids die noch so was dämliches wie Word brauchen (sagt dir VB 5 CCE was?) sollten überhaupt nicht erst anfangen zu coden! (Ich selbst hab vor 6 Jahren mit QB angefangen und da gabs nur F1! Heute mit 16 mach ich C++ unter Win mit MFC und unter Linux mit QT (VB nur noch selten). Alles selbst bei gebracht.) ...“*

*(Autor wollte unerkannt bleiben)*

Sicher ein klarer Fall von Selbstüberschätzung. Selbst wenn der nette Schreiber ein Programm in der Größenordnung von *Microsoft® Word* produziert hätte, wäre eine derartige Bemerkung wohl extrem undiplomatisch. Ich selbst weiß, dass man früher viel Eigenleistung erbringen musste.

Doch auch Du hast bereits die ersten Schritte des selbständigen Lernens vollzogen, da Du diese Lektüre liest. Unser Unbekannter konnte früher nur die Hilfetaste F1 drücken. Gute Literatur zum Programmiereinstieg hätte er jedoch sicher auch nicht abgelehnt. Ihr habt nun in der Gegenwart zwar wesentlich bessere Lernmöglichkeiten, doch somit auch die schwere Aufgabe, aus der Flut von Angeboten halbwegs Vernünftiges rauszufiltern.

Das Zitat bringt uns auf einen wichtigen Punkt, den ich in vielen Kapiteln zuvor bereits erwähnt hatte. Nicht das Wissen über den Befehlsschatz von möglichst vielen Programmiersprachen macht uns zu guten Codern, sondern die sinnvolle Verwendung des Erlernten in der Praxis.

Gemeint sind hier nicht selbstbefriedigende Tools die keiner braucht, sondern Ideen für „nützliche Programme“! Klar werdet Ihr in der Anfangszeit viele Tools schreiben, die keiner braucht. Es sind halt eure kleinen, eigenen Programme. Doch Ihr solltet für die Zukunft mehr von Euch verlangen. Nicht nur beim Programmieren ...

Die Zukunft der „Selbst-Programmierer“ hat meiner Meinung nach bereits begonnen. Immer mehr Schulabgänger wollen Programmierer werden. Doch auch in immer mehr „Nicht-EDV-Berufen“ ist die Fähigkeit eigene kleine Programme zu schreiben, ein enormer Wettbewerbsvorteil. Also, egal ob Ihr IT-Manager(in), Kfz-Mechaniker(in), oder Höhlenretter(in) werdet; Nehmt Euch die Zeit und lernt fleißig weiter.

# 13. Notausstieg – Programmabbruch

## 13.1. Eingeschlafene Programme

Der Alltag eines Programmierers wird von Programmfehlern und paranormalen Aktivitäten, im Volksmund: *„Allgemeine Schutzverletzung“*, begleitet. Auch ein romantisch getönter *„Blue Screen“* gibt oft Auskunft darüber, dass etwas nicht stimmt. Der Grund hierfür bleibt oft ein Geheimnis. Manchmal passiert auch gar nix. Die Maus lässt sich zwar noch kreativ auf dem Desktop hin- und herbewegen, ansonsten verhält sich das Betriebssystem aber recht ruhig. Gott sei Dank, wer Windows NT oder 2000 hat. Hier kann man eingeschlafene Programme recht wirksam vernichten, ohne den Rechner neu starten zu müssen. O.k., manchmal auch bei Windows 98.

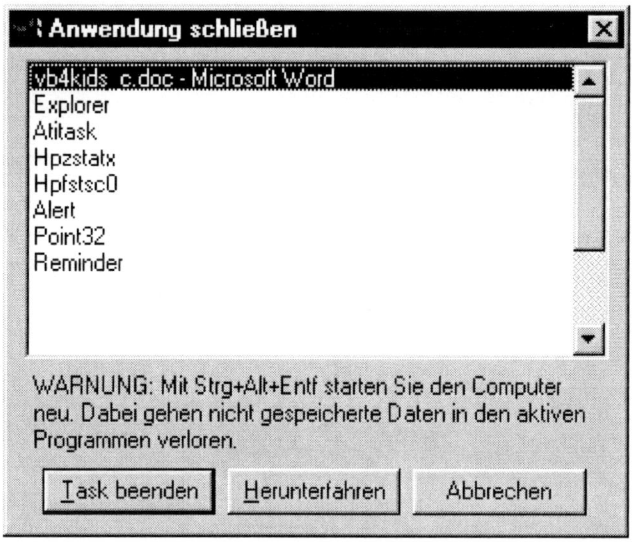


***Abb. 13-1:***
*Der Windows Taskmanager ...*
*Hier können Programme mit Gewalt beendet werden.*

In dieser Abbildung seht Ihr das Bild vom Taskmanager. Falls Ihr diesen noch nicht gesehen habt, dann drückt doch einfach mal jetzt die Tastenkombination STRG+ALT+ENTF. Vorausgesetzt Ihr habt Windows als Betriebssystem, wovon ich mal ausgehe. In diesem Fenster erhält man Aufschluss über einige laufende Programme, sogenannte *Tasks*. Markiert man eine *Task* in dieser Liste und drückt die Schaltfläche *„Task beenden“*, dann fliegt genau dieses Programm aus dem Speicher.

**ABER HALT!**

**Nicht jetzt sofort mit dem Vernichtungsfeldzug von Tasks beginnen, sondern aufmerksam weiterlesen!**

Wozu das Sinn macht? Ganz einfach. Manchmal bleibt ein Programm stecken, das ohne Neustart des Rechners nicht mehr in die Hufe kommt. Die letzte Rettung wäre in diesem Fall der Taskmanager. Wer den Namen der Anwendung kennt, der kann diese mittels des Taskmanagers manuell „abschießen" und ein Neustart wird überflüssig. **Ihr solltet aber bedenken, dass dieser Vorgang bei unbedachter Handhabe erst recht zum kompletten Absturz des Rechners führen kann!** Doch kommen wir endlich zurück zu Visual Basic!

Wenn nun unser Programm aus der Entwicklungsumgebung heraus gestartet wird, dann könnten wir es doch auch im Notfall mit dem Taskmanager beenden und dann den Quellcode sichern? Fast richtig! Nur die Sache hat einen Haken. Windows kapselt, mehr oder weniger gut, alle Anwendungen in einem separaten Speicherbereich. Beendet man die Anwendung mit dem Taskmanager, dann sind auch die Anwendungen futsch, die sich im selben Speicherbereich befinden!

In *Abb. 13-2* sehen wir ein paar aktive Programme (Notepad, Solitär etc.). Das große Oval ist unser Betriebssystem. Die Rechtecke markieren jeweils einen separaten Speicherbereich. Beenden wir nun Notepad oder Solitär, dann läuft unser Word inklusive des VB-Editors und „*MeinProgramm*" normal weiter.

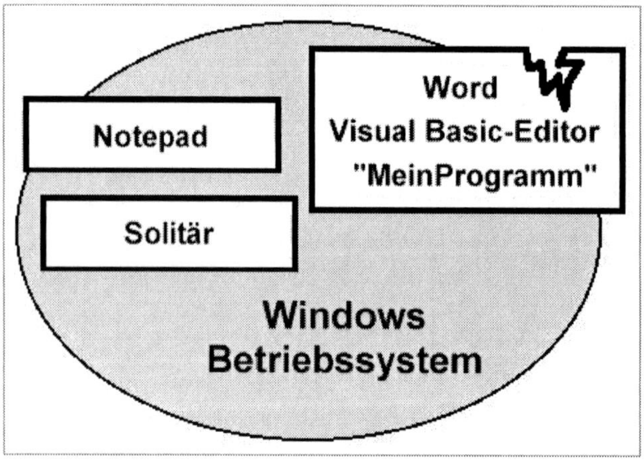


***Abb. 13-2:***
*Mehrere Anwendungen teilen sich hin und wieder einen gemeinsamen Speicherbereich*

Falls aber „*MeinProgramm*" hängen bleibt und wir diese *Task* beenden, dann können wir die im VB-Editor von Word geschriebenen Codezeilen **nicht** sichern. Die Anwendung Word und der VB-Editor laufen mit unserem Beispielprogramm in einem gemeinsamen Speicherbereich und werden daher auch gemeinsam das Zeitliche segnen, wenn wir voreilig den Taskmanager bemühen!

Doch nicht immer ist dieser harte Schritt notwendig. Visual Basic-Programme können auch mit einer bestimmten Tastenkombination unterbrochen werden. Dies funktioniert allerdings nur, wenn wir die Anwendung direkt aus dem VB-Editor (auch IDE genannt) starten. Falls

Ihr Word, Excel oder Access zum Programmieren verwendet, dann ist dies immer der Fall. Nur Entwickler mit dem Visual Basic-Paket können selbstausführende EXE-Dateien erstellen, die in einem eigenständigen Speicherbereich laufen.

## 13.2. VB-Anwendungen unterbrechen

Als Beispiel könnt Ihr einen Einzeiler schreiben, der einfach eine MsgBox ausgibt. Nehmen wir mal an, diese MsgBox ist ein verkappter Fehler und das Programm müsste dringend beendet werden. Dann drückt jetzt einfach nach dem Start des Testprogramms die Tastenkombination STRG+PAUSE. Die dargestellte MsgBox wird nun von einer merkwürdigen Meldung überdeckt. In *Abb. 13-3* seht Ihr ein Beispiel für diese Programmunterbrechung.

Wir befinden uns nun im *Debug-Modus*. Debuggen bedeutet soviel wie, das Programm Zeile für Zeile zu testen. Sozusagen im Zeitlupentempo. Wir möchten das Programm jetzt aber nicht debuggen, sondern einfach beenden. Also drücken wir auf BEENDEN und schon sind wir wieder der Herr über unseren VB-Editor. Verloren geglaubte Programmzeilen könnten jetzt endlich abgespeichert werden.

Der meist letzte Ausweg aus fehlerhaft programmierten Schleifen. Eines sollte noch bedacht werden! Diese Tastenkombination funktioniert nur dann, wenn unser Betriebssystem noch genug Luft hat, um auf irgendwelche Tasten reagieren zu können! Es gibt durchaus Programme die extrem mit sich selbst beschäftigt sind. Die gesamte Prozessorzeit ist dann verbraucht und der Rechner muss leider ausgeschaltet werden!

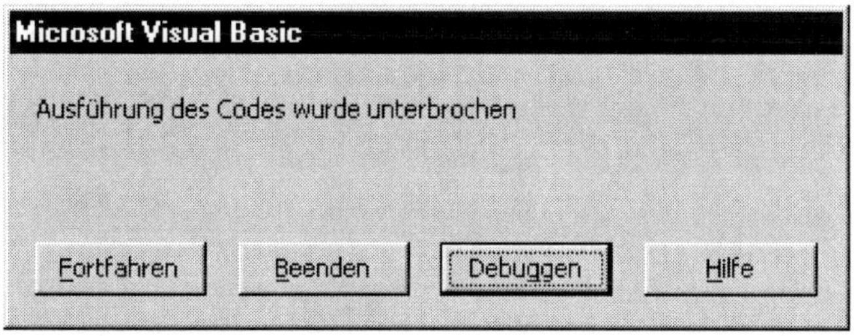


***Abb. 13-3:***
*Meldung nach Betätigung der Tastenkombination STRG+PAUSE*

Wenn Ihr nun in Versuchung geratet, die Schaltfläche „Debuggen“ zu drücken, dann erscheint plötzlich der Programmcode mit einer gelb markierten Zeile. Unser Run-Time hat die Abarbeitung der Anwendung unterbrochen und befindet sich nun genau an dieser Stelle.

Zum Beenden drückt also die gleichnamige Schaltfläche. Nun noch schnell den Programmcode abspeichern und erleichtert aufatmen! Ein kleiner Tipp am Rande. In fast allen Anwendungen von *Microsoft®* könnt Ihr mit der Tastenkombination STRG+S das geschriebene Werk abspeichern! Funktioniert bei mir schon reflexmäßig!

# 14. Was sind Unterprogramme?

## 14.1. Die Vereinfachung von Anwendungen

Zur Erklärung dieser wichtigen Erfindung bedarf es recht wenig. Ihr kennt inzwischen alle die Bedeutung von Programmen. In den vorrangegangenen Kapiteln haben wir es schließlich mit vielen Beispielprogrammen zu tun gehabt. Nun, Unterprogramme sind nix weiter als Programme. Man hat sich in der Programmiererwelt aber viele Begriffe einfallen lassen, um die Existenz von Unterprogrammen komplexer zu gestalten.

Bei einfacher Betrachtungsweise sind die folgenden Anweisungen alle in irgendeiner Form Unterprogramme:

```
MsgBox "Hallo Welt"
IIF( bRichtig, "I.O.", "Falsche Antwort")
InputBox(sMsg, DEF_TITEL)
ActiveDocument.Name
VBProject.Name
```

Wobei die beiden letzten Unterprogramme als *Objekte* bezeichnet werden. *Objekte* sind im Spezial-Kapitel *„Workshop: Collection"* auf Seite 191 vorgestellt! Die anderen Punkte der abgebildeten Liste sind für uns vertraute Anweisungen oder auch Funktionen. Da wären die *MsgBox, InputBox* oder die einzeilige Programmverzweigung *IIF(...)*. Sie sind von uns benutzte Unterprogramme, die einen nützlichen Dienst erweisen, ohne das wir uns darum kümmern müssen, was im Hintergrund passiert.

Unterprogramme dienen dazu, logisch zusammen gehörende Programmabläufe zu verpacken. In der Regel sind es Abläufe, die sich öfters wiederholen. Am Beispiel der *MsgBox* könnt Ihr einfach erkennen, was ich meine. Im Prinzip gehört zur Ausgabe einer Textmeldung mit verschiedenen Icons und zusätzlicher Verarbeitung einer Benutzereingabe (z. B. der Druck auf die OK-Schaltfläche) viel „Sauerkraut".

Doch wir brauchen nur der Funktion *MsgBox* drei oder vier Parameter übergeben und schon erledigt das VB-System den Rest. Nett vom VB-System, uns diese lästige Arbeit abzunehmen! Seht einmal, wie oft wir die MsgBox in unseren Beispielen gequält haben. Stellt Euch nun vor, an jeder Stelle, wo die Funktion auftaucht, müssten wir den kompletten Code schreiben, der diese umfangreiche Funktionalität bereitstellt. Wäre doch eine gewaltige Arbeit! Wenn Ihr die „Vereinfachungsphilosophie" verstanden habt, dann wird auch klar, warum Visual Basic für Einsteiger ein recht guter Griff ist!

Die Visual Basic-Entwickler hatten sich das Ziel gesetzt, die komplizierten Systemroutinen in eine einfachere Form zu packen. Vereinfacht gesagt, finden wir in VB eine große Ansammlung von Anweisungen, Funktionen oder auch *Unterprogrammen*, die uns ohne große Kenntnisse von Hintergrundabläufen in die Lage versetzen, die vielen tollen Möglichkeiten des Betriebssystems zu nutzen.

Man kann Anwendungen schreiben, die auf das Modem oder die serielle Schnittstelle zugreifen, oder komplette Internetfunktionen entwickeln. Je tiefer wir in die vielen tausend Funktionsbibliotheken vorstoßen, desto umfangreicher muss sich Euer Verstand mit neuen Untiefen des Betriebssystems auseinandersetzen. Gewiss mögen die hier behandelten Grundlagen hin und wieder wie Untiefen erscheinen, doch sie werden bald zur Routine.

## 14.2. Aufbau einer Funktion

In den ersten Kapiteln dieses Buches wurde der Aufbau einer Funktion bereits erläutert. Nun, schaut einfach in das einleitende Kapitel *„Befehle und Parameter“* auf Seite 21! Das Wort *Befehle* könnt Ihr bedenkenlos durch den Begriff *Funktion* ersetzen. Das wars schon. Der Aufbau wurde dort anhand der Funktion *MsgBox* erläutert.

Doch noch einmal kurz die wichtigsten Dinge auf den Punkt gebracht: Funktionen können beim Aufruf Parameter fordern, die einem fest definierten Datentyp (z. B. *Integer*, *String*, *Boolean* o. ä.) entsprechen müssen. Nach Beendigung der Funktion erhält man (nicht immer) einen Rückgabewert, der nach Herzenslust ausgewertet werden kann.

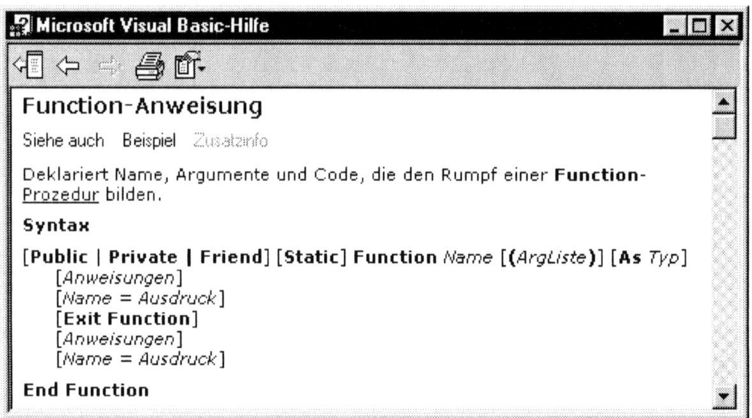


***Abb. 14-1:***
*Die Beschreibung der Syntax einer Function in der Online-Hilfe mag mächtig fett aussehen, doch hier findet man kurz und prägnat alles, was es zu sagen gibt!*

Ich möchte Euch natürlich trotz der bereits zurückliegenden Erklärung hier noch ein Beispiel für eine eigene Funktion vorstellen. Die Anweisung *MsgBox* kann bekannterweise mit einigen Parameterkombinationen zu einer recht gewaltigen Meldung mit Benutzerabfrage aufgebläht werden. Möchte man diese Meldung des öfteren verwenden, so bietet es sich an, das Gerüst in einer Funktion zu verpacken. Zunächst hier unser Programm ohne Optimierung:

```
Sub Kontaktanfrage()
    Const TITEL = "Unverbindliche Anfrage..."

    Dim bWeiblein As Boolean
    Dim bHardrock As Boolean
    Dim bIsReich  As Boolean
    Dim sFrage    As String

    sFrage = "Bist Du ein Frauchen"
    If MsgBox(sFrage, vbYesNo + vbQuestion, TITEL) = vbYes Then
        bWeiblein = True
    End If

    sFrage = "Magst Du Kastelruther Spatzen"
    If MsgBox(sFrage, vbYesNo + vbQuestion, TITEL) = vbYes Then
        bHardrock = False
    End If

    sFrage = "Hast du richtig Knete"
    If MsgBox(sFrage, vbYesNo + vbQuestion, TITEL) = vbYes Then
        bIsReich = True
    End If

End Sub
```

***Listing 14-1:*** *Vielleicht eine Verabredung? (ohne Vereinfachung mittels Funktion)*

Man kann bereits jetzt die sich wiederholenden Zeilen erkennen. Einzige Unterschiede bei unseren aufdringlichen Fragen sind die Fragen selbst und die Variablen, die als Speicher der Benutzereingaben dienen. Wir müssten jetzt eine Funktion schreiben, die als *Parameter* eine Frage entgegennimmt und uns eine Antwort zurückliefert (Typ *Boolean* – logisch!). Wie wäre es mit folgender Variante:

```
Function HoleAntwort(sFrage As String) As Boolean
```

Unsere Funktion *„HoleAntwort“* erfordert einen einzigen Parameter vom Typ *String* (Zeichenkette) und gibt einen logischen Wert zurück. Die Anweisung *„As Boolean“* nach der Parameterangabe definiert diesen Rückgabetyp. Dieser Rückgabewert soll *True* sein, wenn der Benutzer die Frage mit *„Ja“* beantwortet, andernfalls *False*.

Bis hier noch eine Blackbox! Soll auch so sein. Schließlich interessieren uns nachher nur diese beiden Informationen. Schiebe eine Frage rein und erhalte eine Antwort. Vereinfachung pur. Da wir uns hier aber mit dem Erlernen von VB beschäftigen, wäre es jetzt sinnvoll, sich die Blackbox mal bei Licht zu betrachten. Nachfolgend die kleine Auflösung des Rätsels.

```
Sub Kontaktanfrage()
    Dim bWeiblein As Boolean
    Dim bHardrock As Boolean
    Dim bIsReich  As Boolean

   bWeiblein = HoleAntwort("Bist Du ein Frauchen")
   bHardrock = Not HoleAntwort("Magst Du Kastelruther Spatzen")
   bIsReich = HoleAntwort("Hast du richtig Knete")
End Sub

Function HoleAntwort(sFrage As String) As Boolean
    If MsgBox(sFrage, vbYesNo + vbQuestion, _
             "Unverbindliche Anfrage...") = vbYes Then
        HoleAntwort = True
    End If
End Function
```

***Listing 14-2:*** *Verabredung (kompakte Version)*

In *Listing 14-2* fehlen im Vergleich zur ersten Version einige Variablen und die Titelkonstante des Meldungsfensters. Gut, wir hätten diese auch im ersten Listing rausschmeissen können, doch ich bin nun mal ein Fan von übersichtlichen Programmen. Letztendlich ist unser Beispiel merklich geschrumpft.

Alle drei Variablen werden nun nicht mehr innerhalb der Verzweigung gefüllt, sondern direkt mit dem Rückgabewert der Funktion gefüttert. Nicht das wir uns missverstehen – Auch im ersten Listing hätte man die Variablen in einer Zeile mit der Funktion *MsgBox* versorgen können. Diese Programmzeile wäre nur ziemlich lang ausgefallen.

In den beiden Listings haben wir es also nicht nur mit dem Einbau einer Funktion, sondern auch mit der Optimierung von Quellcode zu tun. Aber Achtung: Das Wort Optimierung ist hierbei relativ zu betrachten! Denn warum wurde optimiert? Haben wir jetzt eine schönere Optik, ist das Programm jetzt ordentlicher zu lesen oder hat sich das Laufzeitverhalten (Geschwindigkeit) verbessert? Das Laufzeitverhalten mag bei diesem „Bonsai-Programm" wohl kaum ins Gewicht fallen. In großen Applikationen spielt es aber eine wichtige Rolle - genauso wie die Optik!

Beide Faktoren in die Waage zu bringen ist nun Eure zukünftige Aufgabe. Die Anzahl der individuellen Programmierstile steigt mit jedem angehenden Programmierer, der das Licht der Welt erblickt. Aus diesem Grund wird in größeren Softwareunternehmen normalerweise eine interne Etikette entwickelt, die beschreibt, wie man das *„Ei des Kolumbus"* zu legen hat. Wenn viele Programmierer gemeinsam an einem Projekt arbeiten, dann sollten alle bei der Stilwahl auf einer Wellenlänge liegen!

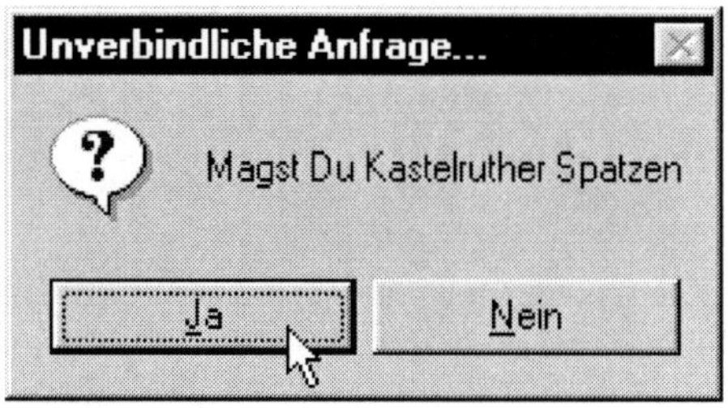


***Abb. 14-2:***
*Meldung aus dem Beispiel: Verabredung*

## 14.3. Subroutinen und Funktionen

Soll ein Experte einem Einsteiger etwas erklären, so tut er dies meistens mit Begriffen, die wiederum einer Erklärung bedürfen. Ich möchte mich jetzt nicht als Experte outen, doch es geht genau um dieses Problem. Auch meine Wenigkeit hat in den vergangenen Kapiteln mit Wörtern um sich geworfen, die nicht immer vollständig erklärt wurden. Eines der häufigsten Wortspiele hat mit diesem aktuellen Kapitel zu tun.

Darum wollen wir nun noch den kleinen Unterschied zwischen einer ***Subroutine*** und einer ***Funktion*** besprechen. Subroutinen können im Vergleich zur Funktion keine Rückgabewerte liefern. Das war es schon! Wozu nun der Aufwand in Visual Basic? Ich kann es nicht genau erklären. Auch Autoren wissen nicht alles. Zwei Arten von Prozeduren zu definieren, obwohl eine genügen würde, schafft letztendlich nur mehr Verwaltungsaufwand.

Die Verwendung von **Sub** oder **Function** hängt also von der Notwendigkeit eines Rückgabewertes ab. Hier zwei Beispiele.

```
01 Sub ZeigeMeldung (Meldetext As String)
02     MsgBox Meldetext, vbExclamation, "Info..."
03 End Sub
04
05
06 Function HoleAntwort(sFrage As String) As Boolean
07     If MsgBox(sFrage, vbYesNo + vbQuestion, _
08               "Unverbindliche Anfrage...") = vbYes Then
09         HoleAntwort = True
10     End If
11 End Function
```

***Listing 14-3:*** *Sub oder Function, der Rückgabewert entscheidet!*

Wie stellt man es aber an, dass eine Funktion etwas zurückgibt? Die Lösung des Rätsels findet Ihr im *Listing 14-3* (Zeile [09]). Die Zuweisung der Variablen *HoleAntwort* mit einem logischen Wert sorgt dafür, dass unsere Funktion das gewünschte Ergebnis als **Rückgabewert** an die aufzurufende Prozedur übergibt. Der Name dieser Variablen ist natürlich nicht zufällig *HoleAntwort*. Der Name der Funktion lautet genauso! Hierzu die Erklärung der Online-Hilfe („Function“ im Quellcode markieren und F1 drücken):

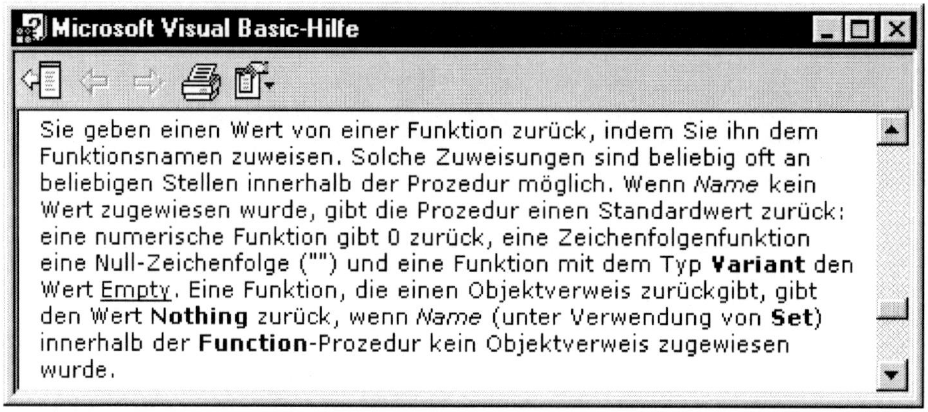


***Abb. 14-3:*** *Auszug der Online-Hilfe zum Thema „Setzen von Rückgabewerten“*

Eine recht einfache Geschichte. Doch bei näherer Betrachtung des *Listing 14-3* erkennt man eine Besonderheit, die auch in früheren Kapiteln aufgetreten ist. Der Aufruf der *MsgBox* erfolgt in der Subroutine ohne Klammern! In der Funktion hingegen sind diese Klammern vorhanden! Warum? Immer dann, wenn der Rückgabewert einer Funktion ausgewertet wird, müssen alle Parameter beim Aufruf in Klammern eingeschlossen sein. Bei der *MsgBox* sind bekanntlich nicht immer Benutzerabfragen vorhanden. Also kann es auch vorkommen, dass uns der Rückgabewert der *MsgBox* Schnuppe ist.

Diese Schreibregel solltet Ihr kennen, denn manchmal meckert der Editor, falls Ihr die Klammern setzt, oder wenn sie erforderlich sind und fehlen sollten. Es ist schon ein Kreuz mit diesen Spitzfindigkeiten, die es in Visual Basic zur Genüge gibt. Bevor wir mit dem nächsten Kapitel fortfahren noch eine Begriffsklärung. Neben Subroutinen und Funktionen fällt oft das Wort ***Prozedur***. Eine Prozedur fasst lediglich *Subs* und *Functions* zusammen; Ein Oberbegriff sozusagen.

## 14.4. Vorzeitiges Ende einer Prozedur

Manchmal kann es passieren, dass der Sinn einer Prozedur bereits vor dem Ende erfüllt ist. Der restliche Code muss dann natürlich nicht mehr ausgeführt werden. Für diese Fälle gibt es eine besondere Anweisung mit der Bezeichnung `Exit Sub` oder `Exit Function`, verständlicherweise separat für Subroutinen und Funktionen. Alle Anweisungen die einem solchen Befehl folgen, werden übergangen und ignoriert. Das Beispiel aus *Listing 14-4* soll versuchen, einen entsprechenden Fall zu demonstrieren.

Der Schwerpunkt liegt dort in der Funktion `Nerven()`. Ursprünglich ist gedacht, einem imaginären Ansprechpartner maximal zehnmal mit einer Frage auf den Wecker zu fallen. Geht der Willige bejahend auf das Angebot ein, dann erübrigt sich die weitere Fragerei und die Funktion ist beendet.

```
Sub Ueberreden()
    If Nerven() Then
        MsgBox "Find ich echt super", vbInformation
    Else
        MsgBox "Schade eigentlich", vbCritical
    End If
End Sub

Function Nerven() As Boolean
    Dim nLoop As Integer
    For nLoop = 1 To 10
        If MsgBox("Willst Du mit mir gehen", _
                   vbQuestion + vbYesNo) = vbYes Then
            Nerven = True
            Exit Function
        End If
    Next nLoop
End Function
```

***Listing 14-4:*** *Vorzeitiges Beenden einer Prozedur*

## 14.5. Rekursive Prozeduraufrufe (Stacküberlauf)

Ein kleiner Hinweis zum Thema Programmfehler: Wir haben gelernt, dass mit der `For...Next-Anweisung` sogenannte Endlosschleifen programmiert werden können. Bei der Verwendung von Prozeduren in Form von Subroutinen oder Funktionen können ebenfalls derartige Probleme entstehen. Gemeint ist der wiederholte Aufruf einer Prozedur durch sich selbst. Wie das geht? Ganz einfach - wer hindert uns denn daran, innerhalb einer Funktion, die selbe Funktion erneut aufzurufen?

Die nachfolgende Funktion soll Euch anhand einer Abwandlung des *Listing 14-4* zeigen, wie man es auch anders machen kann. Anstatt innerhalb einer Schleife die Frage an den gewünschten Partner zu stellen, gehen wir einfach erneut in die Funktion *Nerven()*, bis endlich die erhoffte Antwort kommt. In Zeile [07] könnt Ihr den entscheidenden Aufruf hierfür sehen. Die eigene Funktion ruft sich hier erneut selbst auf. Anzumerken sei noch, dass dieses Beispiel keine Tiefe Bedeutung hat.

```
Function Nerven() As Boolean
   If MsgBox("Willst Du mit mir gehen", _
              vbQuestion + vbYesNo) = vbYes Then
       Nerven = True
       Exit Function
   Else
       If Nerven() Then
           Exit Function
       End If
   End If
End Function
```

***Listing 14-5:*** *Rekursive Aufrufe mit Vorsicht genießen!*

Diese Methode führt unweigerlich nach einigen Stunden Befragung zu einem sogenannten Stapel-Fehler. Ein Stapel ist nix weiter als eine Gedankenstütze unseres *Run-Times*. Wir wissen inzwischen, dass das *Run-Time* von Visual Basic unsere Programme Schritt für Schritt abarbeitet – und zwar Zeile für Zeile. Wenn nun eine Prozedur innerhalb unseres Programms aufgerufen wird, dann muss sich das Run-Time merken, welche Zeile nach Rückkehr aus der Prozedur auszuführen ist.

Die aufgerufene Prozedur kann ebenfalls andere Unterprogramme aufrufen, bei denen sich das Run-Time auch die nächsten Zeilen der Programmfortsetzung merken muss. Diese Informationen werden im ***Programm-Stapel*** abgelegt. Bei sehr einfacher Betrachtung des Stapels (engl. *„Stack“*) kann man sagen, hier sind Programmzeilen abgespeichert, die zur Verwaltung der Fortsetzung von Prozeduren dienen. Das Prinzip dieser *Stapel* soll hier nur am Rande erwähnt bleiben.

Wichtig jedoch: ***Stapel benötigen Speicherplatz***. Dieser steht aber nur begrenzt zur Verfügung. Erfolgt eine unkontrollierte Ausführung von rekursiven Prozeduraufrufen, dann kommt es zu Stapel-Fehlern! Falls Ihr gerade nix Wichtiges programmiert und alles abgespeichert wurde, dann probiert einfach mal die folgende Funktion aus:

ACHTUNG! PROGRAMMFEHLER KÖNNEN UNVORHERSEHBARE FOLGEN HABEN, ALSO NIX WICHTIGES AM LAUFEN HABEN!

```
Function HoleAntwort(sFrage As String) As Boolean
    HoleAntwort sFrage
End Function
```

Diese unscheinbaren drei Zeilen Code bringen unser System ganz schön ins Schwitzen! Der Stapel läuft über und es erscheint eine Fehlermeldung. In Visual Basic eigentlich eine recht undramatische Geschichte, da der Stapelspeicher für unsere Programme vom Betriebssystem begrenzt, bzw. zugeteilt wird. Wenn dieser Platz verbraucht ist, dann geht es nicht mehr weiter – die Anwendung wird geschlossen. Für andere laufende Programme hat dies in der Regel keine Folgen.

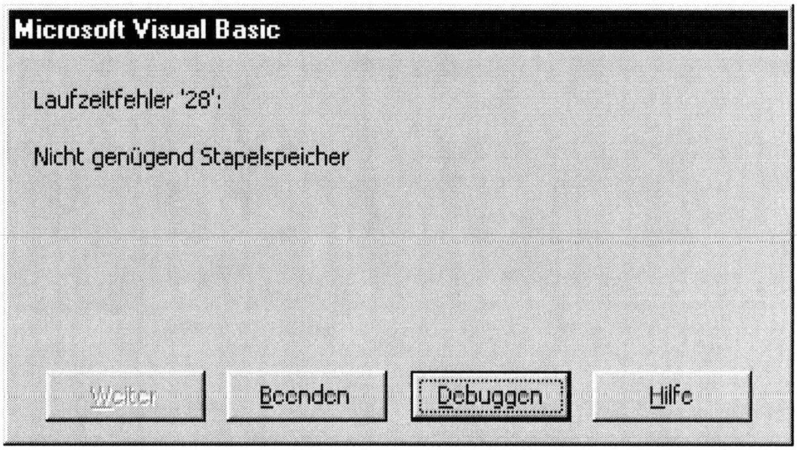


*Abb. 14-4: Folge von rekursiven Prozeduraufrufen ohne Ende*

## 14.6. Zusammenfassung

Überarbeitet Eure Erkenntnisse auch mit der Online-Hilfe! Wie gehabt: Die Schlüsselwörter ***Function*** oder ***Sub*** in den Editor eingeben, einfach markieren und Taste F1 drücken!

☑

- Funktionen und Subroutinen werden auch als **Prozeduren** bezeichnet
- **Funktionen** kommen zur Anwendung, wenn eine *Prozedur mit Rückgabewert* benötigt wird. Das Schlüsselwort lautet: `Function`
- Funktionen können *auch ohne Rückgabewert* erstellt werden.
- **Rückgabewerte** müssen dem **Prozedurnamen zugewiesen** werden.
- **Subroutinen** sind für Prozeduren gedacht, die *keinen Rückgabewert* besitzen müssen. Das Schlüsselwort lautet: `Sub`
- **`Exit Sub` oder `Exit Function`** ermöglichen das **vorzeitige Beenden** einer Prozedur.

# 15. Datenfelder (Arrays)

## 15.1. Verwalten von Listen mit Indizies

Bisher haben wir uns mit Variablen befasst, die in der Lage sind Zeichenketten, Zahlen oder logische Werte aufzunehmen. Häufig steht man aber vor dem Problem, mehrere gleichartige Werte zu erfassen, deren Anzahl nicht bekannt ist. Dies könnten vielleicht Dateilisten, Eingabeergebnisse, Messreihen oder andere Dinge sein.

Derartige Datensammlungen finden ihren Platz in sogenannten *„Datenfeldern"*. Ein Programmierer sagt dazu ***„Arrays"***. Dieses Thema verlangt höchste Konzentration von Euch! Da ist die Rede von *„null-basierten Indizies"*, *„multi-dimensionalen Deklarationen"*, *„redimensionierten Arrays"* und anderen ungeheuerlichen Vorgängen. Zweifellos ein vielschichtiges Thema mit einer Menge von Haken und Ösen. Wir machen es uns aber wesentlich einfacher.

Legen wir gleich los. Nehmen wir an, Du bist stolzer Besitzer eines Mehrfamilienhauses in der „Wuchergasse" und möchtest den Mietern mitteilen, dass in der nächsten Woche eine Mieterhöhung fällig ist. Doch wer wohnt überhaupt im gemütlichen Vierparteien-Gemäuer? Der richtig Fall für unser ***Array***! Ziel ist es, eine fiktive Serienbrief-Funktion anzustoßen, die in jedem Durchlauf jeweils den Namen eines Mieters erhält. Nach unserem jetzigen Wissensstand können nur vier separate String-Variablen als Mieternamen-Speicher herhalten. Für eine Schleife völlig ungeeignet.

```
Dim sName1 As String
Dim sName2 As String
Dim sName3 As String
Dim sName4 As String
```

**Langweilig!**

```
Dim aNamen(3) As String
```

**So gehts besser!**

***Abb. 15-1:*** *mehrere Variablen oder ein Array*

Besser wir nehmen eine Variable (z. B. *aNamen*) und machen aus dieser ein Datenfeld. Dieser Name unterliegt natürlich keiner besonderen Regel, aber dennoch sollten Datenfeld-Variablen ein *„a"* vorangestellt bekommen. Wir erinnern uns, dass bereits die anderen Variablentypen (Integer, String, Boolean) ein Kennzeichen erhalten haben, damit man deren Typ im Quellcode besser deuten kann.

*Abb. 15-1* zeigt uns im rechten Teil die Lösung des Mieternamen-Problems. Links sehen wir vier separate Variablen – eine für jede Partei. Rechts wurde nur eine Variable erzeugt, die aber genauso viele Werte aufnehmen kann. Das Geheimnis der Erzeugung von Datenfeldern liegt in der zusätzlichen Angabe der *Element-Anzahl* (in Klammern eingeschlossen) hinter dem Variablennamen. Mit der Dim-Anweisung aus *Abb. 15-1* (rechte Hälfte) haben wir eine fertige Ablage für unsere Mieternamen (`As String`). Warum steht dort aber eine Drei und nicht, wie der gesunde Menschenverstand erwartet, eine Vier?

Ganz einfach. Der Wert in Klammern bezeichnet das letzte Element in einem ***Array*** (Datenfeld). In Visual Basic hat das kleinste Element jedoch die Bezeichnung *„0“*. Also müssen wir eine Drei angeben, um vier Elemente zu erzeugen! Diesen ***Null-basierten Index*** von Datenfeldern solltet Ihr immer im Kopf haben, wenn es darum geht, die Anzahl der Elemente zu bestimmen! Ein ***Index*** ist also nichts weiter als die Angabe eines bestehenden Elementes in einem Datenfeld. Zu vergleichen mit dem Datenfeld „Hausnummer 1“ und dem zugehörigen ***Index*** in Form der Wohnungsnummern.

```
01 Function Serienbrief()
02     Dim aNamen(3) As String
03     Dim nLoop     As Integer
04
05     aNamen(0) = "Konrad Kurzschluß"
06     aNamen(1) = "Anton Arbeitslos"
07     aNamen(2) = "Klär Grube"
08     aNamen(3) = "Familie Flausen"
09
10     For nLoop = 0 To UBound(aNamen)
11         MsgBox "Mieterhöhung für: " & aNamen(nLoop)
12     Next
13 End Function
```

***Listing 15-1:*** *Ein Array mit 4 Elementen (Typ Zeichenketten)*

An dieser Stelle steht Ihr vor einem weiteren Meilenstein Eurer Programmierer-Karriere. Die Verwendung von Datenfeldern eröffnet völlig neue Möglichkeiten und legt die Grundlage für das Verständnis von Datenbanken! Tatsächlich kann man unsere Array-Variable `aNamen()` mit einer kleinen Datenbank vergleichen. Die kleine Serienbrief-Funktion in *Listing 15-1* erzeugt zwar keinen Seriendruck, doch zur Erklärung des Array-Zugriffs dürfte das Beispiel sprechend genug sein.

Erklärung zum Listing 15-1:

Zeile 02:
Hier wird die Variable `aNamen()` als Array mit 4 Elementen erschaffen. Wichtige Kleinigkeit hierbei: Selbst wenn nachfolgend die einzelnen Elemente nicht mit dem Mieternamen gefüllt werden, so sind diese dennoch als leere Zeichenfolgen vorhanden! Das bedeutet, wir können auf jedes Element zugreifen. Warum ich das erwähne? Später werdet Ihr lernen, das man Array-Variablen auch erzeugen kann, ohne dass wir

bestimmen, wie viele Elemente enthalten sind. Diese Information steht erst später im Quellcode zur Verfügung!

Zeilen 05-08:
So greifen wir auf ein bestehendes Element eines Arrays zu. Jetzt erkennt man auch die Bedeutung des Begriffes „Null-Basiert". Das erste Element hat den Index „Null". In Klammern steht also der gewünschte Index des Elementes, das gerade bearbeitet wird. Die Zuweisung des Wertes erfolgt genauso wie bei den anderen bekannten Variablen-Typen. In Gedanken können wir den Index auch als ***Nummer der Wohnung*** betrachten. Dieser Vergleich ist wichtig für die nachfolgenden Beispiele!

Zeile 10:
Der Beginn der Schleife beinhaltet eine kleine Neuheit für uns. Die Funktion `UBound()` (deutsch: *„Obere Begrenzung"*) liefert uns den Index des letzten Datenelements. Bei der Verwendung von Arrays eine unverzichtbare Hilfe! Klar, wir wissen das unsere Schleife von 0 bis 3 laufen muss. Schließlich haben wir ja mit der Dim-Anweisung in Zeile [02] die genaue Anzahl der Elemente festgelegt. Doch meist ist diese Information nicht verfügbar, da sich die Elemente dynamisch aufbauen. Denkt nur an ein Programm, welches alle Dateinamen eines Verzeichnisses ermittelt. Die Anzahl der gefundenen Dateien ist dann vorher nicht bekannt!

Zeile 11:
Jetzt endlich die entscheidende Ausgabe des Mieternamens. Mit der Anweisung `aNamen(nLoop)` greifen wir dynamisch auf das Element zu, das durch unseren Schleifenzähler gerade aktuell ist. Ihr seht, der Index muß nicht als feste Zahl, sondern kann auch als Variable angegeben werden. In dieser Zeile geben wir den Namen des Mieters in einer MsgBox aus. Man kann diesen Wert jedoch auch an eine Seriendruck-Funktion übergeben. Das Prinzip dürfte jetzt klar sein!

## 15.2. Mehrdimensionale Arrays

Vorweg ein kleiner Tipp: *„Versucht nicht, mit räumlicher Vorstellungskraft die Dimensionen von Arrays zu verstehen!"* Eine ***Dimension*** ist die Gruppierung von Elementen innerhalb eines Arrays. Das Datenfeld `aNamen()` aus *Listing 15-1* hat genau eine Dimension! Es gibt eben nur eine Gruppe von Elementen – die Mieternamen.

Die Erleuchtung kommt schneller mittels eines weiteren Beispiels, das sich mit der zweiten Dimension beschäftigt. Ich gehe mal davon aus, dass Du nicht nur ein, sondern gleich zwei Mietshäuser besitzt. Keine Angst! Es werden keine unangenehmen Fragen über die Herkunft des Geldes für einen derartig, protzigen Besitz folgen. Vielmehr sollen auch die

Mieter des zweiten Hauses über Deine längst fällige Mieterhöhung in Kenntnis gesetzt werden.

Das bereits bekannte Array `aNamen()` muss jetzt erweitert werden. Bisher haben wir über den Index dieser Auflistung die Wohnungsnummer ableiten können. Nun fehlt noch die Angabe der Hausnummer. Gut, es wird zwar selten eine Wohnungs- und Haus-Nr. mit der Bezeichnung „Null“ geben, doch das macht nix! Alles reine Ansichtssache. Mit der folgenden Anweisung erzeugen wir ein ***„zweidimensionales Array“***:

```
Dim aNamen(1,3) As String
          ↗   ↖
      Haus     Wohnung
```

Die Erzeugung der zweiten Dimension erfolgt also in den Klammern der Variablendeklaration. Die Zeile ist nicht besonders sprechend. Erst die von uns festgelegte Bedeutung der Dimension hilft beim Entschlüsseln dieser Geschichte. Die Parameter in den Klammern geben die höchsten Indizies der Elemente der beiden Dimensionen an. Die erste Dimension hat genau zwei Elemente: *Haus-Nr. 1* und *Haus-Nr. 2*! Die zweite Dimension beinhaltet die Elemente der Wohnungen **eines** Hauses, also *Vier*! Durch den ***null-basierten Index*** macht das also *1* und *3*!

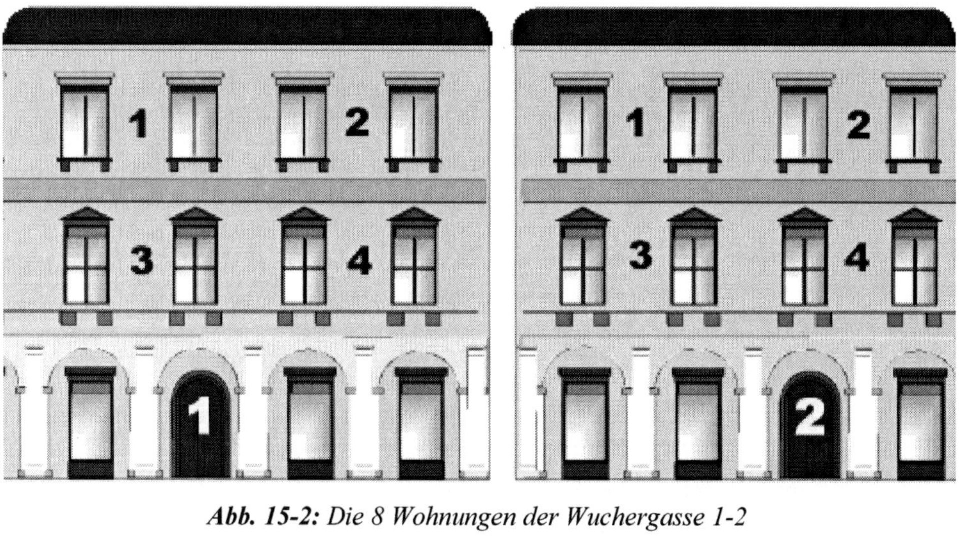


***Abb. 15-2:*** *Die 8 Wohnungen der Wuchergasse 1-2*

Das nachfolgende Listing gibt in einer MsgBox (als Ersatz eines viel zu komplizierten Seriendrucks) die Namen aller Bewohner aus. Zusätzlich soll im Titel der Meldung die entsprechende Haus-Nr. angezeigt werden.

```
01 Function Serienbrief2()
02     Dim aNamen(1, 3) As String
03     Dim nHausNr      As Integer
04     Dim nWohnNr      As Integer
05
06     aNamen(0, 0) = "Konrad Kurzschluß"
07     aNamen(0, 1) = "Anton Arbeitslos"
08     aNamen(0, 2) = "Klär Grube"
09     aNamen(0, 3) = "Familie Flausen"
10
11     aNamen(1, 0) = "Frida Fraglich"
12     aNamen(1, 1) = "Roy und Siegfried"
13     aNamen(1, 2) = "Anna Nass"
14     aNamen(1, 3) = "Hausmeister Horst"
15
16     For nHausNr = 0 To UBound(aNamen, 1)
17         For nWohnNr = 0 To UBound(aNamen, 2)
18             MsgBox aNamen(nHausNr, nWohnNr), , _
19                    "Wuchergasse Nr. " & CStr(nHausNr + 1)
20         Next
21     Next
22 End Function
```

***Listing 15-2:*** *zweidimensionales Array mit insgesamt 8 Elementen*

Erklärung zum Listing 15-2:

<u>Zeile 02:</u>
Wie bereits besprochen: Die Variable `aNamen()` erhält zwei Dimensionen mit 2 x 4 Elementen. Auch diese sind sofort nach Ausführung dieser Zeile vorhanden und mit leeren Zeichenketten gefüllt.

<u>Zeilen 06-14:</u>
Da wir es nun mit zwei Dimensionen zu tun haben, ist auch die Angabe von zwei Indizies erforderlich. Der erste Index beschreibt die Haus-Nr. und der zweite die Wohnungs-Nr.! Man könnte auch sagen, das Element wird durch die beiden Indizies **adressiert**.

<u>Zeilen 16 und 17:</u>
Ein feiner Unterschied zum *Listing 15-1.* Dort wurde erklärt, dass die Funktion `UBound()` Auskunft über die Anzahl der Elemente eines Arrays liefert. Bei einer Dimension kein Problem. Doch woher wissen wir, wie viele Elemente die erste bzw. zweite Dimension hat? Für diesen Fall müssen wir der Funktion `UBound()` neben dem Variablennamen, als zusätzlichen Parameter die gewünschte Dimension übergeben. Dies geschieht in diesen beiden Zeilen. Jede Schleife erhält somit den maximalen Wert des Durchlaufes, je einen für die Anzahl der Häuser und einen für die der Wohnungen.

Zeilen 18-19:
Diese beiden Zeilen gehören zusammen, wie man unschwer am Unterstrich in Zeile [18] sehen kann. Zusätzlich zum Namen des Mieters geben wir hier im Titel der MsgBox die aktuelle Haus-Nr. an. Weil unsere erste Haus-Nr. aber „1" lautet, müssen wir zum null-basierten Index der ersten Dimension den Wert 1 hinzuaddieren!

So, ich denke jetzt habt Ihr erst einmal was zum Tüfteln. Ihr könnt ja mal zur Übung ein drei-, vier- oder fünfdimensionales Array aufbauen. Die Grenzen liegen nur in Eurer Vorstellungskraft. Als kleiner Anreiz mein Vorschlag zur 6. Dimension:

```
aNamen(<Planet>, <Land>, <Stadt>, <Strasse>, <Haus>, <Wohnung>)
```

Denkt bitte auch an die Einrückungen beim Schreiben der Programme. Ihr wisst, Übersicht ist Trumpf!

## 15.3. Arrays dynamisch erzeugen

Bisher hatten wir es mit einer fertigen Datenliste zu tun. Alle Elemente der Auflistung waren nach der *Dim-Anweisung* bereits vorhanden und mit dem entsprechenden Datentyp versehen. Im *Listing 15-2* wurden z. B. Zeichenketten-Elemente definiert. Das bedeutet, die Variable `aNamen()` ist vom Typ *Array* und die Elemente des Arrays sind vom Typ *String*! Die Tatsache, dass unsere Variable `aNamen()` ein Array ist, stört uns in keinster Weise. Lediglich die Datentypen der einzelnen Datenelemente bestimmen, welche Werte dort hineingeschrieben werden dürfen.

Natürlich sind wir nicht auf diese Kombination angewiesen. Es besteht weiterhin die Möglichkeit, Array-Variablen zu Beginn eines Programms zu erzeugen, ohne dass sich ein einziges Element darin befindet. Wir erinnern uns: *„Nicht immer wissen wir, wie viele Daten wir im Laufe des Programms aufnehmen müssen!"*

```
Dim aNamen() As Variant
```

Diese Zeile erzeugt eine Array-Variable **ohne** ein einziges Element! Deutlich **nicht zu sehen** die fehlende Angabe der Dimension in den Klammern! Der bisher nicht erwähnte Datentyp ***Variant*** ist kurz erklärt. Dieses Schlüsselwort findet dann seine Verwendung, wenn der ***Datentyp*** erst mal ***unbekannt*** bleibt. In den ersten Kapiteln wurden fast alle Variablen ohne eine Typenbezeichnung (`As String` oder `As Integer`, o. a.) dimensioniert. Unsichtbar für uns hat Visual Basic in diesen Fällen einfach den Datentyp Variant verwendet. *„Wenn wir also nix wissen, dann nehmen wir:* **`As Variant`***!"*

Genau diesen Fall haben wir hier. Es sind ja nicht mal Elemente vorhanden. Woher sollen wir wissen, welchen Datentyp diese dann haben? Merkt Euch also diese Version der ***Array-Dimensionierung***! Bestimmt auf diesem Gebiet eine der am häufigsten anzutreffenden Techniken. Was bedeutet es, wenn es kein Element gibt:

```
01 Function Test()
02     Dim aNamen() As Variant
03
04     aNamen(0) = "Konrad Kurzschluß"
05     aNamen(1) = "Anton Arbeitslos"
06
07 End Function
```

***Listing 15-3:*** *Zugriff auf ungültiges Element*

Probiert dieses Programm aus und Ihr erhaltet bereits in Zeile [04] einen Laufzeitfehler. Wenn keine Elemente in Zeile [02] existieren, was kann uns das Run-Time denn auf *Index „0“* schon Tolles anbieten? Nix! Also erhebt es drohend die Faust und erfreut uns mit der Fehlermeldung aus *Abb. 15-3*, die jedem eingefleischten VB-Programmierer sicher schon einmal im Schlaf begegnete. Die Arbeit mit ***Arrays*** verlangt von uns wachsame Augen, da man immer nur auf vorhandene Elemente einer Datenliste zugreifen kann!

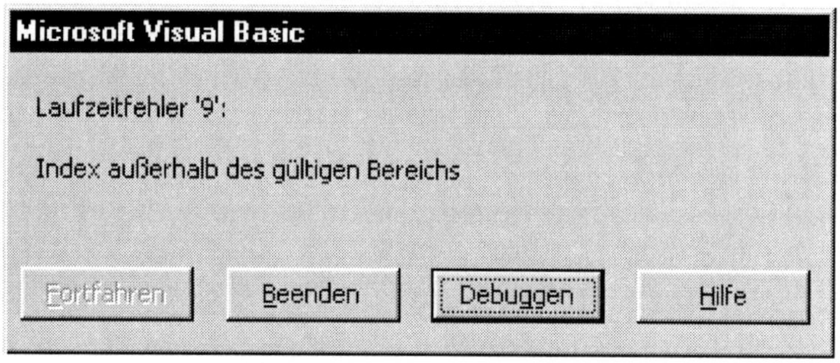


***Abb. 15-3:*** *Zugriff auf ein nicht existierendes Array-Element*

Wie erhält unser Array nun seine Elemente? Mit der gewöhnlichen *Dim-Anweisung* ist man auf feste Zahlenangaben angewiesen. Doch mit der folgenden Version können wir auch Variablen als Träger der Elementanzahl einsetzen. Dies stellt den größten Vorteil von dynamischer Array-Erzeugung dar:

```
ReDim aNamen(1)
```

Das Schlüsselwort ***ReDim*** (Redimensionieren) erzeugt uns die nötigen Datenelemente, gefolgt von der Datenfeld-Variablen mit der Angabe des höchsten Elements in Klammern. An dieser Stelle sollten wir uns auch noch einmal mit der Online-Hilfe befassen. Gerade das Thema Datenfelder liefert eine Menge Stoff für zusätzliche Forschungsarbeiten.

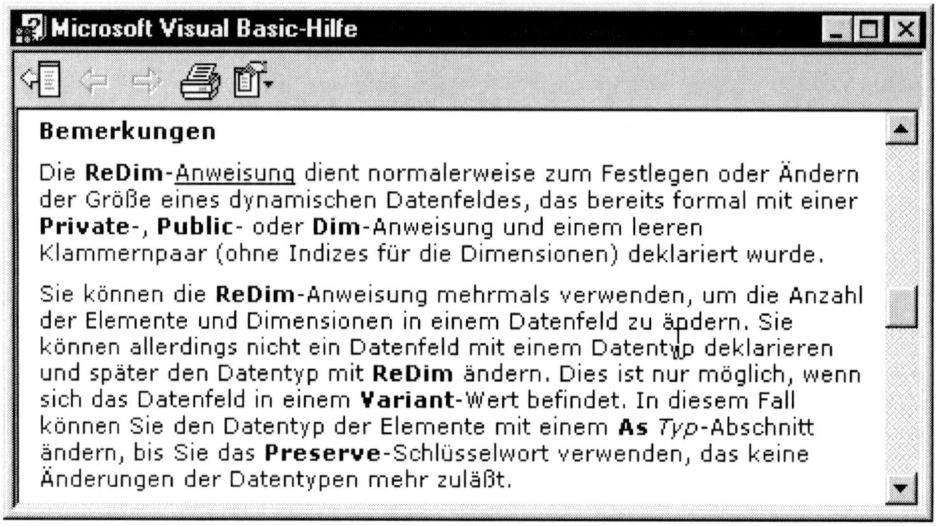


***Abb. 15-4:*** *Auszug der Online-Hilfe zum Thema „ReDim“*

Die volle Breitseite dieser Thematik habe ich nicht aus Bequemlichkeit ausgelassen. Ich denke, für Einsteiger haben wir schon sehr brauchbare Techniken erlernt, um Datenlisten zu erstellen. Doch irgendwo müssen wir hier die Grenze ziehen. Schließlich sollen die vielen anderen Grundlagen auch noch Platz in eurem „BASIC-Kortex“ finden! Aber der Hilfe-Auszug aus *Abb. 15-4* wirft eine Frage auf, die noch beantwortet werden sollte!

Das Schlüsselwort ***Preserve*** hat nämlich eine ganz besondere Bedeutung. Wie nun bekannt, kann mit `ReDim` die Datenfeld-Definition erfolgen – übrigens an jeder Stelle im Programm. Also auch, nachdem bereits Werte in ein bestehendes Array geschrieben wurden. Die Werte dieser Elemente sind jedoch nach Ausführung von `ReDim` alle futsch! Es sei denn, man verwendet den kleinen unscheinbaren Zusatz ***Preserve***.

```
Function Test()
    Dim aNamen() As Variant

    ReDim aNamen(0)
    aNamen(0) = "Konrad Kurzschluß"

    ReDim Preserve aNamen(1)
    aNamen(1) = "Anton Arbeitslos"

End Function
```

***Listing 15-4:*** *Erweiterung eines Datenfeldes*

Was möchte ich Euch nun mit diesen Zeilen sagen? Ihr sollt erkennen, dass Arrays auch während des Programms erweiterbar sind. Es wäre auch möglich gewesen, bereits in

Zeile [04] die beiden Elemente des Datenfeldes zu definieren. Doch dann ist der Showeffekt der Zeile [07] verloren! Diese Zeile fügt dem Array einfach noch ein Element hinzu, ohne den Inhalt des Vorherigen zu löschen! Diese Möglichkeit sollte man sich merken, wird oft gebraucht!

Um Euer Lernpensum für heute auf die Spitze zu treiben, noch ein kleiner Nachtrag. Die Angabe des Indexes muss nicht immer mit einer festen Zahl erfolgen! Auch die Verwendung von Variablen ist hier möglich. Normalerweise sind bei *ReDim-Anweisungen* immer Variablen im Spiel. Wüssten wir die Anzahl der Elemente bereits im Vorfeld, dann könnten wir diese direkt mit einer *Dim-Anweisung* angeben - Logisch!

```
01 Function Test()
02     Dim aNamen() As Variant
03     Dim nIndex   As Integer
04
05     nIndex = Int(Rnd()*9)
06     ReDim aNamen(nIndex)
07
08     MsgBox "Das Datenfeld hat " & _
09            CStr(nIndex + 1) & _
10            " Element(e)", vbInformation
11
12 End Function
```

***Listing 15-5:*** *Erzeugung von Elementen zur Laufzeit*

Diese Funktion hat keine wertvolle oder pädagogische Bedeutung. Sie stellt einfach die Verwendung von Variablen bei der Redimensionierung von Arrays dar. In Zeile [05] lassen wir uns vom System eine Zufallszahl von „0“ bis „8“ erzeugen. Mit dem Ergebnis bilden wir dann das Datenfeld in Zeile [06]. Dabei kommt die numerische Variable `nIndex` zum Einsatz. Die MsgBox informiert zum Schluss darüber, wie viele Elemente denn nun wirklich erzeugt wurden. Ach ja, es heiß deshalb `nIndex + 1`, weil ein Index (oder Zufallszahl) von Null trotzdem ein Element erzeugen würde! Da sind sie wieder unsere ***„null-basierten Indizies“***!

## 15.4. Die Funktion Array()

Zu einer Datenliste gehören also unbedingt mindestens eine Dimension und ein Element. Die zuvor erklärte Variante mittels der *ReDim-Anweisung* ist aber nicht der einzige Weg, Arrays ins Leben zu rufen! In Visual Basic kann auch mit der Funktion `Array()` eine Datenliste als Rückgabewert erzeugt werden. Eine sehr kurze und einfache Geschichte. Schaut Euch bitte das nachfolgende Listing an und achtet mal auf den Datentyp der Array-Variablen.

```
01 Function ArrayFunc()
02     Dim aNamen As Variant
03     Dim nZahl  As Integer
04
05     nZahl = 34
06     aNamen = Array("Anna", True, 3 + 4, nZahl)
07
08 End Function
```

***Listing 15-6:*** *Erzeugung von Elementen mit der Array-Funktion*

Die Variable in Zeile [02] besitzt noch keinen festen Datentyp. Sie könnte genauso gut eine Zahl sein. Doch die Funktion `Array()` in Zeile [06] wird dies schnell ändern. Sie erzeugt anhand der übergebenen Parameter eine Datenliste. Die Variable `aNamen` nimmt den Rückgabewert auf und enthält nun 4 Elemente. Somit ist die Erzeugung des Arrays perfekt.

| **Element** | **Inhalt** | **Datentyp** |
| --- | --- | --- |
| aNamen(0) | "Anna" | String |
| aNamen(1) | True | Boolean |
| aNamen(2) | 7 | Integer |
| aNamen(3) | 34 | Integer |

***Abb. 15-5:*** *Datenelemente mit verschiedenen Typen*

Die einzelnen Elemente müssen dabei nicht einmal vom gleichen Datentyp sein! Zur besseren Verdeutlichung dieser Regel, habe ich verschiedene Werte ausgewählt. Man kann jedes Element als eigenständige Variable ansehen. Die Funktion `Array()` hat noch eine weitere Eigenschaft, die bisher noch nicht erwähnt wurde.

Wir haben gelernt das Parameterbeschreibungen von Prozeduren an bestimmte Regeln gebunden sind. Die *MsgBox* erwartet als ersten Parameter den Meldungstext und nachfolgend noch einige andere Informationen, die genau definiert sind. Doch hier sind weder die Anzahl noch der Datentyp des Parameters klar. Daher ist der Parameter der Array-Funktion als ***ArgListe*** definiert.

Beim Aufruf kann also alles mögliche in beliebiger Anzahl übergeben werden. Einzige Bedingung: alle Werte müssen mit einem Komma voneinander getrennt sein. In der Zeile [06] von *Listing 15-6* haben wir es mit vier Parametern zu tun. Es könnten aber auch mehr oder weniger sein. Derartig definierte Funktionen findet man nicht oft, doch sie haben ihren festen, sinnvollen Platz in vielen Anwendungen. Mal schauen, was die Online-Hilfe zu diesem Thema zu sagen hat:

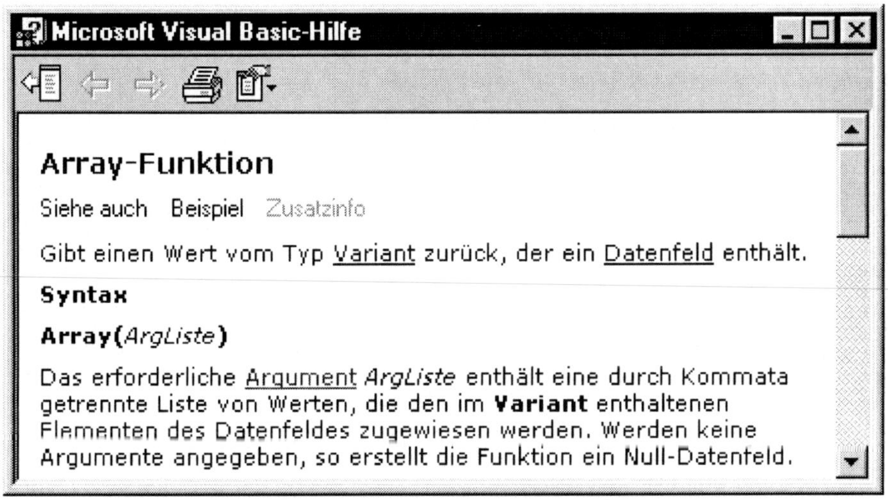


***Abb. 15-6:** Eine Funktion mit Parameter-Typ „ArgListe"*

Der letzte Satz der abgebildeten Hilfeseite ist besonders interessant. Vielleicht aber auch nur akademisches Geschwätz? Auf keinen Fall! Übersetzt bedeutet dieser Hinweis, dass wir von der Array-Funktion eine leere Datenliste ohne Elemente erhalten, wenn kein Parameter angegeben ist. Doch macht es überhaupt Sinn, diese Funktion zu benutzen, wenn wir ohnehin keinen Parameter haben?

Zur Beantwortung dieser Frage sollte man sich vor Augen halten, dass die Parameter auch innerhalb des Programmablaufs erzeugt werden können. Dann wissen wir aber nicht, ob es Futter für die Datenliste gibt. Ich möchte es wirklich nicht näher vertiefen. Eine sinnvolle Anwendung für diesen Fall, an dieser Stelle, wäre wirklich zu viel des Guten. Lehrkräfte sagen dann immer: *„Ihr müsst jetzt nicht wissen wofür man das braucht, aber Ihr solltet wissen, dass es diesen Fall gibt!"*

Ich möchte Euch aber noch im Zusammenhang mit der *Abb. 15-6* auf die gewaltigen Ressourcen der Online-Hilfe hinweisen. Meistens findet man im Kopf der Hilfeseite weiterführende Links, wie z. B. *„Siehe auch"* oder *„Beispiel"*. Ein ideale Quelle, um das bereits Erlernte zu vertiefen! Dort lauert aber auch die Gefahr, dass Ihr Euch in den Untiefen der Online-Hilfe verliert und nach spätestens fünf Minuten vergessen habt, was eigentlich zum Nachschlagen gedacht war. Also immer schön ruhig. Rom wurde auch nicht an einem Tag erbaut.

## 15.5. Zusammenfassung

- Datenfelder oder Datenlisten werden auch als **Array** bezeichnet
- Ein **Array** ist **eine Ansammlung von Elementen**, die wie eigenständige Variablen über einen **Index** (Positions-Nr.) angesprochen werden.
- **Arrays** können mehrere **Dimensionen** (Gruppen von Elementen) enthalten
- Die Erzeugung von **Arrays** erfolgt mit der **Dim-** oder **ReDim-Anweisung**
- Beim **Zugriff auf nicht vorhandene Elemente** einer Datenliste, kommt es zu einem **Laufzeitfehler**!
- Die Hilfsfunktionen `UBound()` dient zur Ermittlung des höchsten Indexes eines Arrays.
- Datenlisten können auch mit der **Array-Funktion** erzeugt werden.

# 16. Verzweigungen mit SELECT...CASE

## 16.1. Eine wählerische Anweisung

Weiter geht es im Programm. Seit der *IF - Anweisung* wissen wir, wie man den Programmablauf innerhalb einer Prozedur in eine bestimmte Richtung lenken kann. Die Grundstruktur hierfür ist einfach: Wenn eine Bedingung zutrifft, dann wird entweder der eine oder der andere Programmabschnitt ausgeführt. Dieses Kapitel solltet Ihr auf jeden Fall verstanden haben, bevor wir jetzt die ganze Geschichte weiter aufbohren. Doch wer hindert uns daran, einfach ein paar Kapitel zurückzublättern?

Die *SELECT...CASE - Anweisung* kann prinzipiell mit der *IF - Anweisung* verglichen werden. Die Basis bildet die Auswertung eines logischen Ausdrucks. Das Ergebnis lässt anschließend die Verzweigung in einen von vielen festgelegten Programmabschnitten zu. Der nachfolgende schematische Ablaufplan in *Abb. 16-1* beschreibt den Aufbau einer solchen Konstruktion.

Wir wollen neben der ganzen Programmiererei natürlich nicht die sozialen Probleme unserer Gesellschaft vergessen. Daher habe ich mir erlaubt, meine persönliche Vorstellung des Bußgeldkataloges für hartgesottene Autofahrer aus dem Jahre 2015 als Beispiel heranzuziehen. Die Frage im runden Block aus *Abb. 16-1* („Wie viel km/h drüber?") ist der erste Bestandteil der neuen Anweisung.

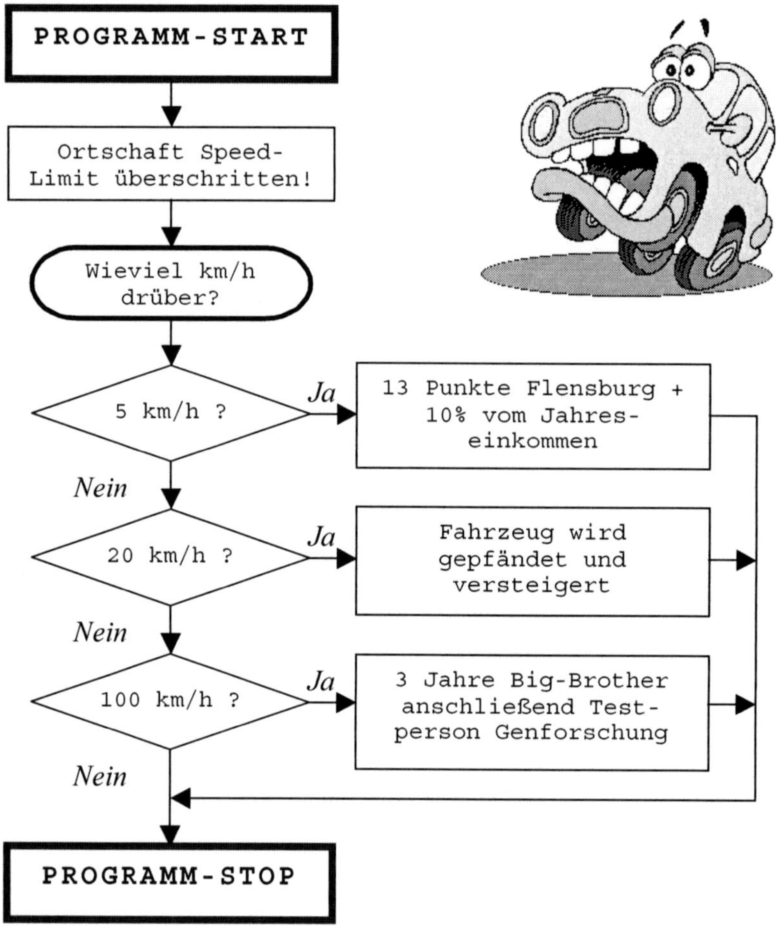


***Abb. 16-1:*** *Ablauf einer SELECT...CASE-Anweisung*

Die nachfolgenden *Ja/Nein-Verzweigungen* führen zu unseren speziellen Programmabschnitten. Beispielsweise wird bei einer Geschwindigkeitsüberschreitung von insgesamt 20 km/h das Fahrzeug zwangsentfernt und anschließend versteigert. Der Erlös geht natürlich an die Kirche. Wäre doch mal eine Maßnahme, oder?

## 16.2. Der Aufbau der Anweisung

Wir haben es bei der neuen Verzweigungsform wieder mit einer Folge von unzertrennlichen Anweisungen zu tun. Diese gehören zusammen wie Pech und Schwefel. Bei der *For...Next-Schleife* waren es `For` und `Next`, bei der *IF-Anweisung* die Schlüsselwörter `If` und `End If`. Nun mag ein heller Kopf von selbst draufkommen, was bei der *SELECT...CASE-Anweisung* stets im Quellcode auftauchen muss.

Es sind natürlich die Schlüsselwörter `Select` und `Case`, sowie zusätzlich das abschließende `End Select`! Als vollblutige Englisch-Freaks wissen wir natürlich, was das ausländisch zu bedeuten hat: *„Treffe die Auswahl für den Fall ...“*, oder *„Nehmen wir mal an das ist so ..., dann mach mal bitte dies ...“*. Der Start der Verzweigung erfolgt durch die Angabe eines einfachen Ausdrucks, der nicht unbedingt vom Typ Boolean sein muß!

Der Startausdruck stellt den Kern des Übels dar. In unserem Beispiel aus *Abb. 16-1* wäre dies die `Geschwindigkeit` des Autos. Schluss mit der Theorie und ran an die Praxis. Der recht trockene Ablaufplan dieser Abbildung wird nun in Quellcode umgewandelt. Die Funktion soll nach Eingabe der tatsächlich gefahrenen Geschwindigkeit eine Prognose der zu erwartenden Bestrafung abgeben. Einige Meldungstexte sind zwar hier geändert und es gibt auch nicht exakt die selben Fallüberprüfungen, doch das Grundprinzip bleibt erhalten:

```
Function BussgeldKatalog ()
    Dim nEingabe As Integer 'für Benutzereingabe
    Dim sTemp    As String  'nur zum Text-Basteln

    sTemp = "Wie schnell bist Du innerhalb" & vbCr & _
            "der Ortschaft gefahren? [km/h]" & vbCr
    nEingabe = Val(InputBox(sTemp, "Bußgeldkatalog", 50))

    Select Case nEingabe
        Case 5 To 49
            sTemp = "Aufnahme im Club der Radfahrer."
        Case 50
            sTemp = "Nix, Du bist echt vorbildlich!"
        Case Is > 50
            sTemp = "Schwund in der Geldbörse!"
        Case Else
            sTemp = "Ich glaube, Du stehst immer noch dort!"
    End Select

    MsgBox CStr(nEingabe) & " km/h: das bedeutet ..." & vbCr & _
           sTemp, vbInformation, "Bußgeldkatalog"
End Function
```

***Listing 16-1:*** *Beispiel einer SELECT...CASE-Konstruktion*

Erklärung:

Zeile 07:
Nachdem zuvor der Infotext zusammengebastelt wurde, holen wir uns hier die Benutzereingabe mit der bekannten `InputBox()`. Neu hier die Verwendung des dritten Parameters („50“). Dieser stellt den ***Defaultwert*** der Eingabe dar, d. h., das Eingabefeld der `InputBox` wird mit diesem Wert vorbelegt. Das Ganze kommt durch die Verwendung der `Val()`-Funktion als numerischer Wert zurück, egal was eingegeben wurde!

Zeile 09:
Diese Zeile leitet unsere neue Verzweigungsform ein. Auf `Select Case` folgt stets der Ausdruck, der für die nachfolgenden *Case-Abschnitte* geprüft werden soll. Im Beispiel ist dies der Inhalt der Variablen `nEingabe`.

Zeilen 10-17:
Dieser Abschnitt besteht aus vier Fallentscheidungen, die jeweils mit dem neuen Schlüsselwort `Case` eingeleitet sind. Unser Programm läuft nun, in der Zeile [10] beginnend, alle Prüfungen durch. Falls eine zutrifft, dann erfolgt die Ausführung des Programmcodes, der auf die entsprechende Case-Zeile folgt.

Anschließend wird nicht mit der nächsten *Case-Anweisung* fortgefahren, sondern direkt zur Zeile gesprungen, die dem `End Select` in Zeile [18] folgt. Die übrigen haben dann keine Bedeutung mehr.

Zeilen 20/21:
Zum Schluss möchten wir natürlich erfahren, was uns der Spaß beschert hat. Hierfür wurde zuvor in der *Select ... Case-Anweisung* die entsprechende Zeichenfolge für die MsgBox zusammengebastelt. Beachtet hier das verwendete Verfahren! Man hätte auch in jeder *Case-Anweisung* eine eigene MsgBox ausgeben können.

Doch wenn an diesen Stellen nur der Teil angepasst wird, der sich auch wirklich ändern kann, nämlich unsere Meldung selbst, dann erspart uns das eine Menge Ressourcen! Schließlich bleiben alle anderen Parameter der MsgBox für jeden eintretenden Fall gleich. Das sollte einen Programmierer sofort hellhörig werden lassen: *„Da gibts doch was zu optimieren?!“*

Das war die grobe Erklärung des Beispiels. Kommen wir nun zu den Feinheiten der neuen Anweisung. Zunächst schaut Euch den folgenden Vergleich an, der das Fachchinesisch ins Umgangssprachliche übersetzt. Auf der linken Seite steht die vereinfachte Darstellung einer *Select...Case-Anweisung* und rechts die dazu gehörende Übersetzung:

| Programm | Deutung |
|---|---|
| `Select Case nEingabe` | Was steckt in `nEingabe` für eine Zahl? ... |
| `Case 5 To 49` | ... vielleicht eine Zahl von *5* bis *49* ? |
| `Case 50` | ... ist der Wert exakt *50* ? |
| `Case Is > 50` | ... ist die Zahl etwa größer als *50* ? |
| `Case Else` | ... falls gar nix zutrifft, dann hier reinhopsen! |
| `End Select` | So fertig! |

***Abb. 16-2:*** *Hinter den Kulissen von Case-Strukturen*

Generell gilt: Falls irgend eine der *Case-Bedingungen* zutrifft, dann werden die folgenden gnadenlos übergangen. Eine besondere Bedeutung kommt dabei der Anweisung ***Case...Else*** zu. Sie steht, wenn überhaupt erwünscht, immer an letzter Stelle! Landen wir nämlich mit keiner der *Case-Abfragen* einen Treffer, dann übernimmt der Programmabschnitt die Kontrolle, der genau dieser *Case ... Else* Zeile folgt!

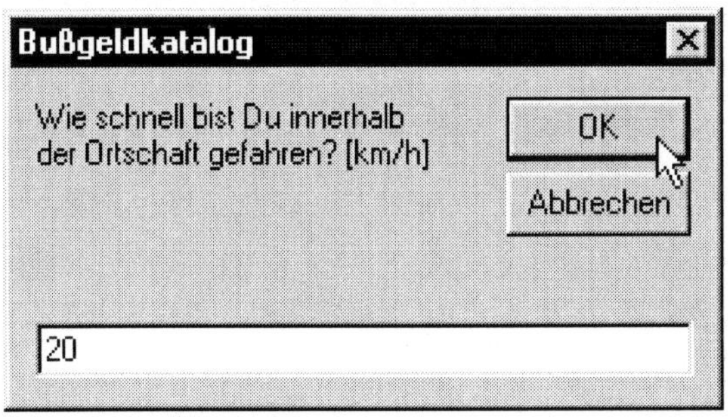


***Abb. 16-3:***
*Beispielanzeige der Eingabe aus Listing 16-1*

Übrigens habe ich bemerkt, dass selbst erfahrenere VB-Programmierer von der Existenz der *Case Is-Variante* nichts wissen! Ebenso könnt Ihr innerhalb einer Case-Zeile auch die verschiedenen Formen mixen. Diese müssen dann mit einem Komma voneinander getrennt sein. Beispiel: `Case 4 To 8, 40, Is > 5` !

## 16.3. Zusammenfassung

Erinnert Euch bitte mal an den ersten Kontakt mit der *If-Anweisung*. Für Einsteiger sicher der schwierigste Befehl. Hat man sich dort durchgebissen, dann fällt das Erlernen weiterer, ähnlicher Konstrukte wesentlich leichter. Eigentlich steckt in allen größeren Anwendungsformen eine Grundstruktur.

So gesehen müsste Euch die neue *Select...Case-Anweisung*, nach dem verstandenen *If...Then*, schon schneller in Fleisch und Blut übergehen. Doch es ergibt sich noch eine Frage: Wozu kann man *Select...Case* gebrauchen?

Eine sinnvolle Anwendung ist z. B. die genaue Überprüfung von Benutzereingaben (ähnlich wie im *Listing 16-1*). Stellt Euch vor, der Benutzer Horst K. aus T. bleibt vor der Eingabeaufforderung Eures genialen Online-Games hängen. Dort lösen die Tasten „A", „K" und „Q" eine besonders tolle Aktion aus. Alle anderen Buchstaben sollen jedoch ignoriert und angemeckert werden.

Sicher könnte man jeden einzelnen Buchstaben auch mit einer separaten *IF-Anweisung* auswerten. Nur wären dann zwei der drei Prüfungen immer überflüssig. Als vorbildliche Programmierer wollen wir natürlich überflüssigen Müll beseitigen! Darum ist die *Select...Case-Anwendung* hierfür die beste Methode. Jeder zu behandelnde Buchstabe erhält seine *Case-Abfrage* und im *Case Else-Abschnitt* bekommt der dumme Benutzer Schimpfe, wenn eine nicht zulässige Eingabe getätigt wurde.

Denkt bitte auch daran, dass viele *Case-Abfragen* innerhalb der Verzweigung die Übersichtlichkeit enorm verschlechtern. Nehmen wir nur einmal das kleine *Listing 16-1* als Beispiel. Bereits hier muss man sich etwas konzentrieren, um das Vorhandensein aller Fallunterscheidungen des Bußgeldkataloges zu überprüfen. In Gedanken gehen wir alle Zeilen der *Select...Case-Anweisung* durch und schauen, welche Aktion ausgelöst wird. Tauscht einfach mal die Reihenfolgen der *Case-Abfragen* in diesem Beispiel und Ihr werdet sehen, dass nun nicht mehr alle ursprünglichen Fälle zur Auswertung gelangen! Böse Falle!

☑

- Diese neue Verzweigung beginnt stets mit `Select Case` und endet mit den Schlüsselwörtern `End Select`
- Mit ***Select ... Case*** führen wir **einen** von mehreren Programmabschnitten, in Abhängigkeit von durch uns definierten Prüfungen aus.
- Nur der Programmabschnitt wird ausgeführt, der auf die zutreffende *Case-Abfrage* folgt. Der Rest wird ignoriert!
- In der *Case-Abfrage* können mehrere Prüfungen angegeben werden. Diese müssen mit einem Komma voneinander getrennt sein.
- Die **Reihenfolge** der einzelnen Case-Abfragen **ist wichtig**, um alle gewünschten Fallunterscheidungen abzudecken!
- Die ***Case ... Else–Anweisung*** sollte, wenn möglich, immer als **letzte** *Case-Abfrage* eingesetzt werden, um nicht berücksichtigte Fälle zu verarbeiten.

# 17. Programmbeispiel „Zahlenraten“

## 17.1. Projektvorbereitung

Unser nächstes Beispiel stellt die meisten Neuerungen der zurückliegenden Kapitel zusammen. Es soll eine geheime Zahl generiert werden, die der Anwender raten muss. Natürlich steht dabei nur eine begrenzte Anzahl von Versuchen zur Verfügung.

Bis hier ein eher langweiliges Teil. Daher erhält das Programm noch einen kleinen Zusatz. Jeder eingegebene Versuch wird dem Benutzer als eine Art Historie angezeigt. Wer kann sich schon merken, was er gerade eingegeben hat?

*Abb. 17-1:*
*So soll unser Eingabedialog des Zahlenrätsels mal aussehen*

Anschließend erfolgt eine Meldung, die besagt, ob die Eingabe größer oder kleiner als die gesuchte Zahl ist. Falls nicht, dann kommt der nächste Versuch. Bei einem Volltreffer erhält der Ratende ein kleines Lob und das Programm endet. Soweit so gut! Kommen wir zu unserem Konzept. Welche Bestandteile hat unser Beispiel und wie soll die ganze Geschichte ablaufen? Was kann uns zur Beantwortung dieser Fragen im Vorfeld am besten einen Überlick verschaffen? Genau, ein einfacher Ablaufplan mit den ersten Abgrenzungen der zu erstellenden Funktionen.

Dieses „Konzept für Arme“ läßt bereits eine gewisse Programmlogik durchscheinen. Bevor Ihr Euch das fertige Programm anschaut, versucht doch einmal selbst, die dafür notwendigen Funktionen aufzubauen. Sicher kann ich nicht mit einem Rohrstock bewaffnet hinter Euch stehen und jedem auf die Finger klopfen, falls Ihr doch schon weiterblättert. Doch Ihr habt Euch entschieden, im Selbststudium BASIC zu lernen, und diese Übung bringt in diesen Fällen enorme Vorteile mit sich.

**Konzeption**

1. Erzeugung der Zufallszahl mit `Rnd()`. Hierbei soll es einen leicht zu ändernden Zahlenbereich geben.
2. **Beginn der Rateschleife:** Die Anzahl der Durchläufe entspricht der Zahl der maximalen Versuche.
3. Anzeige der Benutzereingabe mit `InputBox()`. Dabei sollen der Aufgabentext, sowie die Zahlen der gescheiterten Vorversuche als Zusatzinfo erscheinen.
4. Prüfung der Eingabe: Hat der Benutzer die Eingabe abgebrochen, dann muss ein Abbruch der Schleife erfolgen.
5. Vergleich der Eingabe mit der gesuchten Zahl. Anzeige dieser Auswertung in Form eines entsprechenden Textes.
6. Prüfung, ob die Eingabe der gesuchten Zahl entspricht. Falls ja, dann Schleife verlassen.
7. **Nächsten Schleifendurchlauf starten**
8. Hat der Benutzer abgebrochen, dann unser Bedauern über seine Entscheidung anzeigen. Hat er nicht abgebrochen und die Zahl nicht geraten, dann soll diese wenigstens noch angezeigt werden.

Noch ein kurzes Wort zum Eingeben von Quellcode. Viele Lektüren sind deshalb nicht beliebt, weil man die Beispielprogramme nicht auf CD oder anderen kopierfertigen Medien vorliegen hat. Ich habe mir aber in der Vergangenheit angewöhnt, öfters die Beispiele selbst einzutippen, weil man dann mehr Praxis mit dem Editor bekommt und komischerweise viele Neuigkeiten besser im Kopf behält. Wie sagte meine Russischlehrerin: *„Neue Vokabeln muß man einmal* ***gehört, gelesen*** *und* ***selbst geschrieben*** *haben, um es im nichtflüchtigen Gedächtnis zu behalten!“*

Im nachfolgenden Listing könnt Ihr eine neue Funktion entdecken, die mit der Manipulation von Zeichenketten zu tun hat. Der Ausgangspunkt hierfür ist die Anzeige aus *Abb. 17-1.* Weil der Benutzer stets wissen soll, wie viele Versuche er noch hat, gibt es die Meldung: *„Du hast dafür noch 2 Versuch(e)“*. Die meisten Zeichenketten verpacke ich nicht gern in Variablen, sondern in Konstanten, um diese besser pflegen zu können. Wie bekomme ich aber die variable Zahl „2“ in eine vordefinierte Zeichenkette?

Ganz einfach: mit der Funktion `Replace()`.

```
Const MSG = "Du hast dafür noch | Versuch(e)"
Dim sTemp As String
Dim nZahl As Integer

nZahl = 2
sTemp = Replace(MSG, "|", nZahl)
MsgBox sTemp
```

***Listing 17-1:** Ersetzen von Suchfolgen in einem String*

Dieser Mechanismus wird von vielen professionellen Entwicklern verwendet, um mehrsprachige Anwendungen zu pflegen. Ich habe die Vorteile bei der Verwendung von Konstanten schon einmal angesprochen. Hier ein praktisches Beispiel dafür. Denkt doch nur einmal an das Betriebssystem Windows. Das gibt es in Französich, Englisch, Deutsch und vielen anderen Sprachen. Was tut man also, wenn unser Programm übersetzt werden muss? Wir ändern lediglich die zentralen Konstanten-Texte und nicht den kompletten Quellcode. Eine zeitsparende Angelegenheit! Die Syntax der Funktion könnt Ihr natürlich in der Online-Hilfe nachschlagen. Sie ist wirklich sehr einfach zu verwenden:

```
Replace(<Quelle>,<gesuchter Text>,<ersetzen mit>)
```

Rückgabe ist der neu zusammengebastelte String.

***Abb. 17-2:***
*Glückspilz! Anzeige eines fruchtbaren Rateversuches*

## 17.2. Das Listing

Das folgende Listing besteht aus zwei abhängigen Prozeduren: `Zahlenraten()` und `CheckEingabe()`. Es wäre auch möglich, ein Zahlenraten völlig anders zu programmieren. Wie gesagt: *„Jeder hat so seinen Stil!"*

```
Private Sub Zahlenraten()
    Const NMIN = 1          'kleinste Zahl
    Const NMAX = 20         'groesste Zahl
    Const NMAX_VERSUCHE = 5 'Anzahl der Versuche
    Const DEF_TITEL = "Zahlenraten Deluxe"
    Const MSG1 = "Rate eine Zahl zwischen 1 und 20" & vbCr
    Const MSG2 = "Du hast dafür noch | Versuch(e)" & vbCr
```

```
    Const MSG3 = "Das Raten wurde abgebrochen, Schade!"
    Const MSG4 = "Die gesuchte Zahl lautete: "
    '--------------------------------------------------
    Dim nInput   As Integer 'akt. Eingabe
    Dim nVersuch As Integer 'akt. Nummer Versuch
    Dim nZahl    As Integer 'zu ratende Zahl
    Dim sHistory As String  'bereits eingegebene Zahlen
    Dim sTemp    As String  'zum Textbasteln

    Randomize -1
    nZahl = Int(Rnd() * NMAX + NMIN)
    sHistory = "Historie: "

    For nVersuch = NMAX_VERSUCHE To 1 Step -1
        sTemp = Replace(MSG2, "|", CStr(nVersuch))
        sTemp = MSG1 & vbCr & sTemp & sHistory
        nInput = Val(InputBox(sTemp, DEF_TITEL))
        If nInput = 0 Or CheckEingabe(nInput, nZahl) Then
            Exit For
        End If
        sHistory = sHistory & CStr(nInput) & ","
    Next nVersuch

    If nInput = 0 Then
        MsgBox MSG3, vbInformation, DEF_TITEL
    Else
        If nVersuch = 0 Then
            MsgBox MSG4 & CStr(nZahl), vbInformation, DEF_TITEL
        End If
    End If

End Sub

Private Function CheckEingabe(nEingabe%, nGesucht%) As Boolean
    Dim sMsg As String

    Select Case nEingabe
        Case Is < nGesucht
            sMsg = "Die gesuchte Zahl ist größer als "
        Case Is > nGesucht
            sMsg = "Die gesuchte Zahl ist kleiner als "
        Case Else
            sMsg = "Super!" & vbCr & "Die Zahl lautet: "
    End Select

    MsgBox sMsg & CStr(nEingabe), vbExclamation, "Auswertung"
    CheckEingabe = (nEingabe = nGesucht)
End Function
```

***Listing 17-2:*** *Zahlenraten Deluxe*

Erklärung: *Sub Zahlenraten()*

Zeilen 02-09:
Zentral, im Kopf der Anwendung findet man die Konstanten, die wesentlichen Einfluß auf das Layout (Aussehen) und den Ablauf haben. Wenn Ihr die Konstanten `NMIN` und `NMAX` (zu ratender Zahlenbereich) verändert, dann denkt auch daran, den Text in der Konstanten `MSG1` entsprechend anzupassen! Die meisten Bildschirmausgaben, außer *„Historie:“* in Zeile [19], sind also im Vorfeld bekannt.

Zeilen 11-15:
Die Variablen sind zum besseren Verständnis mit Kommentaren versehen. Eine der wichtigsten Stellen, um Programmcode zu beschreiben! Die Variable `sTemp` habe ich für Passagen erstellt, in denen Strings als Vorbereitung zur Bildschirmausgabe kombiniert werden.

Zeile 17:
In vergangenen Beispielen haben wir ja bereits mit der Zufallsfunktionen gearbeitet. Aufmerksamen Programmierern wird dabei aufgefallen sein, dass sich die angeblichen Zufallszahlen überhaupt nicht zufällig verhalten. In Wirklichkeit erhalten wir mit der `Rnd()`-Funktion stets die gleichen Zufallszahlen! Darum hat man mit `Randomize - 1` die Möglichkeit, einen neuen Zahlenpool einzuleiten. Muss man einfach wissen. Ihr könnt Euch ja ruhig mal die Online-Hilfe zu `Randomize` befragen.

Zeile 18:
Hier erzeugen wir die geheime Zahl, die vom Anwender geraten werden muß. Der Aufbau dieser Zeile ist Euch ja inzwischen geläufig. Zu beachten wäre noch der Einsatz der Konstanten `NMIN` und `NMAX`, die den Zahlenbereich definieren.

Zeile 19:
`sHistory` erhält jetzt seinen Startwert. In *Abb. 17-1* könnt Ihr sehen, wozu wir diese Variable verwenden. In jedem folgenden Schleifendurchlauf wird dem bestehenden Inhalt einfach die letzte Eingabe hinzugefügt und schon haben wir das History-Feature realisiert.

Zeile 21:
Der Anfang unserer Hauptverarbeitungsschleife. Sicherlich werdet Ihr Euch fragen, warum ich die *For...Next-Anweisung* mit einer negativer Schrittweite bestückt habe. Ganz einfach: Der Benutzer soll ja in der aktuellen Meldung stets erfahren, wie viele Versuche er noch hat. Da diese Zahl bei jedem Durchlauf kleiner wird, muß die Schleife rückwärts laufen. Somit kann der Schleifenzähler `nVersuch` direkt in die Anzeige der Meldung in Zeile [24] mit eingebaut werden!

Zeilen 22-23:
Mit `sTemp` basteln wir uns nun die etwas komplexere Zeichenfolge zusammen, die anschließend in der *Input-Funktion* erscheint. Die *Replace-Funktion* habe ich ja bereits im Vorfeld dieses Beispiels erläutert. Der Vorteil einer derartigen Vorarbeit, liegt in der Verbesserung der Übersichtlichkeit des Programms. Ihr könnt ja mal die Input-Funktion direkt mit den Zeichenketten versorgen, ohne eine Temp-Variable. Das wird dann ein ganz schönes Monster von Programmzeile!

Zeile 24:
Der Kern unserer Schleife zeigt nun mit `Input()` die Aufgabe an und holt uns die Benutzereingabe in die Variable `nInput`. Bekannterweise wandelt dabei **`Val()`** die Eingabe in eine Zahl um. Also, egal was eingegeben wird, wir haben es stets mit einem Datentyp zu tun, den wir an späteren Stellen auch erwarten!

Zeilen 25-27:
Jetzt wird's knifflig. Zur Erklärung dieser *If-Anweisung* müssen wir zunächst wissen, was unser Unterprogramm **`CheckEingabe()`** überhaupt tut. Diese Prozedur erwartet einfach als Parameter die Benutzereingabe und die geheime Zahl. Damit kann dann eine Überprüfung des Rateversuches erfolgen. Als Prozedur-Rückgabe erhalten wir bei einem Volltreffer ein `True`, andernfalls ein `False`.

Da bei `True` die Schleife verlassen werden muß, haben wir diesen Rückgabewert in diese *If-Anweisung* mit eingebaut. Die erste Bedinung `nInput = 0` ergibt nur dann `True`, wenn der Benutzer eine ungültige Eingabe gemacht hat oder ein Abbruch erfolgte. Auch dann wollen wir die Schleife mit `Exit For` beenden!

Zeile 28:
Befinden wir uns in dieser Zeile, dann kann man davon ausgehen, dass der ahnungslose Benutzer eine falsche Zahl geraten hat. Dieser Fehlversuch wird nun dem Inhalt der Variablen `sHistory` hinzugefügt. Somit steht diese Information beim nächsten Schleifendurchlauf aktualisiert zur Ausgabe bereit.

Zeilen 31-37:
Noch einmal eine Verzweigung mit der *If-Anweisung*. Genau genommen sind es zwei Auswertungen, die das Ziel haben, dem Benutzer das Ende unseres Ratespiels mitzuteilen. Man muß sich an dieser Stelle über alle Varianten des Ausgangs im Klaren sein. Es gibt nämlich genau drei Fälle, die wir abfangen müssen.

1.) Der Benutzer hat die Raterei mutwillig beendet. Die Bedingung `nInput = 0` trifft zu und es kommt zur Ausgabe der Meldung `MSG3`.
2.) Der Benutzer hat das Programm nicht vorzeitig abgebrochen, aber alle Versuche wurden verbraucht. In diesem Fall hat `nVersuch` den Wert `"0"` und das Rätsel

wurde nicht gelöst. Also zeigen wir die Auflösungsmeldung als Trostpflaster mit der `MSG4`.

3.) Der Benutzer hat das Programm nicht abgebrochen und es sind noch Versuche übrig. Das bedeutet unsere Schleife wurde vorzeitig verlassen. Dies kann jetzt nur noch sein, wenn der letzte Versuch die richtige Zahl lieferte. `nVersuch` hat einen Wert **größer als Null**. Wir geben jedoch keine Meldung mehr aus, da dies bereits in der Funktion `CheckEingabe()` geschah.

Erklärung zum Listing 17-2: `Function CheckEingabe()`

<u>Zeile 41:</u>
Auch wenn ich Euch empfohlen habe, bei Variablenangaben nicht unbedingt die Typenkennzeichen (%, $, &) zu benutzen, habe ich hier unsere beiden Parameter mit der kurzen Schreibweise als **Integer-Variablen** definiert. Die Variable `nEingabe` enthält die Zahl, die gerade vom Benutzer eingegeben wurde und `nGesucht` ist der Vergleichswert – unsere geheime Zufallszahl.

<u>Zeilen 44-51:</u>
Die *Select...Case-Anweisung* macht nichts weiter als eine Zeichenkette zu ermitteln, die anschließend in Zeile [53] ausgegeben wird. Die drei Fallunterscheidungen sind sicher einfach zu verstehen:

| | |
|---|---|
| 1.) Die geratene Zahl ist zu klein | Zeile [45] |
| 2.) Die geratene Zahl ist zu groß | Zeile [47] |
| 3.) Andernfalls kann es nur ein Volltreffer sein! | Zeile [49] |

<u>Zeile 53:</u>
Die Funktion liefert das Ergebnis in lesbarer Form. Die Variable `sMsg` beinhaltet den fertigen Teil-String und erhält nun noch den Rest in Form der eingebenen Zahl des Benutzers.

<u>Zeile 54:</u>
Ganz wichtig zum Schluß: Wir übergeben dem Funktionsnamen ein `True` oder `False`, entweder die Eingabe ist gleich der gesuchten Zahl oder nicht. Der in Klammern stehende Ausdruck ist also **keine Variablenzuweisung**, sondern **ein Bedingungsausdruck**!

Wie schon erwähnt, kann man das Rad immer wieder neu erfinden. Zahlenraten, Lottozahlengenerator und viele andere Beispiele sind schon von vielen Lernlektüren mißbraucht worden. Wohl zu Recht, weil diese Anwendungen ideal für Schulungszwecke sind. Wir entfernen uns jedoch langsam von der simplen BASIC-Welt.

In diesem Buch wird zunächst bewußt auf die Verwendung der Visual-Basic-typischen Werkzeuge, wie Formulare, Schaltflächen und benutzerdefinierten Menüs verzichtet. Der Schwerpunkt liegt nun mal im Kern der Programmiersprache BASIC. Für Einsteiger ist es schwer genug, sich mit der Sprachgrundlage auseinanderzusetzen. Dann auch noch Formulare designen, Ereignisse abfangen und Klassenobjekte definieren?

# 18. PAUSE: „Multitasking“

Das Licht am Ende des „BASIC-Grundlagen-Tunnels“ ist nun schon gut zu sehen! Noch eine Schleifen-Anweisung, ein paar Worte zu den Variablen und dann gehts an den großen Kuchen der Windowsprogrammierung. Sicherlich ein schwieriger Schritt, der Einsteigern aber leichter fallen wird als den QBASIC-Profis aus vergangenen Tagen. Warum dem so ist?

Nun, die vergangenen Kapitel haben gezeigt, wie Programme ablaufen. Die Abarbeitung des Codes erfolgt immer schön der Reihe nach, Zeile für Zeile. Im Hinterkopf kann man einer solchen Technik gut folgen. So ist es auch bei den älteren Anwendungen, die für das DOS-Betriebssystem geschrieben sind.

Mit der Einführung von *Microsoft Windows®* hat man das Programm-Management mächtig umgekrempelt. Jetzt können plötzlich mehrere Programme gleichzeitig laufen: das nennt man „Multitasking“. Die eingefleischten Englisch-Freaks unter Euch können diesen Begriff vielleicht übersetzen, aber nicht unbedingt verstehen. Dieses Wort ist der Grund für die vielen Kopfschmerzen der Programmierer bei der Fehleranalyse ihrer Anwendungen. *Ein* laufendes Programm kann man ja noch im Auge behalten, aber den Ablauf von *vielen* Modulen gleichzeitig überblicken – das ist echtes Hirntraining.

Wie bringt es *MS-Windows®* überhaupt fertig, dass viele Programme zur gleichen Zeit laufen? Ganz einfach: Jede Anwendung die gestartet wird, muss sich zunächst einmal beim Betriebssystem anmelden und bekommt anschließend *„Ausführungszeit“* zugewiesen. Innerhalb dieser Zeit kann es seine Programmzeilen abarbeiten. Ist diese Zeit vorüber, dann bekommt ein anderes Programm die Ausführungserlaubnis usw. Das bedeutet wiederum, dass alle anderen Programme so lange warten müssen!

*„Ja, ja – von wegen gleichzeitige Programmverarbeitung! Wenn die anderen warten müssen, dann erfolgt doch der Ablauf der Reihe nach und nicht zur selben Zeit!“* Dem ist tatsächlich so. Weil aber die Pausen zwischen den Wartezeiten sooooo... super kurz sind (liegen irgendwo im Nanobereich) und unser Wahrnehmungsvermögen extrem träge ist, scheint alles gleichzeitig abzulaufen.

Wenn Ihr auf Euren PC-Monitor schaut habt Ihr den Beweis. Das scharfe Bild vor Eurer Nase kommt nicht in einem Stück auf einmal aus der Röhre! Es wird vielmehr Zeile für Zeile aufgebaut. Das läuft jedoch so schnell ab, dass Dein träges Auge keine Chance hat, dem Elektrodenstrahl zu folgen. Es gibt noch ein Beispiel aus dem Alltag.

Nehmt nur mal das Telefonieren: Für das Dorf Hundeluft gibt es nur eine Haupttelefonleitung zur Außenwelt. Trotzdem können viele Haushalte zur gleichen Zeit mit ihren Verwandten aus den

Nachbarorten telefonieren. Jeder bekommt immer eine gewisse Sprechzeit zugewiesen. Man merkt davon jedoch nix. Die Sprache kommt klar und deutlich rüber, weil die Unterbrechungen durch ausgefeilte Telefontechnik extrem kurzgehalten sind.

Die zukünftige Windowsprogrammierung stellt Euch also vor einige Hürden, die es mit Geduld zu überwinden gilt. Das hier angesprochene *„Multitasking“* kann sich jeder schon mal in seinem Hinterkopf einbrennen.

Es ist nicht unbedingt Grundlage für die Einsteigerprogrammierung. Doch schließlich wollt Ihr ja auch nicht immer nur kleine Pflanzen züchten. Also, dann ran an die nächsten Kapitel für Einsteiger.

# 19. Do ... While-Schleifen

## 19.1. Aufbau und Varianten

Schon wieder drehen wir uns im Kreis. Diese letzte große VB-Anweisung in diesem Buch kommt sicherlich am häufigsten zum Einsatz. Das wird schnell klar, wenn man sich nur einen einzigen Anwendungsfall vor Augen führt.

Mit dieser Schleifenart können nämlich Programmabschnitte wiederholt werden, bis eine oder mehrere Bedingungen eingetreten sind. Ein Computerspiel läuft beispielsweise so lange, bis der Spieler das Programm beendet. Prinzipiell funktionieren alle Anwendungen so.

Erst beenden, wenn der Anwender es auch will. Man könnte sagen, die *Do...While-Schleifen* sind die „äußersten" Rahmen eines Quellcodes. *„Mach mal so lange bis ..."*, würde die übersetzte Variante heißen. Doch der wichtigste Punkt zur Erläuterung ist der wirkliche Anwendungsfall. *Do...While-Schleifen* machen nur dann Sinn, wenn die Anzahl der Durchläufe vorher nicht bekannt ist!

Nehmen wir nun das Teil auseinander. Ähnlich wie bei der, in den vergangenen Kapiteln vorgestellten *For...Next-Schleife*, gehören auch hier wieder einige Schlüsselwörter untrennbar zusammen.

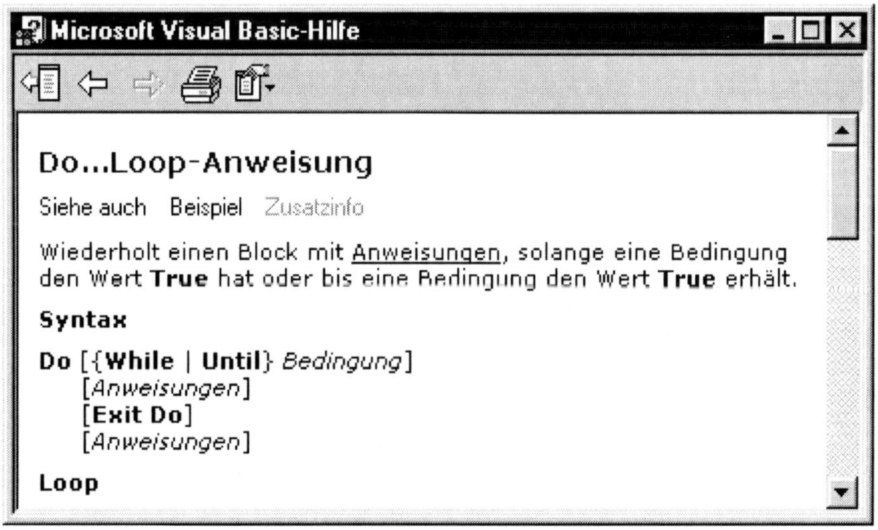


***Abb. 19-1:*** *Die neue Schleife in der Online-Hilfe*

Zur Einleitung der neuen Anweisung muss also ein ***„Do“*** stehen! Konzentriert Euch nun intensiver auf den Text der Hilfe, um herauszufinden, welche Bedeutung welches Schlüsselwort hat. Der senkrechte Strich zwischen ***„While“*** und ***„Until“*** bedeutet, Du kannst entweder das eine oder andere Wort verwenden. Danach folgt die Angabe der Schleifenbedingung. Der erklärende Text in der Hilfe liefert uns auch den wichtigen Hinweis, wie die Bedingungsanweisung ausgewertet wird.

Die Schleife läuft *„ ... so lange eine Bedingung den Wert* ***True hat*** *... “*, wenn wir das Wort ***„While“*** verwenden, oder *„ ... bis eine Bedingung den Wert* ***True erhält****.“*, gültig bei ***„Until“***. Ich gebe ja zu, dass nur Anwälte oder Politiker den Inhalt einer trivialen Sache noch besser verschlüsseln können. Darum nachfolgend ein kleines Beispiel zur Verdeutlichung der beiden Varianten.

```
01 Sub Zeitschleife()
02     Dim EndeZeit As Long
03     Dim Anzahl   As Long
04
05     EndeZeit = Timer + 5
06
07     Do While Timer < EndeZeit
08         Anzahl = Anzahl + 1
09     Loop
10
11     MsgBox "5 Sek brauchen " & CStr(Anzahl) & _
12            " Schleifenläufe!"
13 End Sub
```

***Listing 19-1:*** *Beispiel Do...While-Schleife*

Ich kann es mal wieder nicht sein lassen. Nun habt Ihr schon mit einer neuen Anweisung zu tun und ich packe noch mehr unbehandelte Funktionen ins Listing. Was ich Euch zeigen möchte ist so einfach, dass ruhig noch etwas dazugelernt werden kann. Das Beispiel in *Listing 19-1* beinhaltet die Variante *„Do While ... “*. Das bedeutet, sie läuft **solange** die angegebene Bedingung zutrifft. Unsere Bedingung lautet: „5 Sekunden“. Das Programm rotiert also fünf Sekunden und meldet sich dann mit einer MsgBox.

Das Wort **Timer** in Zeile [05] ist übrigens eine Funktion und **keine** Variable! Diese liefert die aktuelle Anzahl von Sekunden, die seit Mitternacht vergangen sind. Zu dieser Zahl addieren wir einfach fünf hinzu und schon ist der Zeitpunkt des Abbruchs bekannt! Wohlgemerkt ist dieser Zeitpunkt keine genaue Zeitangabe, sondern lediglich die Zeitspanne von „jetzt“ bis in 5 Sekunden. Nun wird die Bedeutung der Zeile [07] schon verständlicher. Zuvor merken wir uns den gewünschten Endwert in Zeile [05] und vergleichen diesen in jedem Schleifenlauf mit der aktuellen Sekundenzahl.

Jetzt kommt aber der Clou dieser kleinen Routine: Schätzt doch mal, bevor Ihr das Beispiel ausprobiert, wie oft diese Schleife durchlaufen wird. Ich kann es Euch auch nicht sagen! Das hängt nämlich von den Pferdestärken eures geliebten Rechners ab. Zur Überprüfung Eures Schätzwertes habe ich die Variable `Anzahl` eingebaut, die genau diese Zahl in Zeile [08] ermittelt und abschließend in der MsgBox Zeile [11] ausgibt. Der auszuführende Programmabschnitt muss also zwischen *„Do While ... "* und *„Loop"* stehen.

Die Meisten sind sicher erstaunt, was in dieser kurzen Zeitspanne vom Rechner geleistet wird. Bei eurem Bekannten mit einem langsamen PC müsste diese Zahl eigentlich kleiner sein. Genau so sind übrigens viele Benchmarkprogramme geschrieben; Die Testanwendungen, die der Überprüfung von Rechenleistungen dienen. Natürlich sind diese wesentlich komplexer und vielfältiger, das Prinzip stimmt aber überein.

Doch wir schweifen vom Thema ab. Was passiert nun, wenn wir jetzt anstatt *„Do While ... "* die Variante ***„Do Until ..."*** anwenden? Passt bitte in Zeile [07] von *Listing 19-1* das entsprechende Schlüsselwort an. Zuvor mussten wir fünf Sekunden auf das Ende warten. Doch mit dieser Variante kommt die Schlussmeldung sofort. Was ist passiert? Übersetzt heißt unsere Schleife nun *„Mach mal so lange, **bis** das zutrifft!"*. Und das tut es auch sofort! Das ist der kleine feine Unterschied!

## 19.2. Vorzeitiger Abbruch

Es macht hin und wieder Sinn, eine Schleife vor dem Eintreffen der ursprünglichen Bedingung zu verlassen. Bereits die *For...Next-Schleife* ließ dies mit dem Schlüsselwort `Exit For` zu. Unsere Programmierlogiker haben das vergleichbare Gegenstück für eine *Do...While-Schleife* sicher schon gefunden; Es schimpft sich `Exit Do`. Wer seine Hausaufgaben gemacht hat, benötigt hier sicher keine große Erklärung. Aber wie immer, wenn es nicht viel zu sagen gibt, bohren wir die Geschichte ein klein wenig auf.

Ich möchte Euch ein kleines Beispiel zeigen, das sich mit dem Thema „Verschachtelung" beschäftigt. Ihr wisst schon: *„Der Schrank hat eine Schublade. Darin befindet sich ein Schuhkarton. In diesem Karton liegt ein kleines Schächtelchen. Hier findet Ihr einen kleinen rosaroten Briefumschlag mit 500 Euro, die Ihr schon seit Ewigkeiten gesucht habt!"* Das nennt man verschachteln.

Übertragen auf eine *Do...While-Schleife* bedeutet dies, dass wir innerhalb einer Schleife eine weitere einbauen. Da die meisten Menschen aber nur über eine begrenzte Vorstellungskraft verfügen, sollte man auf viele (tiefe) Verschachtelungen generell verzichten.

```
01      Do While Irgendwas
02          ...
03          Do While Nochwas
04              ...
05              If Abbruch Then
06                  Exit Do
07              End If
08          Loop
09          ...
10      Loop
11      ...
```

***Listing 19-2:*** *Verschachtelte Schleifen*

Rückt man den Quellcode vernünftig ein, wie ich es im *Listing 19-2* getan habe, dann erkennt man leicht wohin der Sprung von `Exit Do` führt. Die Notausstiegsanweisung bezieht sich stets auf die Schleife, in der sich dieser Befehl befindet. Ein `Exit Do` springt also nicht nach Zeile [11], sondern eben zur Programmzeile, die dem Ende der innersten Schleife folgt; Zeile [09]!

Alles klar? Wie gesagt, der Trick besteht eigentlich nur darin, den Quellcode lesbar zu gestalten. Das gleiche Konzept kann auf die *For...Next-Schleifen* übertragen werden. Wieder ähneln sich die Abläufe und helfen somit, die Grundlagen schneller zu begreifen. An dieser Stelle verzichte ich auf weitere irreführende Beispiele und vertage diesen Punkt auf die vielen Projekte, die noch kommen werden.

Die Schleifenprogrammierung ist prinzipiell sehr einfach. Kompliziert wird die Sache meistens durch enorm kryptische Schleifenbedingungen und Verschachtelungen. In meiner Praxis habe ich schon die tollsten Schleifen gesehen. Man sitzt manchmal wirklich fünf Minuten vor der ersten Zeile der *Do...While-Schleife* und fragt sich, was einem der Programmierer damit sagen möchte. Eine klare Abbruchbedingung war jedenfalls nicht zu finden. Na ja, vielleicht kommt man da ja irgendwann mal wieder raus! Übrigens ist auch *Do...While* ein hervorragender Kandidat für eine Endlosschleife!

## 19.3. Zusammenfassung

Vielleicht bist Du schon ein kleiner VB-Guru und vermisst die langen, ausführlichen Anwendungsfälle mit *„While...Wend"*. Hierzu kann ich nur sagen: „Vergesst das Zeug!". Ich habe bereits an komplexen Warenwirtschaftsprogrammen gearbeitet und kam nie in die Verlegenheit, diese Schleifenform zu verwenden. Es lässt sich wirklich alles mit der *„Do...While"*-Form erschlagen. Im Gegenteil: Die seltene und irreführende Verwendung von *„While...Wend"* führt nur dazu, dass sich am Projekt beteiligte Programmierer in endlosen Entwirrversuchen verlieren.

Hat man sich einmal auf das Ablaufschema von *„Do...While“* gewöhnt, dann ist es schwer, sich plötzlich mit der anderen Form auseinandersetzen. Man muss nicht immer die ganze Palette ausreizen, um tolle Anwendungen zu erstellen. Wenig ist viel, nicht nur beim Kochen!

☑

- Mit ***Do...While-Schleifen*** können bestimme Programmabschnitte **beliebig** oft **wiederholt werden**.
- ***Do...While-Schleifen*** werden verwendet, wenn die Anzahl der Durchläufe zuvor **nicht** bekannt ist!
- Der **Abbruch** der Schleife wird mit einer **festgelegten Bedingung** in der ersten Zeile der Anweisungsgruppe definiert.
- Die Auswahl von **„*Do While*“** oder **„*Do Until*“** ist entscheidend für die Auswertung der Abbruchbedingung.
- Aus Rücksicht auf andere Programmierer verzichte ich auf die Verwendung von **„*While...Wend*“**, weil das nur verwirrt und ich mit **„*Do...While*“** die gleichen Fälle erschlagen kann.*****

** Anmerkung des Autors:*
*„Freiwillige Spaß-Verzichtserklärung zur Wahrung von lesbarem Quellcode“*

# 20. Gültigkeitsbereich von Variablen

## 20.1. Worum geht es eigentlich

Für die kommenden Kapitel solltet Ihr schon einmal mit der *Modulverwaltung* eures VB-Editors herumgespielt haben. In den ersten Kapiteln bin ich auf dieses Thema eingegangen. Im Prinzip ist es fürchterlich einfach. Selbst wenn Ihr in MS-Word oder MS-Excel Eure bisherigen Beispiele programmiert habt, dann ist der erste Kontakt mit Modulen bereits hergestellt. Denn auch dort wird der Quellcode standardmäßig in Modulen abgelegt.

Also, dann können wir ja loslegen. Wie Ihr wisst, dreht sich alles um Variablen. Ohne die geht nun mal nix und darum gibt es einige Regelungen, die den Umgang mit Variablen beschreiben. Eine Regel ist die Sichtbarkeit oder auch **Gültigkeit der Variablen**. Um den Sinn dieser Gültigkeitsregeln verstehen zu können, bedarf es einiger kleiner Vorbereitungen.

Regeln werden meistens geboren, wenn es Probleme gegeben hat. Das Problem der Variablen ist: sie verbrauchen kostbaren Speicherplatz. Da die meisten Programme sehr viele Variablen benötigen, würde es ohne eine vernünftige Regelung zu großen Speicher-verschwendungen kommen. Unabhängig ob der Speicher heute vielleicht in größeren Mengen zur Verfügung steht als in früheren Zeiten!

Ressourcen sind stets relativ zu betrachten. Schließlich kann man auch Anwendungen erstellen, die locker 128 MB RAM auffressen! Stellt Euch nur mal ein Actionspiel vor. Es braucht Variablen zur Ermittlung von Bewegungsabläufen, Spielerpositionen und Punkte-zwischenständen. Auch für die Highscore-Liste sind Variablen nötig.

Aber erst zum Schluss, wenn das Spiel gar nicht mehr läuft und der Spieler nur diese Liste sehen möchte, muss man auf die Highscore-Variablen zugreifen können. Es wäre also von vornherein Verschwendung, wenn diese Highscore-Variablen gleich zu Beginn des Programmstarts erzeugt werden würden!

Die andere Seite zur Vorbereitung dieses Kapitels ist die Tatsache, dass wir unsere Prozeduren auf viele ***Module*** verteilen können. Der Quellcode ist somit in verschiedenen Dateien gespeichert, die durch eine ***Projektdatei*** organisiert und zu einer Anwendung zusammengepackt werden. In allen Modulen wimmelt es nur so von Variablen, die alle irgendwo ihre Verwendung finden. Oft ist es so, dass man schon mächtig raten muss, ob die eine oder andere Variable nur hier oder auch dort gebraucht wird.

Ein derartiger *„Wildwuchs“* macht den Quellcode unleserlich. In Programmiererteams läuft es in der Regel dann folgendermaßen ab: Der Eine, der das Programm eines Anderen anpasst, lässt aus Unwissenheit lieber eine unbekannte Variable stehen, als diese zu löschen. Er könnte ja vielleicht einen später auftretenden Programmfehler verursachen. Das Ergebnis ist eine liebevolle, langjährige Züchtung von aufgeblähten, mit unsinnigen Variablen verstopften Computeranwendungen.

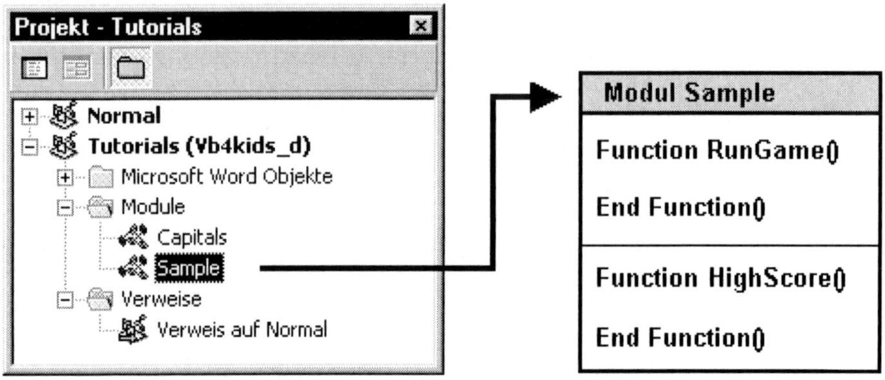


***Abb. 20-1:*** *Projektexplorer in* ***Microsoft Word***

Wie man sieht gibt es kaum Unterschiede beim Projektexplorer zwischen der Word-Entwicklungsumgebung und dem Editor von *MS-Visual Basic*. Wo **Modul** draufsteht, ist auch **Modul** drin! In Word werden die Module innerhalb des Dokuments gespeichert („*.DOC“ oder „*.DOT“). In VB kann man jedoch einzelne Module als eigenständige Dateien einbinden („*.BAS“).

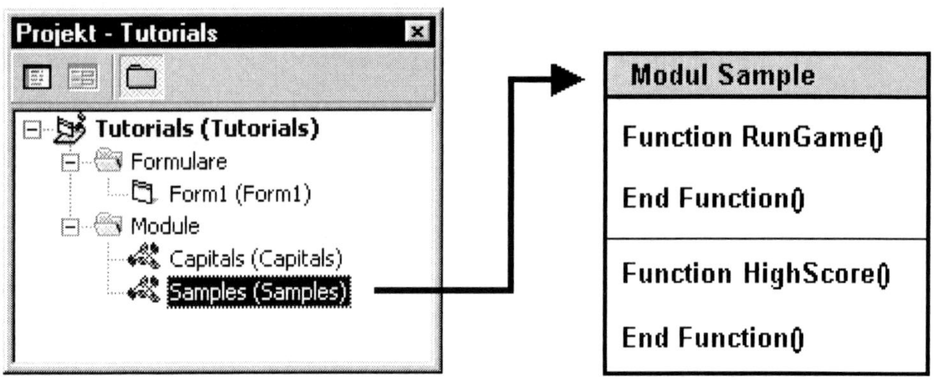


***Abb. 20-2:*** *Projektexplorer in* ***MS-Visual Basic***

Wir erinnern uns, dass ein Projektexplorer im Editor alle zum Programm gehörenden Module in einer so genannten Baumstruktur darstellt. Der Aufbau dieser Projektansicht ist in *Microsoft Word* und *Microsoft Visual Basic*, abgesehen von einigen anwendungstypischen Unterschieden, gleich. So gibt es in *Microsoft Word* z. B. einen Verweis auf die *Normal.dot* (siehe *Abb. 20-1*). Solch ein Eintrag ist im direkten Visual Basic-Entwicklungswerkzeug natürlich unsinnig! Doch **Module** finden wir auf beiden Seiten wieder und genau darum geht es uns letztendlich.

Wir haben also die Möglichkeit, mehrere Module im Projekt zu erzeugen. *Jedes Modul hat seine eigenen Prozeduren, die auch Variablen brauchen.* Die Gültigkeit dieser Variablen soll letztendlich Thema dieses Kapitels sein. Abschließend zur Einleitung - hört sich lustig an - noch einmal der Sinn der ganzen Geschichte:

**„Wir müssen Variablengültigkeiten eingrenzen, damit man überhaupt noch durch die vielen Module blicken kann und das Chaos ein wenig besser versteht.“**

## 20.2. Option Explicit – Deklarationen erzwingen

Einmal mehr eine tolle Variante in Visual Basic, die viel Verwirrung stiftet. Man kann sich tatsächlich selber zwingen, etwas beim Schreiben von Programmen zu tun, dass man ansonsten vermutlich nicht getan hätte. Wir sprechen hier über *Deklarationen von Variablen*. Faule Programmierer können nämlich bei der Erzeugung von Prozeduren auf die Angabe von *„Dim ... As ...“* durchaus verzichten. Die Erzeugung von Variablen geschieht dann automatisch, wenn sie das erste Mal angesprochen werden.

Diese Variante ist möglich, wenn als erstes die Zauberformel ***Option Explicit*** im Modul steht. Vielleicht dem Einen oder Anderen von Euch schon mal aufgefallen, aber stets rücksichtslos ignoriert. Diese Angabe besagt lediglich, dass, bevor eine Variable im Code verwendet werden kann, diese zuvor mit einer Deklaration genau beschrieben sein muss! Ansonsten wird sich das Run-Time bereits vor dem Start des Programms mit einem Fehler bei Euch melden!

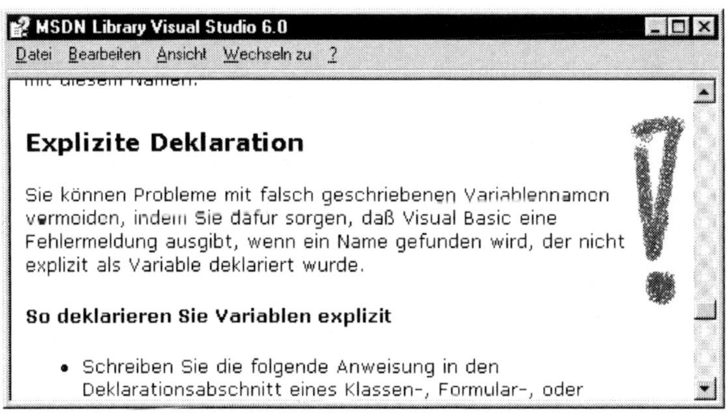


***Abb. 20-3:***
*Einen wichtigen Hinweis zur **Option Explicit** findet man in den Untiefen des MSDN*

**FALSCH**

```
Option Explicit

Sub NurSoEineProzedur()
    nZahl1 = 2
    nZahl2 = 4
    MsgBox CStr(nZahl1 + nZahl2)
End Sub
```

**RICHTIG**

```
Option Explicit

Sub NurSoEineProzedur()
    Dim nZahl1 As Integer
    Dim nZahl2 As Integer

    nZahl1 = 2
    nZahl2 = 4
    MsgBox CStr(nZahl1 + nZahl2)
End Sub
```

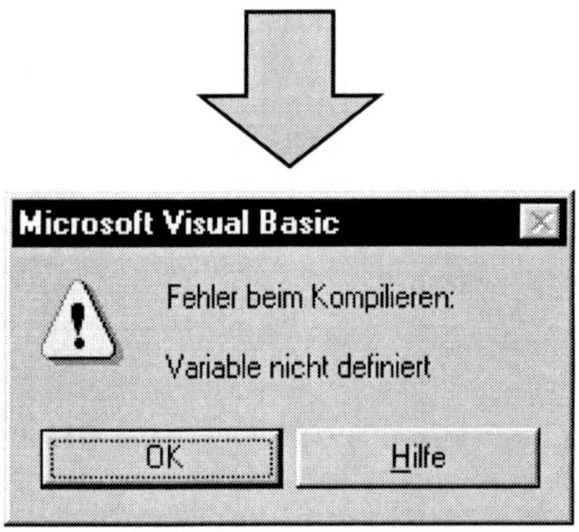


***Abb. 20-4:***
*Nur deklarierte Variablen dürfen im Quellcode vorhanden sein! Es sei denn, die **Option Explicit** wird aus dem Modul entfernt.*

Nur noch mal zum Verständnis. Die beiden Schlüsselwörter ***Option Explicit*** müssen als Erstes zu Beginn eines jeden Moduls stehen. Diese Anweisung bewirkt, dass nur Variablen im Quellcode verwendet werden dürfen, die explizit mit einer ***Dim-Anweisung*** beschrieben sind. Bei den Visual Basic-Paketen ist diese Option standardmäßig aktiviert.

Doch auch die Office-Freaks können in den Genuss dieser Serviceleistung von VB kommen. Den entsprechenden Knopf findet man in einem speziellen Dialogfenster (siehe auch *Abb. 20-5)* unter dem Menüpunkt *„Extras→ Optionen"* des Programmeditors. Aktiviert die Option und bei jedem neu erstellten Modul fügt die Entwicklungsumgebung dann die Anweisung ***Option Explicit*** automatisch ein. Für Vergessliche eine vortreffliche Stütze!

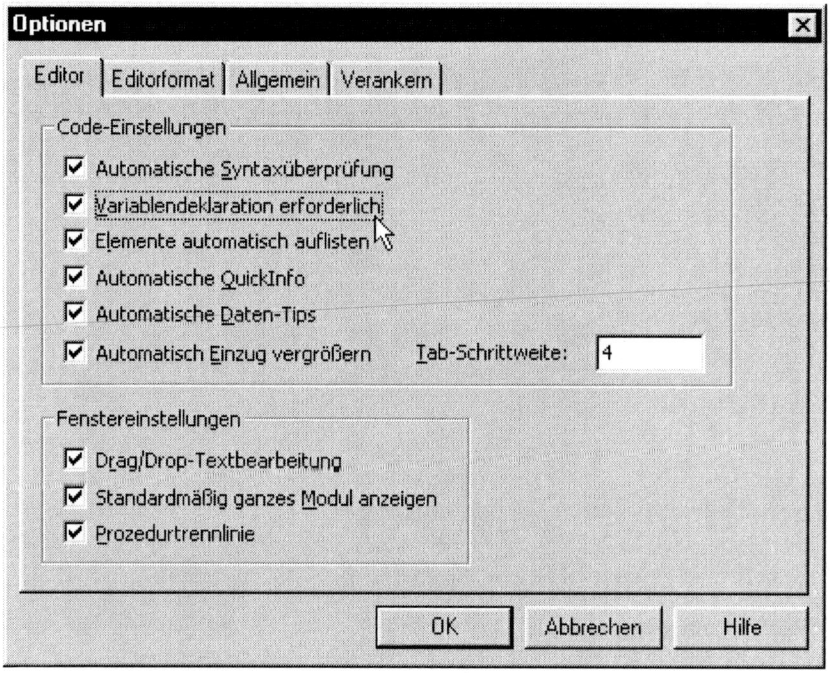


***Abb. 20-5:*** *Aktivierung von „Option Explicit“ in VBA*

Mal ganz interessant, sich die vielen kleinen Schalter anzusehen, die entscheidend auf das Verhalten Eures VB-Editors einwirken. Übrigens solltet Ihr die „Tab-Schrittweite“ am besten mit dem vorbelegten Wert 4 stehen lassen. Diese Zahl bestimmt, wie viele Leerzeichen beim Drücken der Tab-Taste im Quellcode erzeugt werden. Wenn alle Programmierer auf der Welt diesen Wert belassen, dann ist auch das Quellcode-Bild beim Austauschen von Programmen auf jedem Rechner gleich! Doch das nur am Rande.

## 20.3. Was ist ein Deklarationsabschnitt?

In der Online-Hilfe und vielen anderen Dokumentationen (auch bei mir) stößt man beim Thema Variablen unweigerlich auf den Begriff Deklaration und **Deklarationsabschnitt**. Eine Deklaration kennt Ihr ja inzwischen. Sie ist die Anweisung, die eine Variable erzeugt und dieser einen bestimmten oder auch unbestimmten Typ zuordnet. Ergo muss ein **Deklarationsabschnitt** der Ort sein, wo genau diese Erzeugung passiert. Aber wo ist diese Stelle?

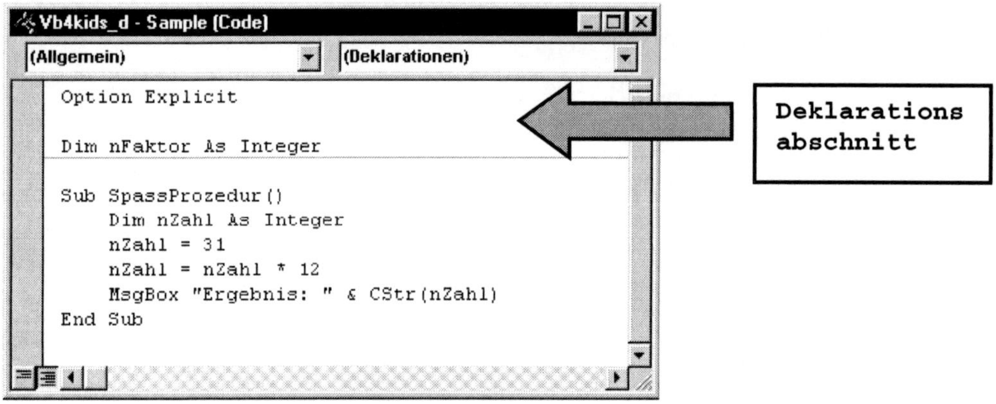


***Abb. 20-6:*** *Eine einfache Modulansicht*

In *Abb. 20-6* seht Ihr ein einfaches Modul mit einer Prozedur. Der VB-Editor macht uns das Auffinden des Deklarationsabschnittes recht einfach. Alles bis zur ersten horizontalen Linie in diesem Modul schimpft sich **Deklarationsabschnitt**. Hier werden also Variablen erzeugt.

**Innerhalb von Prozeduren können Variablen in jeder Zeile erzeugt werden.** Wie ich finde, eine sehr lockere Regel in Visual Basic. Es ist wesentlich übersichtlicher, alle Variablen im zentralen Kopfbereich zu definieren. Oft werden Deklarationen an vielen Stellen innerhalb einer Prozedur verwendet, weil man eben schnell mal eine neue Variable braucht. Später ist es ganz schön mühsam einen Überblick über alle verwendeten Variablen in dieser Prozedur zu erhalten.

Die Folgen sind oft unsinnige Variablen, die im Prinzip durch eine einzige ersetzt werden könnten. Zu jedem Kontra gibts jedoch auch ein Pro. Darum kann man diese Form der Deklarationen innerhalb von Prozeduren nicht generell anschimpfen. In der nächsten Version von Visual Basic, in VB- Net, wird diese Eigenart weitergepflegt.

Der Clou einer späteren Deklaration einer Variablen besteht darin, dass diese auch wirklich erst dann erzeugt wird, wenn unser Run-Time auf diese Anweisung trifft. Das mag für Einsteiger einleuchtend klingen: *„Warum sollte eine Anweisung auch ausgeführt werden bevor der Programmzeiger daraufstößt?“*

In den meisten Programmiersprachen werden die Variablen aber gleich zu Beginn der Prozedur erzeugt. Wenn Ihr die Deklaration in Visual Basic an einer späteren Stelle im Programm stehen habt, vielleicht sogar innerhalb einer IF-Verzweigung, dann wird diese später oder erst gar nicht erzeugt. Hat also auch eine gewisse Sparfunktion. Ich bin jedoch ein Verfechter von Quellcode-Übersichtlichkeit und mag Euch daher eher zur Variante raten, die alle Variablen im Kopfbereich der Prozedur anlegt.

```
01 Sub NurSoEineProzedur()
02     Dim nZahl1 As Integer
03     nZahl1 = 2
04
05     Dim nZahl2 As Integer
06     nZahl2 = 4
07
08     MsgBox CStr(nZahl1 + nZahl2)
09 End Sub
```

***Listing 20-1:*** *Deklarationen mitten in der Prozedur sind in VB auch erlaubt!*

In diesem Listing ist deutlich zu erkennen, dass nach einer Anweisung Zeile [03] durchaus eine weitere Deklaration stehen darf Zeile [05]. Übringens trifft dies auch auf Kostanten zu.

Soviel zum Deklarationsbereich. Sicher eine langweilige Thematik. Viele von Euch sind vermutlich dazu geneigt, diese „uncoolen" Seiten flüchtig zu überfliegen. Doch wartet nur ab; Diese blöden Deklarationsregeln holen jeden immer wieder ein, der sich mehr mit der Programmierung beschäftigt!

Setzen wir dem Ganzen noch die Krone auf. Was ein Deklarationsabschnitt ist, scheint jetzt klar zu sein. Aber zwischen welchen Arten von diesen Deklarationsbereichen unterscheidet VB eigentlich? Wir haben Glück! Es sind gerade mal zwei Bereiche. Einmal gibt es einen **Deklarationsabschnitt innerhalb eines Moduls** und einmal **innerhalb von Prozeduren**.

Auch die Online-Hilfe hat hier einiges zu bieten. Allerdings mehr für diejenigen von Euch, die sich die Visual Basic-Standard- oder Professional-Edition erstanden haben. Mit diesen Entwicklungspaketen erhaltet Ihr auch das MSDN (**M**icrosoft **D**eveloper **N**etwork). Darin enthalten sind die VB 6.0 Online-Hilfe und eine Sammlung unzähliger, nützlicher Tutorials, Samples und Tipps.

## Das MSDN ist die Bibel der Windows-Programmierer!

Was hat also dieses MSDN zum angesprochenen Thema **Gültigkeitsbereiche** zu sagen? Hier für Neugierige mal ein Blick in die Untiefen dieser mächtigen Wissenssammlung:

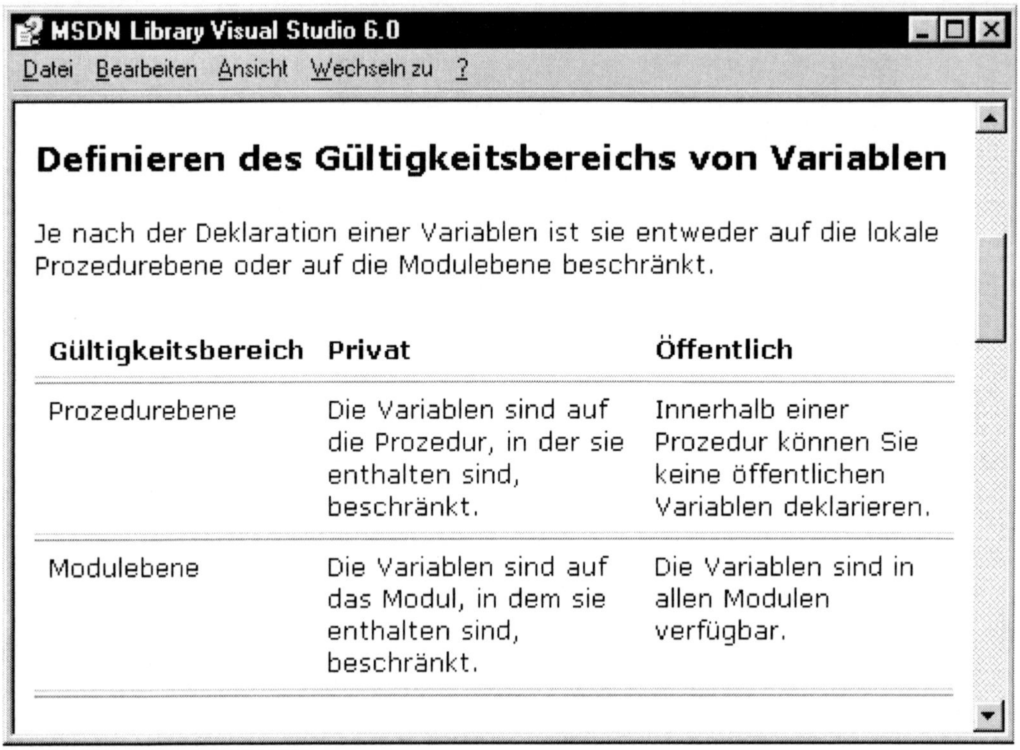


| Gültigkeitsbereich | Privat | Öffentlich |
|---|---|---|
| Prozedurebene | Die Variablen sind auf die Prozedur, in der sie enthalten sind, beschränkt. | Innerhalb einer Prozedur können Sie keine öffentlichen Variablen deklarieren. |
| Modulebene | Die Variablen sind auf das Modul, in dem sie enthalten sind, beschränkt. | Die Variablen sind in allen Modulen verfügbar. |

***Abb. 20-7:*** *Erklärung zum Gültigkeitsbereich aus dem MSDN*

Zwei Dinge, die es gilt sich einzuprägen: Es ist ganz entscheidend, wo die Deklaration `"Dim...As..."` im Quellcode steht! Entweder auf Prozedurebene oder auf Modulebene. Des weiteren kann die Variable auf diesen Ebenen entweder **„lokal“** oder **„öffentlich“** sein. Was das genau bedeutet, klären wir jetzt ...

## 20.4. Lokale (private) Variablen

In nachfolgenden *Listing 20-2* findet Ihr hierfür ein typisches Beispiel. Die Hauptprozedur `PassGenerator()` hat nur Zugriff auf die Variablen `nLoop` und `sPass`. Beim Versuch auf `nCode` zuzugreifen, würde es in `PassGenerator()` unweigerlich zu einer Fehlermeldung von VB kommen! In der Prozedur `GetNewChar()` ist nur der Inhalt von `nCode` und die Parametervariable `sChars` verfügbar:

```
01 Sub PassGenerator()
02     Dim nLoop As Integer
03     Dim sPass As String
04
05     For nLoop = 1 To 10
06         sPass = GetNewChar(sPass)
07     Next
08     MsgBox "Passwort: " & sPass, vbInformation
09
10 End Sub
11
12 Function GetNewChar(sChars As String)
13     Dim nCode As Integer
14     Randomize -1
15     nCode = Int(Rnd() * 25) + 65
16     GetNewChar = sChars & Chr(nCode)
17 End Function
```

***Listing 20-2:*** *Lokale Variablen auf Prozedurebene deklariert*

Erklärung:

Allgemein:
Das Hauptprogramm heißt: `PassGenerator()`. Hier wird ein Passwort durch den Aufruf der Unterfunktion `GetNewChar()` zusammengebaut.

Zeile 15:
Diese Zeile ist der Schlüssel zur Passworterzeugung. Mit der Zufallsfunktion holen wir uns den Code eines Großbuchstaben. Jedes Zeichen ist in der Computerwelt codiert und unsere Großbuchstaben beginnen ab Code 65. Die Spanne von A-Z ist dabei 25 Zeichen lang. Schwupps haben wir eine kleine Zauberformel, um zufällig ein paar Buchstaben zusammenzubasteln.

Zeile 16:
Die Visual Basic-Funktion `Chr()` wandelt den ermittelten Zeichencode in ein brauchbares Zeichen um, wie wir es kennen. Diese wird dann mit dem bereits existierenden Passwortabschnitt verbunden. Somit liefert diese Funktion das komplette Passwort zurück, zumindest die Zeichen, die bis hier generiert wurden.

Obwohl nun `PassGenerator()` im selben Modul wie `GetNewChar()` steht, kann diese nicht auf die Variable `nCode` zugreifen. Versucht doch einmal mit einem neuen MsgBox-Befehl die Variable `nLoop` aus der Prozedur `GetNewChar()` heraus aufzurufen! Klar, geht natürlich nicht! Jede **lokale Variable** ist eben nur in seinem kleinen „Universum“ sichtbar. Es kann die Grenzen der eigenen Prozedur nicht ohne weiteres überschreiten!

Alle im *Listing 20-2* verwendeten lokalen Variablen sind auf **Prozedurebene** deklariert worden. In *Abb. 20-7* wird **„lokal“** mit dem Begriff **„privat“** gleichgesetzt. Lediglich eine kleine Wortspielerei! Doch anhand der dort abgebildeten Tabelle kann die eben beschriebene Gültigkeitsregel spielend selbst ermittelt werden.

Fehlt uns noch ein kleines Beispiel zur Deklaration von Variablen auf Modulebene. Dazu habe ich den Passwortgenerator einfach ein wenig umgeschraubt. Macht Euch über die (un)sinnvolle Logik hier keine Gedanken. Genießt einfach die Klarheit der Darstellung:

```
Option Explicit

Dim sPass As String

Sub PassGenerator()
    Dim nLoop As Integer

    For nLoop = 1 To 10
        GetNewChar
    Next
    MsgBox "Passwort: " & sPass, vbInformation

End Sub

Sub GetNewChar()
    Dim nCode As Integer

    Randomize -1
    nCode = Int(Rnd() * 25) + 65
    sPass = sPass & Chr(nCode)
End Function
```

***Listing 20-3***: *lokale Variablen auf Prozedur- und Modulebene*

Was ist hier passiert? Wie zuvor bleiben die Variablen `nLoop` und `nCode` auf ihre Prozeduren beschränkt. Aber `sPass` befindet sich im Deklarationsbereich des Moduls also auf **Modulebene**. Sie kann somit nicht auf einen Prozedurbereich beschränkt sein! Also bleibt nur das gesamte Modul als Gültigkeitsbereich übrig. Das wiederum bedeutet, alle anderen Prozeduren innerhalb dieses Moduls können nun auf die Variable `sPass` zugreifen.

## 20.5. Public (öffentliche) Variablen

Der Gültigkeitsbereich von öffentlichen Variablen beschränkt sich nicht mehr auf ein einziges Modul. Vielmehr haben alle anderen Module innerhalb des Projekts Zugriff auf dessen Inhalt. Wann setzt man also **Public-Variablen** ein? Genau: Wenn mehrere Module auf eine bestimmte Variable Zugriff haben müssen.

Wir haben übrigens Glück. Öffentliche Variablen können nur im Deklarationsbereich eines Moduls und nicht innerhalb einer Prozedur erzeugt werden. Lässt sich sicherlich leichter merken. Somit wäre auch der dritte Fall in *Abb. 20-7* erwähnt.

Das dort abgebildete Schema solltet Ihr Euch am besten ausschneiden und über dem Bett an der Decke aufkleben. Bei Altbauwohnungen empfiehlt sich hierbei der Einsatz eines Opernglases, weil sonst wegen zu großer Raumhöhe die Augen zu stark beansprucht werden.

Ein kleines Beispiel:

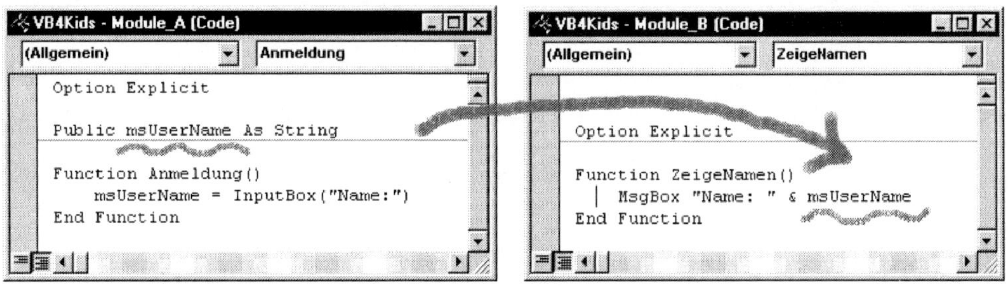


***Abb. 20-8:*** *Eine Public-Variable ist modulübergreifend sichtbar*

Mit dem Schlüsselwort `Public` anstatt `Dim` befreien wir also die erzeugte Variable von ihrer „modularen Gefangenschaft“. Sie kann in jedem anderen Modul verarbeitet werden. In *Abb. 20-8* sind zwei Module `Module_A` und `Modul_B` abgebildet. Beide haben sinngemäß mit einer Anmeldeprozedur zu tun. Trotzdem stehen die entsprechenden Prozeduren getrennt voneinander.

Da beide aber auf den Benutzernamen zugreifen müssen, gibt es die entsprechende Variable im öffentlichen Speicherbereich des Projektes. Es ist dabei völlig unerheblich in welchem Modul die Variable `msUserName` deklariert wurde. Hauptsache sie ist **Public**!

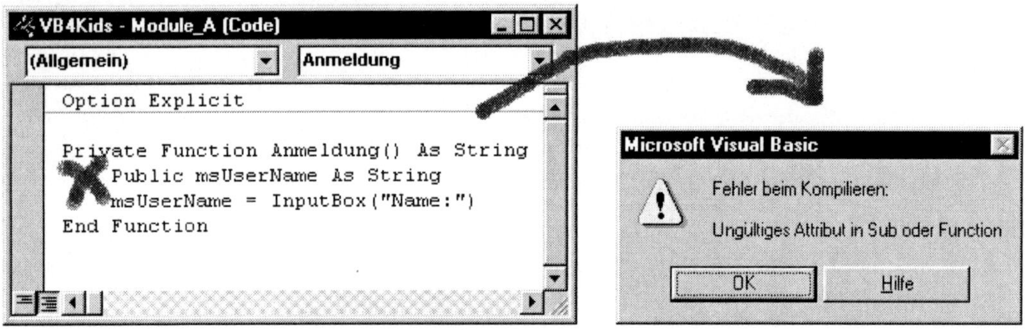


***Abb. 20-9:*** *Eine Public-Variable innerhalb einer Prozedur gibts nicht!*

Falls Ihr die verbotene Variante von Public-Variablen schon jetzt vergessen habt, dann wird Euch die automatische Quellcodeprüfung schnell auf das Missgeschick hinweisen!

## 20.6. Zusammenfassung

Dieser kurze Überblick war sicher eines der langweiligsten Dinge, die Ihr bisher habt lernen müssen. Es gibt eben auch hin und wieder kalte Bockwurst mit Zuckerpanade. Aufmerksame Leser mit Vorkenntnissen vermissen vielleicht noch zwei wichtige Kleinigkeiten, die in diesem Kapitel von mir einfach unterschlagen wurden. Es handelt sich um die Deklarationsformen:

```
Private ... As ...    und
Static  ... As ...
```

Begründung der geizigen Haltung meinerseits: Beim Schlüsselwort **Private** handelt es sich um eine Kopie von: `Dim ... As ...`. Daher vergesst es einfach. Ich ertappe immer wieder einige Jünger, die händeringend nach einem Unterschied zwischen *Private* und *Dim* suchen. Visual Basic empfiehlt laut Online-Hilfe sogar den Begriff *Private*, um Verwechslungen mit öffentlichen und privaten Variablen zu vermeiden.

Ich empfehle Euch: *„Vergesst Private und Ihr müsst Euch nur zwei Deklarationsformen merken:* ***Public*** *und* ***Dim****!“*. Wieder was gespart! Der Hintergrund von Visual Basic ist dabei gar nicht mal so dumm. Gerade Anfängern soll mit derartigen Begriffen der Einstieg in die Programmierung erleichtert werden. Manchmal werdet Ihr jedoch sicher unterschätzt. Weniger ist manchmal mehr ...

Zum anderen Thema **„Static-Variablen“** möchte ich auf etwas fortgeschrittene Zeiten verweisen. Derartige Variablen bleiben, kurz gesagt, für den Rest der Lebenszeit des Programms erhalten, wenn diese einmal erzeugt wurden. Anwendungen hierfür sind an dieser Stelle jedoch etwas verwirrend. Mit dem jetzigen Stand seid Ihr sicherlich in der Lage, auch ohne diese Spezial-Deklaration auszukommen.

☑

- Der Schalter ***Option Explicit*** zu Beginn eines Moduls **zwingt** den User **zur Angabe einer Deklaration** zu jeder verwendeten Variable
- Ein ***Deklarationsbereich*** bezeichnet den Platz innerhalb eines Moduls, der als erster Bereich mit Code gefüllt werden kann. Er befindet sich stets vor der ersten Prozedur!
- Variablendeklarationen unterscheidet man nach ***Public*** (öffentlich) oder ***Local*** (private)
- Mit ***Dim ...*** werden **lokale Variablen** erzeugt. Sie sind **nur innerhalb** ihrer **Prozedur oder des Moduls** sichtbar, in dessen Deklarationsbereich sie definiert sind.
- Öffentliche Variablen erkennt man an der Anweisung ***Public ...*** im Deklarationsbereich eines Moduls
- ***Public-Variablen*** sind **über die Grenzen des Moduls hinweg sichtbar** und können von Prozeduren in anderen Modulen bearbeitet werden.
- Innerhalb einer Prozedur sind Public-Variablen nicht zulässig!

# 21. Sichtbarkeit von Prozeduren

## 21.1. Organisieren von Funktionen

Variablen verbrauchen Ressourcen und müssen daher intelligent verwaltet werden. Mit den **Subs** und **Functions** in Visual Basic sieht es ähnlich aus. Der technische Hintergrund zur Notwendigkeit der verschiedenen Arten von Prozedurdeklarationen sieht ziemlich kompliziert aus. Daher stellt Euch die grobe Problematik folgendermaßen vor:

Wenn Euer erträumtes Adventure-Game mit Internetfunktionalität endlich fertig ist, dann steht Ihr vor einem Bollwerk von Hauptroutinen, Hilfsfunktionen und anderem Schnickschnack. Viele dieser Funktionen sind logischerweise voneinander abhängig. **Sie müssen von ihrer Existenz untereinander wissen!**

Niemand will sich aber der übermenschlichen Anstrengung aussetzen, alle Prozeduren und deren Sinn im Kopf zu behalten. Darum gibt es Module als Werkzeug zur Katalogisierung und Anordnung von Funktionsgruppen. In einem Modul stehen Prozeduren zur Internet-Verbindungsverwaltung, im anderen findet man alles zur Steuerung der Bildschirmanzeige usw.

Diese Gruppierung macht deutlich, dass sich nicht alle Prozeduren untereinander sehen können müssen. Also gibt es **öffentliche** und **private** Prozeduren. Die Vorarbeit zum Verständnis dieser Deklarationsformen habt Ihr bereits mit dem vorherigen Kapitel erledigt. Wissen ableiten und zur Erforschung neuer Probleme anwenden – beim Lernen einer Programmiersprache immer topaktuell!

Noch ein kleiner Hintergrund zum Ablauf bei der Prozedurverwaltung. Unser Run-Time muss zu jeder Zeit über alle öffentlichen Subroutinen und Funktionen Bescheid wissen! Daher gibt es eine für uns unsichtbare interne Liste aller im Projekt existierenden Prozeduren. Diese Liste ist jedoch in verschiedene Teile zerrissen. Uns braucht das nicht zu interessieren. Visual Basic kümmert sich schon darum.

Deklariert Ihr aber Prozeduren nur dann als öffentlich, wenn es wirklich notwendig ist, so kommt dies einer optimierten Programmerzeugung sehr entgegen. Visual Basic hat in diesem Zusammenhang einen enormen Vorteil für Anfänger. Wenn Ihr beispielsweise einen Funktionsaufruf geschrieben habt, der keiner bekannten öffentlichen Prozedur zugewiesen werden kann, dann schimpft der Compiler (Übersetzer) von VB bevor das Programm überhaupt erst gestartet werden konnte!

*„Big Brother is watching you!“*. Tatsächlich beobachtet der VB-Editor jeden Euer Tastenanschläge und mahnt zur Vorsicht, meistens sofort oder spätestens beim Startversuch. Kleine Sünden bei der Beachtung der Syntaxregeln und vieles mehr sind somit Tabu.

## 21.2. Öffentliche und private Prozeduren

Wir erschlagen beide Varianten gleich mit einem Kapitel. Ihr werdet mit dem Verstehen sicher keine Probleme haben. In *Abb. 21-1* sind beide Deklarationsformen zu finden. Ein ganz triviales Anfangsszenario einer Anwendung, die sofort nach dem Start den Benutzer zur Eingabe seines Namens auffordert und diesen anschließend anzeigt.

Auf der linken Seite im `Modul_Main` steht die Hauptroutine `Main()` und eine Unterfunktion `UserLogin()`. Da `UserLogin()` nur von `Main()` aufgerufen werden soll, ist sie als ***Private*** deklariert. Keine andere Prozedur muss also auf `UserLogin()` zugreifen können. Mit der Prozedur `ShowUserName()` sieht es anders aus. Diese Routine in `Module_Show` soll später anderen Programmteilen zur Verfügung stehen. Daher deklarieren wir diese Subroutine als ***Public***!

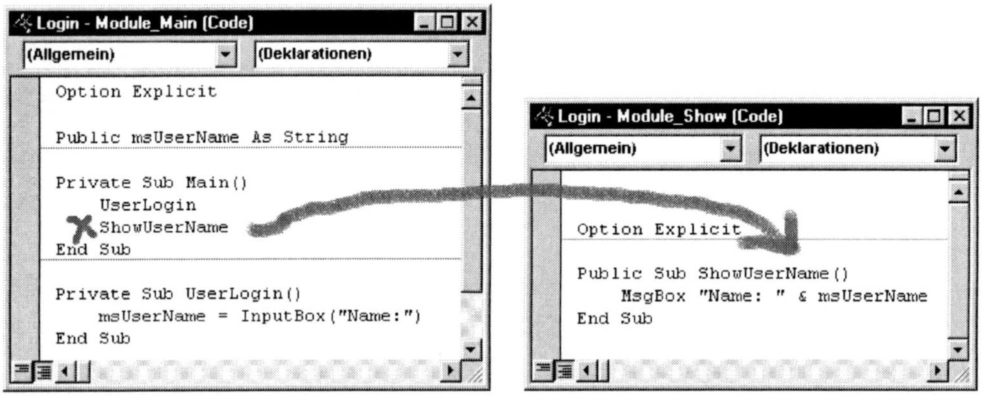


***Abb. 21-1:*** *Public-Prozeduren als öffentliche Anlaufstelle*

In kleinen Projekten wie diesem ist es schwer, eine sinnvolle Erklärung zur Verwendung von *Private* oder *Public Prozeduren* zu finden. Schließlich könnten wir im Beispiel aus *Abb. 21-1* alle Prozeduren als *Public* definieren oder alle Prozeduren als *Private* in einem Modul gemeinsam verwalten. Das würde auch funktionieren! Der Sinn ist jedenfalls klar oder? Später können wir uns noch einmal in größeren Anwendungen mit diesem Thema auseinandersetzen.

Prozeduren können durch vier Varianten deklariert werden. Eine dieser Varianten hat wieder mit dem Schlüsselwort *Static* zu tun - darum eigentlich nur drei! Wie Euch bereits aufgefallen ist, habe ich in diesem Lernstadium nicht viel für „Static-Geschichten“ übrig. Vergesst diese Möglichkeit erst einmal. Also einigen wir uns auf drei:

| | | |
|---|---|---|
| ① | `Function ShowUserName()` | private Prozedur |
| ② | `Private Function ShowUserName()` | private Prozedur |
| ③ | `Public Function ShowUserName()` | öffentliche Prozedur |
| ④ | *`Static Function ShowUserName()`* | *(nicht beachten)* |

Punkt ① und ② haben die selbe Bedeutung. Lässt man das Schlüsselwort *Private* oder *Public* weg, dann wird diese Prozedur standardmäßig als ***Private*** deklariert! Punkt ③ zeigt die öffentliche Variante, die eine modulübergreifende Prozedur beschreibt. Mehr gibt es gar nicht zu berichten.

## 21.3. Zusammenfassung

Die Private- und Public-Problematik war ja nun wirklich nicht sehr schwer. Abschließend möchte ich jedoch noch auf den wirklich wichtigen Aspekt der Organisation von Prozeduren in Modulen erinnern. Klar möchte jeder von Euch seinen Gedankenblitz sofort in Quellcode umsetzen. Dazu gehört fachmännischerweise auch die Überlegung, welche der vielen Funktionen in einheitliche Gruppen zusammengefasst werden können.

Steht diese Gruppierung einmal fest, dann fällt es auch leicht zu definieren, welche Prozeduren überhaupt öffentlich sein müssen. Wie Papas Büro: Jedes Schriftstück findet seinen Platz im entsprechenden Aktenordner. Betrachtet also die Module von Visual Basic als vortreffliche Möglichkeit, eure Anwendungen professionell zu ordnen.

☑

- Prozeduren können ***privat*** oder ***öffentlich*** sein.
- Mit dem Schlüsselwort ***Private*** werden private (lokale) Prozeduren deklariert. Sie sind **nur innerhalb ihres Moduls sichtbar**.
- **Ohne** explizite **Angabe** von *private* oder *public* gilt die Prozedur **standardmäßig** als **privat** deklariert.
- Mit dem Schlüsselwort **Public** macht man eine **Prozedur öffentlich**. Sie kann von allen anderen Modulen im Projekt verwendet werden.

14
3
5
8
26
7

# 22. Programmbeispiel „Sortiermaschine“

## 22.1. Projektvorbereitung

Lasst uns endlich mal wieder richtigen Code schreiben. War ja anstrengend genug das ganze Zeug um „öffentlich oder nicht öffentlich“. Als Abschlussbeispiel habe ich mir eine Funktion herausgesucht, die wohl auch zum Einmaleins des Programmierens zählt. Wir erstellen uns eine Anwendung die vom Benutzer eingegebene Werte der Reihe nach sortiert.

Zur lästigen Vorarbeit gehört an dieser Stelle natürlich wieder der Ablaufplan, der uns einen ersten Überblick verschafft. Was gehört also dazu? Zunächst soll es dem Benutzer möglich gemacht werden, eine bestimmte Anzahl von Werten einzugeben.

Wenn dieser Vorgang abgeschlossen ist, geht es ans Sortieren der ganzen Sammlung. Diese Arbeit übernimmt eine spezielle Unterfunktion. Als Ergebnis soll eine Meldung mit der sortierten Werteliste erscheinen.

**Konzeption**

❶ Anlage eines Arrays, in dem die Werte abgespeichert und sortiert werden. Dann die **Eingabefunktion** aufrufen ...

❷ *Beginn der Eingabeschleife* (bis max. Anzahl der Werte)

❸ Anzeige der Benutzereingabe mit `InputBox()`.

❹ Speichern der Eingabe in einem Datenfeld, dass später sortiert wird.

❺ *Nächsten Schleifendurchlauf starten*

❻ **Sortierfunktion** aufrufen. Als Ergebnis stehen alle Werte sortiert in der Datenliste zur Verfügung.

❼ **Anzeigefunktion** zur Ausgabe der sortierten Liste in einer Meldungsbox.

In der Konzeption gibt es einige fettgedruckte Begriffe. Sie markieren die notwendigen Funktionen, die umgesetzt werden müssen. Diese sind sicherlich etwas umfangreicher als sonst und sind daher auch als eigenständige Prozeduren vorgesehen. Machen wir es ganz professionell und fügen noch eine weitere hinzu: Die Hauptroutine, die in der entsprechenden Reihenfolge alle Unterprogramme aufruft.

Alle großen Anwendungen sind so aufgebaut, dass zunächst eine Hauptfunktion die Kontrolle übernimmt und in kompakter Form die einzelnen Programmteile anspringt. Das macht das ganze Geflecht für Programmierer lesbarer und die Einarbeitung in die Logik fällt leichter. Oft vergisst man auch selber, wie der Programmablauf aussieht und ist dann froh, so toll übersichtlich gearbeitet zu haben!

## 22.2. Das Listing

Unsere Sortiermaschine besteht inklusive Hauptprogramm aus vier Prozeduren. Da der Kern der Anwendung im Sortieren liegt, müssen wir uns natürlich mit der Sortierfunktion besonders intensiv auseinandersetzen.

Zu Beginn werfen wir aber erst einen Blick auf das Hauptprogramm `Main()`. Es ist mir fast zu peinlich, nähere Erklärungen hierfür abzugeben, doch diese Schlichtheit ist Sinn und Zweck eines „Startverteilers“.

```
Option Explicit

Const DEFMAX = 4
Dim maWerte(DEFMAX - 1) As Long
_____________________________________________
Private Sub Main()
    Eingabe
    Sortieren
    Ausgabe
End Sub
_____________________________________________
Private Sub Eingabe()
    Dim nWert As Long
    Dim nLoop As Integer

    For nLoop = 0 To DEFMAX - 1
        nWert = Val(InputBox("Wert eingeben:"))
        maWerte(nLoop) = nWert
    Next nLoop
End Function
```

**Haupt-Routine**

***Listing 22-1:*** *Der Hauptprogramm-Verteiler und die Eingabefunktion*

Dies ist der erste Teil der Anwendung, der sich mit den folgenden Funktionen **in einem Modul** befindet muss. Entsprechend findet man auch nur **lokale Prozeduren**, weil es ja nur ein Modul gibt und kein anderes auf unsere Funktionen zugreifen muss!

Erklärung *Listing 22-1*:

Zeilen 01-05:
Hier befindet sich der berühmte Modul-Deklarationsabschnitt. Mit **Option Explicit** kennt Ihr Euch ja inzwischen aus. In Zeile [03] habe ich die einzige Konstante `DEFMAX` definiert (wir geizen in diesem Beispiel ein wenig). Sie beinhaltet die maximale Anzahl der Werte, die eingegeben werden können. Wie man sieht, treffen die Gültigkeitsregeln von Variablen auch auf Konstanten zu!

In Zeile [04] erfolgt die Deklaration der Datenliste `maWerte`. Interessant hierbei die Verwendung der Konstanten als Dimensionsvorgabe. Übrigens ziehen wir deshalb „eins" ab, weil der Listenindex *nullbasiert* ist - Ihr erinnert Euch? Bei vier erlaubten Eingaben beinhaltet das Array Einträge mit den Indexen 0, 1, 2 und 3! Das Ergebnis dieser Deklarationszeile ist also ein fertiges, public (öffentliches) Array mit vier numerischen (Long) Datenelementen. Da fast alle Prozeduren mit der Eingabeliste `maWerte` rumfummeln müssen, bietet sich hier natürlich eine Public-Variable an.

Zeilen 06-11:
Das Hauptprogramm `Main()`; Hier fängt der ganze Ablauf an. In diesem Verteiler steht eben nur das Nötigste und das sind die Aufrufe der drei Unterprogramme. Der Sinn jedes Programms wird an dieser Stelle bereits durch deren Namen deutlich.

Zeilen 12-20:
Die Aufnahme der Zahlen erfolgt in `Sub Eingabe()`. Die Konstante `DEFMAX` bestimmt, wie oft unsere Eingabeschleife durchlaufen wird. Da wir nur Zahlen akzeptieren, wandelt man das Eingabeergebnis mit `Val()` in einen numerischen Wert um. Dieser kommt in die vorbereitete Datenliste. Am Ende der Funktion findet man in `maWerte` alle zu sortierenden Zahlen! Im Array muss hierbei kein neues Datenfeld hinzugefügt werden. Alle notwendigen Elemente sind schon in Zeile [04] angelegt worden.

Die Kunst des Programmierens liegt nicht nur im Wissen über alle Befehle und Anweisungen, sondern auch in der richtigen Kombination derselbigen. In der nachfolgenden Prozedur `Sortieren()` habe ich einmal versucht, durch geschickte Aneinanderreihung der uns bekannten Anweisungen einen brauchbaren Sortieralgorithmus zusammenzubasteln.

```
21 Private Sub Sortieren()
22     Dim bSort As Boolean
23     Dim nTemp As Long
24     Dim nLoop As Integer
25
26     Do While True
27         bSort = False
28         For nLoop = 1 To DEFMAX - 1
29             If maWerte(nLoop - 1) > maWerte(nLoop) Then
30                 nTemp = maWerte(nLoop - 1)
31                 maWerte(nLoop - 1) = maWerte(nLoop)
32                 maWerte(nLoop) = nTemp
33                 bSort = True
34             End If
35         Next nLoop
36         If bSort = False Then Exit Sub
37     Loop
38
39 End Sub
```

***Listing 22-2:*** *Die Sortierfunktion*

Fügt diese Prozedur als zweiten Teil dem Quellcode aus *Listing 22-1* hinzu, damit das Gesamtwerk wachsen und gedeihen kann.

Und was tut diese verschachtelte Schleife nun? Stellt Euch hierfür in Gedanken das Array mit unseren vier Elementen vor. Die innere *For ... Next-Schleife* geht nun die einzelnen Werte (Start bei Index 1) durch und vergleicht diese mit dem vorherigen Datenelement. Wenn nun der Wert des aktuellen Elements kleiner als der vorherige ist, dann werden die Inhalte einfach ausgetauscht. Die ganze Geschichte beginnt wieder von vorn bis es nix mehr zu tauschen gibt.

Erklärung *Listing 22-2*:

Zeilen 22-24:
Die Variable `bSort` ist das Kennzeichen für den erneuten Durchlauf der Sortierschleife. Dieses Flag wird immer dann gesetzt, wenn zwei Elemente ausgetauscht wurden. Mit `nTemp` realisieren wir das Austauschen der Datenelemente. Nehmen wir an, Ihr habt einen Apfel in der linken und eine Birne in der rechten Hand. Jetzt sollen diese getauscht werden ohne durch die Luft geworfen zu werden. Was macht der pfiffige Obstträger?

Er legt den Apfel auf den Tisch, greift mit der freien Hand nach der Birne und nimmt sich nun wieder den Apfel. Der Tisch ist unsere Variable `nTemp`. Einfach zu verstehen, oder? Übrigens sollte `nTemp` in weiser Vorahnung dem Datentyp der Werte aus dem Array, also numerisch (long) entsprechen! `nLoop` wird der aktuelle Index für den Zugriff auf die Datenelemente in der Schleife.

Zeile 26:
Sieht aus wie eine Endlosschleife! Mächtig gefährlich, wenn da nicht in Zeile [36] das wichtige `Exit Sub` stehen würde. Diese äußere Schleife „loopt“ so lange, bis die innere Schleife in Zeile [28] alle Elemente sortiert hat. Wichtig auch das Setzen der Variablen `bSort` auf den Wert *False*, damit wir nach der Schleife erkennen, ob das Sortieren weitergehen muss oder nicht.

Zeile 28:
Die innere *For ... Next-Anweisung* soll uns einen Zeiger auf das öffentliche Datenarray `maWerte` liefern, und zwar beim 2. Element beginnend. Deshalb fängt `nLoop` nicht bei Null, sondern bei eins an zu zählen. Die Schleife hört dann auf, wenn das letzte Datenelement erreicht ist (`DEFMAX-1`).

Zeile 29:
Der entscheidende Vergleich der Werte erfolgt genau an dieser Stelle. Wie schon erwähnt beinhaltet der Schleifenzähler `nLoop` für uns den Index des aktuellen Elements. Ziehen wir davon eins ab, dann erfolgt der Zugriff auf das vorherige Element. Genau das sieht man in dieser Programmzeile. Links das vorherige Datenelement: `maWerte(nLoop-1)` und rechts das aktuelle: `maWerte(nLoop)`

Zeilen 30-32:
Trifft die IF-Bedingung zu, dann sind wir dazu verdonnert, die beiden Werte auszutauschen. Ich habe doch eben den "Obsttauschen-Vergleich" angesprochen. Bezugnehmend auf dieses Beispiel ist also die Variable `nTemp` die Tischplatte. Die Elemente `maWerte(nLoop-1)` und `maWerte(nLoop)` sind jeweils die linke und die rechte Hand. Das ist übrigens eine sehr wichtige Technik, um Variableninhalte zu tauschen; Wird man sicher noch öfters gebrauchen!

Zeile 33:
Damit wir auch sicher sein können, dass alle Elemente in der richtigen Reihenfolge stehen, wird das wichtige Flag (Schaltervariablen nennt man so) `bSort` auf *True* gesetzt. Die Prüfung dieses Flags in Zeile [36] entscheidet darüber, ob es weitergeht oder nicht.

Zeile 36:
Diese IF-Anweisung prüft, ob zuvor ein Wertetausch stattgefunden hat. Falls dem nicht so war, dann können wir getrost die Prozedur mit `Exit Sub` verlassen. Geschafft! Die Konstruktion eines solchen Ausstiegs aus einer Endlosschleife verlangt vom Programmierer den vollen Überblick! Es muss sichergestellt sein, dass diese Bedingung früher oder später auch wirklich zutrifft! Sonst sitzt man wohl in sechs Wochen noch vor der Kiste und wartet!

Damit Ihr diese Sortiertechnik besser versteht, schlage ich folgende Echtsimulation vor: Zerreißt einfach ein Stück Papier in vier gleiche Teile. Schreibt nun die Zahlen 35, 15, 10 und 24 darauf und legt sie in dieser Reihenfolge übereinander:

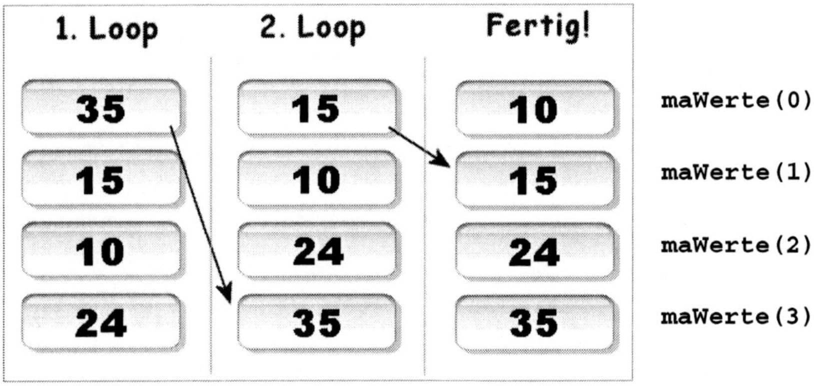


***Abb. 22-1:*** *Sortieren von vier Werten nach dem Tauschprinzip*

Jetzt einfach die Schnipsel nach dem Prinzip der Sortierschleife austauschen. Immer schön oben anfangen und sich nach unten durchkämpfen. Nach Adam Riese sollte das Rumschnipseln nach nur zwei Durchläufen erledigt sein. Falls gerade keine Schnipsel zur Hand sind und Ihr beginnt, Geldscheine zu zerreißen: In *Abb. 22-1* kann man die einzelnen Zwischenstände auch so bestaunen.

Nun da die Sortierung erledigt wurde, sollte der User auch in den Genuss der Ergebnisliste kommen. Wir wollen die Ausgabe so einfach wie möglich gestalten. Der Code hierfür befindet sich im *Listing 22-3*, dem letzten Teil der Sortiermaschine.

Anhand der Zeilennummerierung könnt Ihr das Puzzle der drei Listings ganz einfach zusammensetzen und nach Belieben erweitern oder mit weiteren genialen, unvorstellbaren Features ausstatten.

```
40 Private Sub Ausgabe()
41     Dim sText As String
42     Dim nLoop As Integer
43
44     sText = "Ergebnis: " & vbCr & vbCr
45     For nLoop = 0 To DEFMAX - 1
46         sText = sText & CStr(maWerte(nLoop)) & vbCr
47     Next nLoop
48     MsgBox sText, , "Sortiermaschine"
49 End Sub
```

***Listing 22-3:*** *Die Anzeigefunktion*

Erklärung:

Eine einfache Darstellung benötigt eine einfache Routine. Man erstellt sich eine Variable (`sText`) und packt dort alle Ausgaben hinein. Dafür durchlaufen wir einfach alle Elemente der öffentlichen Datenliste `maWerte()` und fügen die Werte mit einer Zeilenschaltung `vbCr` ein. In Zeile [48] erfolgt dann die Ausgabe der Liste in einer Meldungsbox.

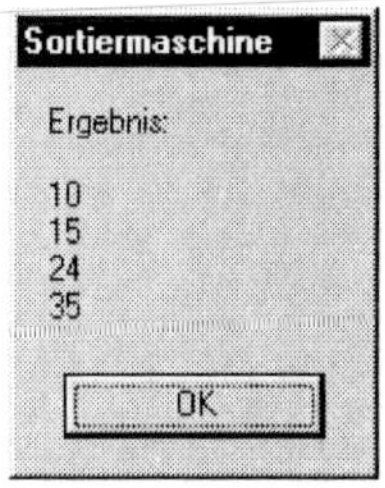


Das war es schon. Als kleine Hausaufgabe könnt Ihr ja das Listing mal so modifizieren, dass auch Zeichenketten erlaubt sind. Das hat einen schönen Nebeneffekt: Ihr müsst Euch mit den Sortierregeln von Computersystemen auseinandersetzen. Werden Zahlen als Zeichenketten behandelt, dann ist das Sortierergebnis nämlich anders! Mehr darüber im folgenden Kapitel, dass Euch erklärt, warum die **Zeichenfolge** „100“ kleiner ist als „15“!

## 22.3. Spezial: Sortierung von Zeichenketten

Die Sortiermaschine ist in dieser Form nur für Zahlen ausgelegt. Jeder weiß, wie Zahlen sortiert werden. Doch wie sieht es mit Zeichenfolgen aus? Wenn Ihr die Hausaufgabe erledigt habt, dann sind nun auch Buchstaben in der Eingabefunktion erlaubt. Das Ergebnis so mancher Tests dieser „Zeichen-Sortiermaschine“ verursacht sicherlich eine gewisse Verwirrung. Warum ist **„B“ kleiner als „q“** und wo steht, dass **„3“ größer als „!“** ist?

Fragen über Fragen. Klar muss es für jeden Wert im Computer eine Rangordnung geben. Dieses Regelwerk, das Periodensystem der **ASCII**-Elemente (Begriff frei erfunden), findet man ganz einfach in MS-Word. Für die Englisch-Freaks: ASCII heißt nix weiter als: ***A**merican **S**tandard **C**ode for **I**nformation **I**nterchange.*

Kurz zur Erinnerung: Alle Zeichen haben einen internen Zahlenwert. Gibt man z. B. `Chr(65)` aus, so erhält man ein „A“. Diese Zahlenliste ist in der so genannten ASCII-Tabelle beschrieben. Jeder von Euch wird natürlich sofort sagen: *„Hey, beim Sortieren muss man also nur die internen Zeichencodes miteinander vergleichen!“*. Und ich kann Euch sagen: *„Stimmt!“*. Die nachfolgende *Abb. 22-2* erscheint in „MS-Word“ unter dem Menüpunkt: Einfügen ➔ Symbol. Von oben links, zeilenweise nach unten rechts gelesen, habt Ihr somit die ganze verkorkste Sortierung vor Augen.

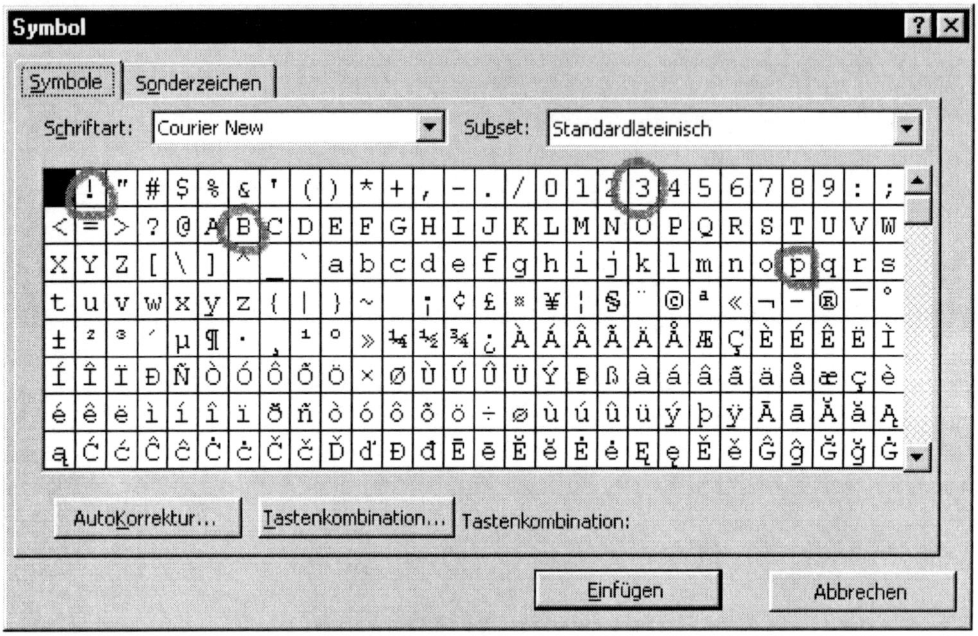


***Abb. 22-2:*** *Ein Auszug aus dem ASCII-Zeichensatz*

Leider sieht man in dieser Ansicht nicht den Zahlencode des entsprechenden Zeichens. Doch klickt einfach auf den Button „Tastenkombination“ und schon wird man fündig. Übrigens fängt das erste „vernünftige“ Zeichen bei Code 32 an. Es handelt sich hierbei um das Leerzeichen. Dann kommen das Ausrufezeichen, die Anführungsstriche, der Gartenzaun, das Dollarzeichen usw.!

Viele Experten aus früheren Zeiten kennen diese Liste, zumindest von Code 32 bis 127, fast auswendig. Der Otto-Normalprogrammierer hat mit diesen Dingen weniger zu tun. Ihr solltet zumindest wissen, was eine ASCII-Tabelle ist. Heute Nacht gegen 2:30 Uhr werde ich bei Euch anrufen und folgende Worte sprechen: *„ABBA“*. Höre ich dann nicht die Antwort: *„65, 66, 66, 65“*, dann gibts Ärger. O.k., war nur Spaß. So extrem sollte man es nicht treiben. Aber man muss wissen, wo es steht!

# *EXTRA 1* Das Spiel „VB4Kids-Memory“

## Mentale Vorbereitung

Alle bisherigen Beispiele waren Teilprojekte oder kleine Anwendungen, die mit Word, Excel oder auch Visual Basic erstellt werden konnten. An dieser Stelle möchte ich jedoch einen empfindlichen Schnitt vollziehen, der alle betrifft, die kein Visual Basic-Entwicklungspaket besitzen. Das nachfolgende Beispiel erfordert von Euch Vorkenntnisse, die noch nicht besprochen wurden.

Zwischen der ersten Programmzeile in diesem Buch und dem Extra-Projekt liegen wahrhaftig Welten. Ich habe ein komplettes Spiel in Visual Basic programmiert, das dem alten Klassiker „Memory“ nachempfunden wurde, um es für Euch als Lernvorlage auseinander zu nehmen.

Warum geht Mr. Thingamy nicht auf alle Details in diesem Beispiel ein? Ganz einfach. Die Grundlagen der BASIC-Sprache sind bereits abgehakt. Klar müssen diese Bausteine von Euch erst noch vertieft werden. **Doch das Buch soll auch Wegbereiter für die nächsten schwierigen Etappen sein**, die noch vor Euch liegen. Viele Dinge lassen sich nur durch fleißiges Enträtseln von bestehenden Anwendungen erlernen.

So solltet Ihr für die folgenden Themen bereits in Visual Basic einige Programme ausgetüftelt haben. Als Vorschlag eine kleine Auflistung der Techniken, die als Vorstufe dienen, um *„VB4Kids-Memory“* leichter verstehen zu können:

Was sind meine Hausaufgaben zur Vorbereitung auf dieses Projekt?

- Wie erstelle ich ein einfaches Projekt in VB
- Hinzufügen einer einfachen Form und einigen Eingabefeldern
- Hinzufügen von Schaltflächen und Ereignisprozeduren

Letztendlich benötigt Ihr das Entwicklungspaket von Visual Basic und die dazu gehörende Literatur oder Online-Hilfe (sind im Paket enthalten). Allein mit diesen Hilfsmitteln sollte es möglich sein, einige Beispielprogramme auf die Beine zu stellen. Betrachtet das Buch als ergänzendes Werk, das allein durch dieses Abschlussprojekt sicher auch in der Zukunft noch zum Nachschlagen verleiten wird.

Das Spiel *VB4Kids-Memory* enthält viele neue Funktionen und Techniken. Einige davon sind sehr genau beschrieben und andere wiederum nur am Rande vorgestellt. Der Grund für diese unterschiedliche Vorgehensweise liegt darin, dass Euch als Einsteigern auch Techniken zur Programmierung mit einfachen Grafiken und Sounds zugänglich gemacht werden sollen. Wie diese Dinge bis ins letzte Detail wirklich funktionieren muss man am Anfang nicht unbedingt verstehen.

Am Ende steht Euch eine Vorlage zur Verfügung, deren Bausteine sicher auch für andere tolle Programme verwendbar sind. Meine Wenigkeit hat auf diese Art und Weise am meisten gelernt. Man schnappt sich etwas kompliziertes und nimmt es dann auseinander. Wie macht es der große Bruder? Welche Tricks wendet er an? Echt Klasse zum Nachschnuppern ist beispielsweise der Verpackungsassistent von Visual Basic. Wusstet Ihr, dass der Sourcecode des VB-Setup-Programms von Euch eingesehen werden kann?

Bei Visual Basic 6.0 findet man das Projekt hierfür im folgenden Verzeichnis:

*"\Programme\Microsoft Visual Studio\VB98\Wizards\PDWizard\Setup1"*

Es ist ein sehr komplexes Programm! Am besten für ein paar verregnete Abende in den nächsten zwei Jahren vormerken! Doch wer sich nicht gleich übernehmen möchte, bleibt zunächst besser bei den hier behandelten Themen und dem nachfolgenden Abschlussprojekt.

## Spiele - Technik

Neben einfachen Standardabläufen hat *„VB4Kids-Memory"* nur wenig komplizierte Techniken aufzuweisen. Das hat natürlich viele Vorteile! Wir verlieren uns nicht in unzähligen neuen Funktionen, sondern können die volle Tüftel-Breitseite auf die Umsetzung einfacher Tricks ausrichten. Womit haben wir es in den folgenden Kapiteln zu tun? Einmal geht es darum, wie ein einfaches Spielkonzept aussieht. Hinzu kommen einfache Wege ein Spielfeld darzustellen und zu verwalten, sowie ein paar „Gimmicks" wie Bonuszähler und Sound-Ausgaben.

Bei der Soundausgabe habe ich mich für die Verwendung so genannter API-Funktionen entschieden. Dieses *„**A**pplication **P**rogrammers **I**nterface"* ist das Tor zur Windowswelt. Programmiersprachen, die derartige Funktionsaufrufe ermöglichen, sind ein Segen (und oft auch Fluch) für Euch Coder. So erlaubt Visual Basic mittels ***API*** die Umsetzung aller erdenklichen Programmaufgaben. Klar, im Grafikbereich hinken wir anderen, höheren Programmiersprachen wie C++ hinterher. Doch der Fortschritt von Windows macht es möglich, dass auch VB-Coder mit Komponenten wie *„DirectX"* inzwischen rasante Grafik-Spiele hinzaubern.

Diese ***API-Funktionen*** für den Soundbereich sind aber auch die einzigen Dinge, die Ihr nicht bis ins Detail von mir erklärt bekommt. Wie später zu sehen sein wird, ist dies auch wirklich nicht notwendig. Die neuen Sound-Funktionen sind am Schluss nix weiter als verlängerte Arme in Visual Basic, die Ihr nach Herzenslust verwenden könnt. Merkt Euch aber auch, dass durch die Verwendung von ***API-Funktionen*** die sehr stabile und abgesicherte Umgebung von Visual Basic aufgebrochen wird. Schnell kommt es bei unsachgemäßer Handhabung zu Schutzverletzungen oder anderen Scherzen!

Im Grafikbereich beschränken wir uns bei *„VB4Kids-Memory"* auf triviale Techniken, die durch geschickte Organisation recht professionelle Effekte entstehen lassen! Die einfache *Picturebox* von VB sollte dafür völlig ausreichend sein. Die Verwaltung der Grafiken selbst erschlagen wir mit einer *„Resourcen-Datei"*. Dieses Thema ist für wirkliche VB-Gurus und angehende Profi-Coder ein Muss. Alle Grafiken verschwinden mit dieser Technik aus dem Installationsverzeichnis der fertigen Anwendung und kommen in eine gemeinsame Datei. Da dies auch mit anderen Dingen wie Icons, Cursors oder auch WAVE-Dateien funktioniert, packen wir unsere Sounds auch gleich dort mit hinein.

Das sind die Höhepunkte des Abschlussprojekts. Es wird sicher aufregend und zugleich nervig sein, ein derartiges Spiel auseinander zu nehmen. Die Schlichtheit des Quellcodes und die richtigen Erklärungen an der richtigen Stelle helfen Euch hoffentlich dabei.

## Installation von Spiel und Quellcode

Mr. Thingamy hat sich entschieden, die kompletten Sourcen des Abschlussprojektes nicht auf CD, sondern **per Internet zum Download** bereitzustellen. Der Grund hierfür ist einfach: Bereits *Murphy*[*] erkannte: *„Was schief gehen kann, das geht auch schief!"* Und so wird vermutlich auch dem gewissenhaften Mr. Thingamy eines Tages die Nachricht eines Lesers erreichen, der einen Programmfehler entdeckt hat.

Obwohl der Sourcecode vom CCC, CIA, FBI, BND, von der NSA und meiner Cousine stiefväterlicherseits geprüft und als umweltbewusst, anwender- und tierfreundlich eingestuft wurde, kann sich ein kleiner Bug eingeschlichen haben. Auf den Internetseiten von VB4Kids steht in diesem Fall ein Update zur Verfügung.

Als stolzer Eigentümer dieses Buches bist Du nun automatisch auch Mitglied im ***VB4Kids-Klub*** und hast somit Zugriff auf den geschützten Bereich, der viele tolle Tipps und Beispielprogramme anbietet. Es lohnt sich dort, hin und wieder mal vorbeizuschauen!

### Download Source-Code VB4Kids-Memory:

Wie gehst Du also am besten vor, um das Spiel und den Quellcode herunterzuladen?

1. Öffne die Internetadresse: **http:\\www.thingamy.de\vb4kids**
2. Melde Dich dort im **Mitgliederbereich** an.
3. **Folge** jetzt **den Anweisungen zur Installation** von "VB4Kids-Memory" und den Quellcode-Modulen

*[*] 1949 US Air Force Captain Edward A. Murphy, jr.*

Wenn alles erledigt ist, dann legt am besten gleich mit ein paar Proberunden los, um ein Feeling für das Spiel zu bekommen. Macht Euch mit den Einzelheiten und Spielabläufen vertraut. Einige überlegen sicher bereits in dieser Erkundungsphase, wie die einzelnen Funktionen mit VB umzusetzen sind. Sicher eine gute Maßnahme!

***Abb. 22-3:*** *Screenshot von VB4Kids-Memory Version 1.0*

# *EXTRA 2* Das Projekt im Überblick

## Die Spielregel

Zum Verständnis der folgenden Kapitel ist das Wissen über die in diesem Spiel angewandten Regeln natürlich überlebenswichtig! Das ursprüngliche „Memory“ hat der eine oder andere von Euch sicher schon einmal gespielt. Es ist einfach, vorhandene Paare von Kartenmotiven nacheinander aufzudecken. Die Originalvariante hat dabei stets die gleiche Anzahl von Paarungen (z. B. 2 Paar oder 4 Paar). Somit weiß der Spieler, dass er genau zwei oder vier Karten hintereinander aufdecken darf.

Sind die aufgedeckten Karten jedoch nicht vom gleichen Motiv, dann müssen diese auch brav wieder an ihrem ursprünglichen Platz umgedreht werden. Man kann sich dann die Position dieser bereits eingesehenen Karten merken, um beim nächsten Versuch vielleicht doch noch einen Volltreffer zu landen. Wer bei dieser kurzen Erläuterung noch keine Vorstellung von der Spielregel hat; einfach das Spiel starten und ein bisschen probieren (... geht bekanntermaßen vor studieren!).

Die *„VB4Kids-Memory“*-Variante bleibt dieser Grundregel treu und peppt sie noch etwas auf. Das Ziel ist es, das gesamte Kartenfeld innerhalb einer gewissen Zeit aufzudecken. Weiterhin gibts verschiedene Levels, die auch unterschiedliche Paarungsmuster beinhalten. Das bedeutet, in einem Level sind 2er-, 3er- und 4er-Paarungen vorhanden, in einem anderen wiederum nur 2er-Paarungen. Das erhöht den Spielreiz enorm und bringt Abwechslung mit unvorhersehbaren Schwierigkeitsstufen mit sich, die sogar der Programmierer dieses Spiels nicht immer bewältigen wird.

## Der Spielablauf

Das Auseinandernehmen des gesamten Projekts gestaltet sich wesentlich einfacher, wenn man sich von *„außen"* nach *„innen"* durchschlägt. Das äußerste Modul ist die Anwendung selbst und die kleinste Einheit im Inneren sind die einzelnen Prozeduren zur Spielsteuerung. Zunächst aber die Darstellung des gesamten Spielablaufs, den Ihr in eurer Spieltestphase bereits am Bildschirm nachvollziehen konntet.

A. Das Programm wird gestartet

B. Darstellung des Spielfeldes im Ursprungszustand

C. Das Spiel wird gestartet (Auswahl Menüpunkt)

  1. Spielstatus auf „Spiel läuft" setzen
  2. Erzeugung des Levels und Spielfeld generieren
     I. Kartenklicks verarbeiten
     II. Auf Ende des Level prüfen
     III. Nächstes Level aktivieren
  3. Levels beendet
  4. Highscore-Tabelle anzeigen

D. Spielstatus auf „Spiel beendet" setzen

***Abb. 22-4:*** *vereinfachter Spielablauf von „VB4Kids-Memory"*

Diese Konzeptdarstellung zeigt, worauf wir bei der Programmierung gefasst sein müssen. Jeder dieser einzelnen Punkte beinhaltet mal komplexe Prozeduren und dann wieder nur eine einzige Programmzeile. Die komplexen Teile erhalten in der Erklärung natürlich ein gesondertes Kapitel. In dieser Abbildung nicht enthalten sind unter anderem die Punkteberechnung, die Darstellung der Bonusanzeige oder Soundausgabe-Funktionen.

Vorab möchte ich noch darauf hinweisen, dass der Beginn des Spiels im Quellcode keine ununterbrochene Programmfolge auslöst! Vielmehr werden wir eine Variable ins Leben rufen, die entweder auf `False` (Spiel beendet) oder `True` (Spiel läuft) steht! Alle Ereignisse im Spiel hängen unmittelbar mit dem Zustand dieser *Flag-Variablen* zusammen!

Das bereits in diesem Buch erwähnte *„Multitasking"* hat an dieser Stelle seine praktische Bedeutung gefunden. Denn während der Spieler noch überlegt, welche Karte er denn als nächste anklicken könnte, läuft im Hintergrund ein *Timer*, der fleißig die noch verbleibende Zeit berechnet. Wir sehen, es laufen also einige Dinge gleichzeitig ab. Eine besondere Herausforderung für eure Vorstellungskraft!

## Die einzelnen Projektdateien

Wenn Ihr den Quellcode von den Internetseiten heruntergeladen und installiert habt, dann stellt sich sicherlich die Frage, was die ganzen Dateien bedeuten sollen. Darum möchte ich Euch nun einen kleinen Überblick vom Gesamtpaket verschaffen.

| Dateiname | Beschreibung |
|---|---|
| `Memory.vbp` | Hauptdatei zum Öffnen des Projekts |
| `frmAbout.frm` | Info-Form zur Ausgabe der Programminformationen, wie Autor, Version und Copyright etc. |
| `frmBoard.frm` | Haupt-Form mit der Darstellung des Spielfeldes und allen Prozeduren zur Spielsteuerung |
| `frmScore.frm` | Form für die High-Scoreliste. Hier befinden sich alle Prozeduren zur Verwaltung der Punkteliste inklusive schreiben und lesen der Punktedatei. |
| `Memory.bas` | Dieses Modul beinhaltet diverse Konstanten zur Verwaltung der Bild- und Sounddateien, sowie Funktionen zur Soundausgabe und Levelberechnung. |
| `Memory.res` | Das ist eine fertige Resourcendatei. Darin befinden sich alle verwendeten Bilder und Sounds. Diese Datei wird mit dem Tool `Rc.exe` erstellt. Der Sourcecode für diese Resource steht in `"Memory.rc"`. |

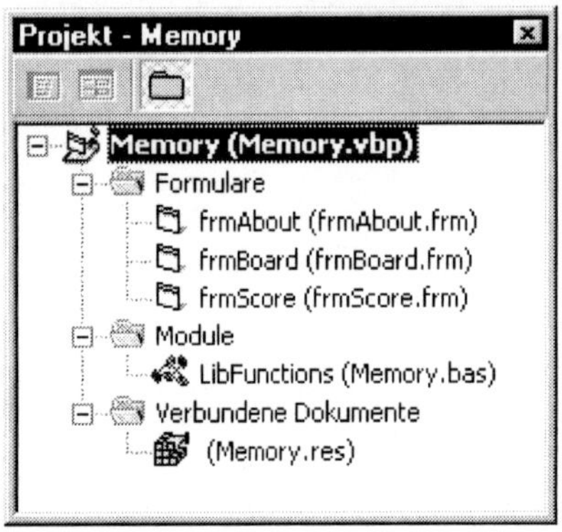


***Abb. 22-5:***
*Der Projektbaum von VB4Kids-Memory zeigt uns alle in diesem Spiel verwendeten Moduldateien.*

In Projektverzeichnis gibt es noch ein paar Unterordner, die zu den externen Geschichten gehören. Was sich dort im einzelnen befindet, erklärt Euch die nachfolgende Darstellung:

| Dateiname | Beschreibung |
|---|---|
| `\Help\Memory.hlp` | Das ist die fertige Hilfe zum Spiel. Diese erzeugt man mit dem *Help Workshop* von Microsoft. |
| `\Help\Memory.hpj` | Diese Konfigurationsdatei öffnet man mit dem *Help Workshop* von Microsoft. Darin sind alle Informationen enthalten, die zur Generierung der Hilfedatei notwendig sind. |
| `\Help\Memory.rtf` | Diese RTF-Datei kann man z. B. mit MS-Word bearbeiten. In diesem Dokument pflegen wir die Hilfe zum Spiel. Die Datei wird dann vom *Help Workshop* konvertiert und zur fertigen Hilfedatei (Memory.hlp) umgewandelt. |
| `\Pictures\*.bmp` | Dieser Ordner enthält alle Bilder des Spiels. Diese Dateien werden nicht mit dem Spiel ausgeliefert, sondern mit Hilfe der Resourcen-Datei `"Memory.res"` direkt in das Hauptprogramm `"Memory.exe"` eingebrannt. |
| `\Sounds\*.wav` | Die im Spiel verwendeten Sounds sind hier abgelegt. Diese einzelnen WAVE-Dateien gehören nicht zum Installationsumfang des Spiels und kommen ebenfalls in die Resourcendatei `"Memory.res"`. |

Nun haben wir viele neue Dinge gehört, die noch nicht genau erklärt sind. Was ist denn ein *Help Workshop* und wozu gibts überhaupt Resourcendateien? Wozu ist so ein *Resourcencompiler* gut? Wie berechne ich die Gravitationskrümmung einer paarungsfähigen Lederschildkröte im luftleeren Raum, und wie lange braucht ein Bissen Topfkuchen vom Hals bis zum Zwölffingerdarm, wenn der entsprechende Proband zwei Tage nix getrunken hat und an Angina erkrankt ist?

Natürlich kann ich nicht alle Fragen beantworten. Wir sollten uns schon auf unser Spezialgebiet beschränken. Zur Vorbereitung auf den kompletten Sourcecode von *VB4Kids-Memory* müssen wir also noch einige wichtige Techniken lernen. Schon wieder was Neues reinziehen? Na klar, Programmierer sehen sich nahezu täglich mit dem Lernen konfrontiert - man verkalkt dann nicht so schnell!

# *EXTRA 3* Workshop: Resourcendateien

## Wozu Resourcendateien?

Die ***Resourcen-Technik*** ist sicherlich eine der segenreichsten Erfindungen zur Erzeugung von internationalen Anwendungen. Die Problematik habe ich bereits in diesem Buch angesprochen. Um ein deutsches Programm auch auf dem englischen Markt zu verbreiten, bedarf es der Übersetzung aller verwendeten Bildschirmmeldungen, Menü- und Formularbeschriftungen usw. Hat man nun all diese Zeichenfolgen in einer zentralen Datei, dann muss man nicht lange im Quellcode suchen. Das gleiche trifft auch auf andere, sprachabhängige Dinge wie Bilder oder Sounddateien zu.

Denn auch Bilder können Texte enthalten und Sounds können gesprochene deutsche oder vielleicht auch englische Redewendungen beinhalten. Wurden diese ***Resourcen*** zentral abgelegt, dann sind diese auch ohne großen Aufwand austauschbar. Die bittere Schlussfolgerung macht jedoch auch eines ganz klar: Für den Entwickler einer internationalen Anwendung wird es etwas aufwendiger. Denn keine Zeichenfolge darf nun mehr direkt im Quellcode stehen, sondern muss über eine eindeutige Identifizierungsnummer aus der Resourcendatei geladen werden. Klingt mächtig kompliziert, ist es aber nicht!

Es gibt auch noch andere Gründe die für den Einsatz von *Resourcendateien* sprechen. Die Kapazität eurer Anwendung erhöht sich nämlich nicht ganz unwesentlich. Schreibt man z. B. alle Zeichenfolgen als String direkt in den Quellcode, dann steht diese Zeichenfolge bereits beim Programmstart im Speicher herum und wartet auf den langersehnten Einsatz in einer Meldungsbox oder Formularbeschriftung. Holt man sich die Zeichenfolge aber aus einer *Resourcendatei*, dann wird erst in diesem Moment der Speicher beansprucht.

Im Beispiel von *VB4Kids-Memory* können wir einen weiteren Vorteil sehen. Der Installationsumfang des Programms ist übersichtlich schlank geworden. Wenn man bedenkt, dass dieses Spiel **9 Sounddateien** und **21 Bilder** benötigt und zur Installation lediglich die Datei `Memory.exe` ausgeliefert werden muss, dann ist das nicht schlecht! Je weniger Dateien beim Kunden liegen, desto besser! Gerade den Endverbrauchern stehen die Haare zu Berge, wenn sie erfahren, dass unser Superprogramm aus fünfzehn EXE-, zweihunderteinundvierzig DLL- und dreiundfünfzig zu registrierenden OCX-Dateien besteht!

Mit Resourcen-Dateien haben wir als Programmierer die Möglichkeit, sprachabhängige Datenblöcke (Zeichenketten, Cursors, Icons, Bilder oder Sounds) in einer Datei *resourcenschonend* zu verwalten. Nachträgliche Änderungen dieser Resourcen verursachen keine Änderung des Quellcodes der Anwendung.

Meine Motivation in diesem Beispielprogramm Resourcen zu verwenden, liegt nicht im Bereich der Resourceneinsparung. Vielmehr soll der Installationsumfang der Anwendung optimiert werden. Außerdem ist *VB4Kids-Memory* ein ideales Schulungsbeispiel zum Erlernen dieser wichtigen Technik. Die meisten wirklich professionellen Entwickler verwenden Resourcen, um die Entwicklungskosten großer Anwendungen zu optimieren und somit den nachträglichen Pflegeaufwand zu senken.

Normalerweise werden also alle Zeichenfolgen gleich in Resourcen verpackt, worauf ich allerdings in diesem Spiel verzichtet habe. Wer Lust und Laune hat, kann ja alle deutschen Begriffe in die Resource reinschieben, um anschließend die französische Variante aus der Taufe heben zu können. Wäre bestimmt ein lohnenswertes Ziel für die Entwicklung Eurer persönlichen Programmiererfahrung!

## Wie erstelle ich eine Resource

Resourcendateien haben die Endung ***„*.RES“*** und können locker in ein VB-Projekt mit eingebunden werden. Diese RES-Datei beinhaltet alle fertigen Objekte, wie Strings, Bilder oder WAVEs. Wie kommen diese aber nun dorthinein? Stellt Euch diese fertige Resource einfach wie ein Programm (EXE) vor. Für ein Programm benötigen wir das Visual Basic-Projekt mit dem Quellcode. Um nun eine Resourcendatei zu erzeugen, ist also ein Art Quellcode, in diesem Fall ein ***Resourcen-Skript*** notwendig.

Werfen wir einen Blick auf das Resourcescript von *VB4Kids-Memory*. Diese Datei könnt Ihr mit einem einfachen Texteditor (z. B. Notepad) bearbeiten:

```
//-----------------------------------------------------------
// SOUNDS
//-----------------------------------------------------------
1000     WAVE         DISCARDABLE      "sounds\\click.wav"
1001     WAVE         DISCARDABLE      "sounds\\timeout.wav"
1002     WAVE         DISCARDABLE      "sounds\\card.wav"

//-----------------------------------------------------------
// GRAPHICS
//-----------------------------------------------------------
// KARTENMOTIVE
2001     BITMAP       DISCARDABLE      "pictures\\pic01.bmp"
2002     BITMAP       DISCARDABLE      "pictures\\pic02.bmp"
2003     BITMAP       DISCARDABLE      "pictures\\pic03.bmp"
```

***Listing 22-4:*** *Auszug aus „Memory.rc“*

Jedes einzelne Objekt (Bild, Sound o. a.) erhält eine eindeutige **Identifikationsnummer**. Diese wichtige Nummer benötigen wir im Programm, um das entsprechende Bild oder die WAVE-Datei aus der Resource laden zu können. Der Aufbau gestaltet sich sehr einfach wie man sieht. Kommentare sind mit *Doppelslash* gekennzeichnet. Sie werden beim Erzeugen der Datei später vernachlässigt.

Im Skript sind die einzelnen Angaben mit einem Tabstop voneinander getrennt. In der ersten Spalte befinden sich die **Identifikationsnummern**. Danach kommt die **Typenbezeichnung** des Objekts: `WAVE` oder `BITMAP`. Das Schlüsselwort in der vierten Spalte `DISCARDABLE` nehmen wir einfach so hin und in der fünften Spalte steht die **Herkunftsangabe** der eigentlichen Resource.

Warum steht in der Herkunftsangabe ein *Doppel-Backslash*? Normalerweise stehen das Resourcenscript selbst und die unterschiedlichen Dateien im selben Verzeichnis. In diesem Fall ist lediglich der Dateiname anzugeben. Doch bei *VB4Kids-Memory* habe ich die Sound- und Wave-Dateien in Unterordner gepackt. Das Resourcenscript und die Dateien stehen also nicht im selben Ordner. Somit muss die Herkunftsangabe um den Namen des Unterordners erweitert werden.

Für die Datei `"click.wav"` würde der Pfad normalerweise wie folgt aussehen: `"sounds\click.wav"`. Weil der Backslash jedoch bei der Verwendung in Ressourcendateien ein reserviertes Sonderzeichen ist, müssen wir zwei von dieser Sorte dort einfügen: `"sounds\\click.wav"`. Der Ursprung dieser Regel liegt in den höheren Programmiersprachen wie C/C++. Nicht weiter grübeln, aber immer dran denken: Bei Verzeichnisangaben in Resourcenscripten diesen *Doppel-Backslash* einzusetzen!

Wo finden wir aber das wichtige Tool `"RC.EXE"`, dass aus dem Script eine fertige Resourcendatei erzeugt? Nun der einfachste Weg ist, Ihr durchsucht eure Festplatte mit der Suchfunktion nach dieser Datei. Bei Visual Basic 6.0 steht das Teil im Standardverzeichnis des „Visual Studio"-Ordners:

```
"C:\Programme\Microsoft Visual Studio\VB98\Wizards\Rc.exe"
```

Habt Ihr das Tool gefunden, dann kopiert es am besten in das Quellcodeverzeichnis von *VB4Kids-Memory*. Es wird dort gleich benötigt. Noch viel professioneller wäre es, wenn Ihr das Teil ins Windowsverzeichnis kopiert. Dann wird das Programm auch gefunden, wenn wir es aufrufen müssen.

Jetzt kommt aber der nächste Kniff. Jeder der es noch nicht getan hat, muss sich jetzt mit der MS-DOS-Box von Windows auseinandersetzen. Gewiss wird Microsoft in nächster Zukunft die MS-DOS-Eingabeaufforderung völlig aus dem Betriebssystem verbannen. Doch noch ist es nicht so weit! Wir benötigen jedenfalls unsere MS-DOS-Box zur Ausführung des Tools `"RC.EXE"`!

*Abb. 22-6: Erstellen einer Resourcendatei mit RC.EXE*

Wechselt in der DOS-Box ins Quellcodeverzeichnis und gebt in der Eingabeaufforderung den Befehl: `"rc memory.rc"` ein. Nach einem beherzten Druck auf die Entertaste wird unsere Resourcendatei erzeugt und steht jetzt als `Memory.res` zur Verfügung. Dieser Befehl startet lediglich den Resourcencompiler `RC.EXE` und übergibt als Parameter das zu bearbeitende Resourcenscript.

Auch wenn es jetzt Steine hageln mag, doch die Arbeit mit dem MS-DOS-Fenster gehört zur kleinen Grundausstattung eines Programmierers! Ich möchte an dieser Stelle auch nicht weiter darauf eingehen. Würde vermutlich ein Extra-Taschenbuch füllen. Doch Ihr könnt mir glauben, dass wenige DOS-Befehle notwendig sind, um in der DOS-Box ein Verzeichnis zu wechseln oder Dateien zu kopieren.

Ein Hinweis zum Abschluss: Es können nur Bild- oder WAVE-Dateien in eine Resource eingebunden werden, deren Größe die magische Grenze von 64 KByte nicht überschreitet! Im Normalfall kommt man damit hin. Es muss ja nicht immer gleich geprotzt werden. Bei unseren Sounds handelt es sich ohnehin nur um kleine Clips und die Grafiken sind auch recht dezent und klein gehalten.

Fassen wir jetzt noch einmal die wichtigsten Schritte zur Erstellung einer fertigen Resourcendatei zusammen:

1. Bereitstellen der Bild- und/oder Sounddateien in einem Verzeichnis.
2. Resourcenscript mit der Dateiendung ".RC" erstellen.
3. Resourcenscript bearbeiten: Alle Dateien mit Angabe der **Identifizierungsnummer**, **Dateityp** und **Dateinamen** eintragen. (Verzeichnisangaben mit Doppel-Backslash vornehmen!)
4. Beachte: Die **Identifizierungsnummer „1“** ist für das Anwendungs-Icon des VB-Programms selbst **reserviert** und darf daher nicht verwendet werden!
5. Dateien die **größer als 64 KByte,** sind **können** leider **nicht in eine Resource** eingebrannt werden!
6. Resourcenscript mit dem Compiler **RC.EXE** kompilieren. Es wird automatisch eine Resourcendatei mit der Endung *.RES* erzeugt.

## Verwendung der Resourcendatei im Projekt

Alle Bilder und Sounds stehen nun gut verpackt in der Resourcendatei `Memory.res` zur Verfügung. Wie erfolgt aber der Zugriff auf ein solches Bild? Zunächst muss die Resource selbst ins Projekt eingebunden werden. Dazu einfach im Visual Basic-Menü unter „Projekt→ Datei hinzufügen ...“ die Resourcendatei auswählen. Im Projektexplorer sollte dann unter *„verbundene Dokumente“* ein Eintrag wie in *Abb. 22-5* auf Seite 174 zu finden sein.

In Visual Basic gibt es besondere Funktionen, die den Zugriff auf die eingebundenen Resourcen ermöglichen. Je nach Typ des entsprechenden Objekts muss zwischen den folgenden Varianten unterschieden werden:

- `LoadResData(Index, Format)        'für WAVE-Dateien`
- `LoadResPicture(Index, Format)     'für Grafiken (BMP,ICO usw.)`
- `LoadResString(Index)              'für Zeichenketten`

Index: Das ist unsere eindeutige Identifizierungsnummer
Format: numerischer Wert, der das Datenformat (BMP, WAV o. ä.) definiert

Wie genial einfach der Einsatz dieser Funktionen ist, sehen wir im folgenden Beispiel. Erstellt dafür ein neues Projekt und fügt die Resourcendatei `Memory.res` von *VB4Kids-Memory* wie eben beschrieben hinzu. Auf der *Form1* baut eine *PictureBox* und zwei *Command-Buttons* ein. Ändert bitte die Eigenschaften dieser Controls anhand dieser Liste:

| Control | Eigenschaft | Wert |
|---|---|---|
| Picture1 | Appearance<br>AutoSize | 2D<br>True |
| Command1(0) | Caption | "Lade Bild 1" |
| Command1(1) | Caption | "Lade Bild 2" |

Nun noch der Ereigniscode für `Command1_Click()`:

```
Private Sub Command1_Click(Index As Integer)
    If Index = 0 Then
        Picture1.Picture = LoadResPicture(2002, vbResBitmap)
    Else
        Picture1.Picture = LoadResPicture(2006, vbResBitmap)
    End If
End Sub
```

***Listing 22-5:*** *Füllen einer PictureBox mit einer Resourcen-Bitmap*

Die PictureBox ist nach dem Programmstart noch leer. Erst wenn auf einen der beiden Buttons geklickt wird, erscheint die entsprechende Grafik in der Ansicht. Die Funktion `LoadResPicture()` erhält als ersten Parameter die ID vom Bild in der Resourcendatei und dann, als Typenbeschreibung, die VB-Konstante `vbResBitmap` (entspricht dem Wert "0").

Markiert doch einfach mal den Begriff `LoadResPicture` und drückt [F1], um Euch ein Bild von dieser Funktion zu verschaffen! Solltet Ihr immer wieder tun, wenn Ihr der Meinung seid: „*Was meint dieser Typ denn damit schon wieder?*“ Eine fruchtbringende Vorgehensweise!

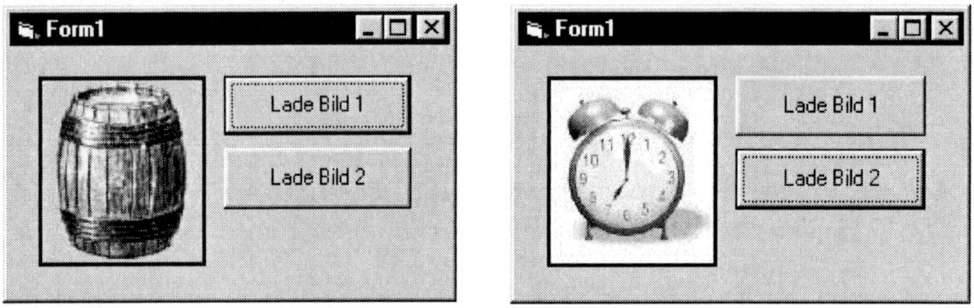


***Abb. 22-7:*** *Dynamische PictureBox mit Zugriff auf eine Resourcendatei*

Ich denke das war ziemlich einfach, oder? Mit diesen paar Zeilen hat man ein recht beeindruckendes Ergebnis erzielt. Bei genauer Betrachtung haben wir damit auch eines der Geheimnisse aufgedeckt, wie *VB4Kids-Memory* funktioniert. Genau mit dieser Technik werden nämlich dort die Kartengrafiken verwaltet. Sicher habt Ihr hier Glück, das die Resourcendatei fix und fertig ist. Allein das Erstellen der vielen kleinen Bildchen kostet natürlich Zeit. Aber der Programmieraufwand hält sich echt in Grenzen.

## Erzeugen des Projekts

Habt Ihr eine Resourcendatei in das VB-Projekt eingebunden, dann werden alle Informationen (Bilder, Sounds, Strings etc.) beim Erzeugen der EXE mit in das Hauptprogramm gepackt. Beim Ausliefern des Beispiels aus *Abb. 22-7* ist deshalb die Datei `Memory.res` nicht im Installationsumfang enthalten!

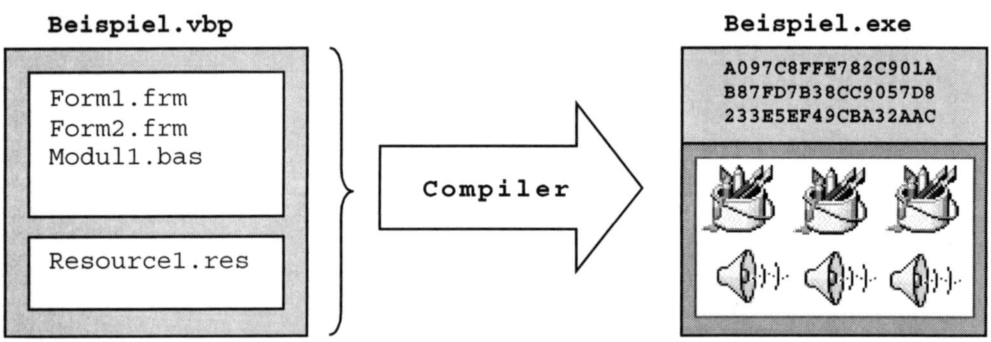


***Abb. 22-8:*** *Resourcen werden in die EXE gepackt*

In dieser Abbildung kann man sehen, wie der Compiler das Visual Basic-Projekt übersetzt und anschließend die ausführbare Datei `Beispiel.exe` erzeugt. Darin befindet sich ein Bereich für den Programmcode und ein spezieller Abschnitt für die vorhandenen Resourcen, wie Bilder- oder Wave-Daten. Startet man das Programm „Beispiel.exe“, dann lädt das Betriebssystem nicht das gesamte Paket in den Speicher, sondern lediglich den Codeabschnitt, damit das Teil überhaupt läuft.

Die einzelnen Bild- oder Sounddaten verschwenden erst dann den Speicherplatz, wenn diese von einer Funktion innerhalb des Programm angefordert werden! Somit dürfte klar sein, dass die Verwendung von Resourcen-Dateien, gerade in umfangreichen Anwendungen, auch den Startvorgang beschleunigt. Wieder was dazu gelernt!

Ihr glaubt gar nicht, wie viele Resourcen in den Tausenden EXE-Dateien rumfliegen. Nahezu alle Programme beinhalten derartige Datenbereiche. Sogar Eure bisher erstellten Visual Basic-Programme besitzen Resourcen zur Verwaltung diverser Daten. Was meint Ihr wohl, wo die vielen Grafiken hinwandern, die Ihr auf normalem Weg den *PictureBoxen* zugewiesen habt - oder das Standard-Icon der Anwendung? Das sind alles Resourcen innerhalb der fertigen EXE des Programms!

# *EXTRA 4* Workshop: Sounds mit API

## Heißt es der, die oder das API?

Die Begeisterung für Abkürzungen ist in den letzten Jahren enorm gestiegen. Ob nun EPS, ABS, DRAM, SCSI, IDE oder BSE - die Branche des vorliegenden Kürzels kann man selbst als Fachmann oft nur raten. Der Begriff *„API“* hat bereits einige Jahre auf dem Buckel und erfreut sich in der heutigen Zeit wachsender Beliebtheit, gerade bei den VB-Einsteigern. Die schlichte und einfache Übersetzung dieser wichtigen Abkürzung lautet:

*„**A**pplication **P**rogramming **I**nterface“*,

was soviel heißt wie: Programmierschnittstelle für Anwendungen.

Es heißt also: *„Das API“*. Sehr beliebt auch die Redewendung: *„Hast' de schon von die API jehört?“* Ich möchte mich schon mal entschuldigen, falls meine Wenigkeit sich zu solch undeutschen Formen hinreißen lässt. Wozu ist nun diese **Schnittstelle** zu gebrauchen und warum fahren alle so unheimlich darauf ab? Böse Zungen behaupten, das liegt am beschränkten Funktionsumfang von Visual Basic.

Ich sage, es ist ein vorteilhafter Bestandteil von Visual Basic, die Windows-API verwenden zu können! Programmieren wir in VB, dann steht uns ein gewisser Pool von Funktionen und Steuerelementen zur Verfügung. Für Tausende von Anwendungsfällen sicherlich ausreichend, aber für den tausendundersten Fall eben doch nicht! Steht man vor dieser Problematik, dann gibts oft einen genialen Ausweg.

Man sucht sich die entsprechende Funktion im Windows-Funktionsbereich, der nicht über den normalen Weg aus VB heraus verfügbar ist. Hat man die gesuchte Funktion gefunden, dann muss dem VB-Projekt nur noch mitgeteilt werden, in welcher Windowsdatei (DLL) sich die Funktion befindet und wie diese heißt. Dieser Vorgang schimpft sich **Funktionsdeklaration**.

Da sich dieser Suchvorgang für „normalsterbliche“ Windowsprogrammierer sehr schwierig gestaltet, stehen in hunderten von Fachlektüren, Internetseiten oder Newsgroups diverse Artikel oder Samples bereit, die den Einsatz dieser API-Funktionen erklären. Dort kann man genau nachlesen, wie die eine oder andere API-Funktion in Visual Basic eingebunden wird und wie man diese am besten verwendet.

Jeder professionelle Programmierer ist aber im Besitz des *„Win32 SDK“* aus dem *„Microsoft Developer Network“*. In diesem Wissenswerk aus erster Hand steht alles notwendige und noch vieles mehr rund ums Thema Windows-API. Ihr braucht dieses Paket aber nicht gleich zu kaufen (darum übersetze ich es auch nicht!). Das Stöbern auf speziellen API-Internetseiten bringt Euch sicherlich auch ans Ziel.

Weil wir aber nun in VB4Kids-Memory eine API-Funktion benötigen, möchte ich Euch die einfache Variante kurz vorstellen. Die lautet: *„Schaut Euch die Deklaration der Funktion an, übernehmt diese Anweisung so wie sie ist und ändert sie nicht!“* Hinzufügend sei noch erwähnt, dass Ihr auch nicht anfangen solltet, die Deklaration einer API-Funktion zu verstehen, wenn Ihr nicht zum alten Eisen der Programmiererwelt gehört! Wir stoßen hier an die Grenzen der höheren Programmiersprache C/C++!

Macht Euch auch mit dem Gedanken vertraut, dass die Verwendung von API-Funktionen ruck zuck eine „Allgemeine Schutzverletzung“ oder andere böse Scherze verursachen kann! Das passiert oft schneller als man denkt. Am besten nur gut kommentierte Beispiele übernehmen und nicht so viel rumexperimentieren!

## Deklaration der API-Soundfunktion

Der Einsatz von kleinen *„Samples“* (Soundeffekten) kann eine Anwendung enorm aufwerten. Ich rede hier nicht nur von Spielen. Auch andere Programme werden in der Bedienung als angenehmer empfunden, wenn **dezente**, akustische Signale integriert sind. Es soll Programmierer geben, die ihre Kollegen mit einem total übersteuerten Frauenschrei beim Programmstart an den Rand eines Herzinfarktes geführt haben. Also, nie den Lautsprecher zu weit aufdrehen und die Kreislauftropfen in Reichweite halten!

Wie Ihr bereits beim Testen von *VB4Kids-Memory* hören konntet, gibt es zu diversen Aktionen eine akustische Untermalung. Möglich gemacht werden diese Effekte durch die Verwendung einer speziellen Windows-API-Funktion. Das hat für uns einen großen Vorteil. Diese Funktion ist nämlich so schlau, die nimmt uns den ganzen Kram ab, der mit der Ansteuerung der vielen verschiedenen Soundkartensysteme zusammenhängt! Wir übergeben einfach die WAVE-Datei und das wars schon.

```
Private Declare Function sndPlaySound Lib "winmm" Alias _
                         "sndPlaySoundA" (lpszSoundName As Any, _
                         ByVal uFlags As Long) As Long
```

***Listing 22-6:*** *Deklaration der Windows-API-Soundfunktion*

In dieser Form habt Ihr die eine oder andere Deklaration sicher schon einmal gesehen. Oft sind diese total „verschlüsselt“ und unglaublich lang! Wie schon angedroht, verzichten wir auf das Auseinandernehmen dieser Deklaration. Nur so viel: Fügt man diese Anweisung ins Projekt ein, dann ist Euer VB ein bisschen umfangreicher geworden. Ihr habt damit den Befehlssatz um eine besondere Funktion, die da heißt: `sndPlaySound()` erweitert. Die betreffende Stelle habe ich im *Listing 22-6* fett markiert.

Leider ist es nicht allein mit der komplizierten Deklaration getan. Gerade diese Soundfunktion erfordert auch noch eine besondere Art und Weise beim Aufruf. Doch die meisten API-Beispiele zeigen nicht nur die Deklarationsform (siehe *Listing 22-6*), sondern bieten auch gleich noch einen entsprechenden Funktionsaufruf. So soll es auch an dieser Stelle geschehen.

## Verwendung der Soundfunktion

Erweitert jetzt bitte das *Listing 22-5* von Seite 181 anhand der folgenden Anleitung:

1. Fügt dem Projekt das Modul `Memory.bas` aus dem Sourcecodeverzeichnis des Programms *VB4Kids-Memory* hinzu. Darin ist die Deklaration der API-Funktion und eine Prozedur für die Verwendung der Sound-Funktion enthalten.
2. Fügt nun auf der Form eine **weitere Schaltfläche** mit dem **Namen** *„Command2“* und der **Caption-Eigenschaft** *„Sound“* hinzu: Ein Klick auf diesen Button soll einen Sound aus der Resourcendatei ertönen lassen. Wie realisiert man diese Funktion?
3. Es fehlt noch die Click-Ereignisroutine in `Form1` für die neue Schaltfläche `Command2`. Also noch die letzten drei Zeilen des nachfolgenden Listings dem Code in `Form1` hinzufügen und fertig ist die Erweiterung.

```
Private Sub Command1_Click(Index As Integer)
    If Index = 0 Then
        Picture1.Picture = LoadResPicture(2002, vbResBitmap)
    Else
        Picture1.Picture = LoadResPicture(2006, vbResBitmap)
    End If
End Sub

Private Sub Command2_Click()        } NEU
    LetsRock IDS_ERROR
End Sub
```

Habt Ihr alles richtig gemacht, dann müsste sich das Fenster etwa so zeigen, wie es in *Abb. 22-9* dargestellt ist. Beachtet hierbei noch einmal, dass es jetzt im Beispiel zwei *Klickereignis-Prozeduren* gibt. Jeweils eine Prozedur für die beiden *Command1-Buttons* und eine für den *Command2-Button*.

***Abb. 22-9:***
*Der neue Button „Sound" zur Aktivierung eines Samples aus der Resourcendatei*

Das war es auch schon! Mehr ist zur Ausführung des Experiments nicht zu tun! Startet jetzt das Programm und klickt auf den Sound-Button. Jetzt müsste der Sound ertönen den Ihr im Spiel *VB4Kids-Memory* hört, wenn eine falsche Kartenpaarung gewählt wurde - Oooh ... Oooh!

Der Aufruf der Soundfunktion gestaltet sich nun recht einfach und doch steckt eine Menge Holz dahinter. Die genaue Erklärung der Funktion `LetsRock()` ersparen wir uns hier. Diese Funktion ist eine Hilfe für Euch, um die API-Soundfunktion aufrufen zu können. Betrachtet das neue Modul `LibFunctions(Memory.bas)` als einfache „Black-Box" ohne verwirrende fortgeschrittene Erläuterungen. Schließlich soll hier nicht der *„Schwarze"*, sondern der *„Weiße Gürtel in VB"* erkämpft werden!

Gehen wir die Funktionskette mal zurück und versuchen anhand des vorhandenen Quellcodes herauszufinden, welche Sounddatei genau in diesem Beispiel angesprochen wird. Am Anfang steht die Funktion `LetsRock()` in der Klickereignisroutine des `Command2`-Buttons:

```
LetsRock ( <ResourcenID>, [<WaitForFinish>] )
```

Parameter:

| | |
|---|---|
| ResourcenID: | **Long**: Die Nummer des Sounds in der Resourcendatei "Memory.res" |
| WaitForFinish: | **Boolean**: Falls *True*, dann kehrt die Funktion erst wieder zurück, wenn der Sound komplett abgespielt wurde. Bei *False* kehrt die Funktion sofort zurück! |

Diese Funktion steht im Modul `Memory.bas`, welches in das kleine Beispielprojekt eingebunden ist. Dort findet man noch einige andere tolle Dinge, die mehr oder weniger mit der Soundverwaltung zu tun haben. Konzentriert Euch daher nur auf die relevanten Prozeduren, die an dieser Stelle erklärt werden. Der Rest folgt in den nachfolgenden Kapiteln.

In der Syntaxbeschreibung gibt es einen zweiten Parameter, der zwar jetzt nicht zum Zuge kam, doch im Spiel *VB4Kids-Memory* eine wichtige Bedeutung hat. Übergibt man nämlich für `WaitForFinish` den Wert `False`, dann läuft unser Programm nach Aufruf der Funktion sofort weiter! Multitasking pur! Während unsere Anwendung fleißig weiterschuftet, läuft im Hintergrund die weitere Abarbeitung der angestoßenen Soundausgabe.

Warum diese Funktion manchmal sofort zurückkommen soll und manchmal nicht, das hat rein Gestaltungsgründe. Auch hierzu später mehr! Was wollten wir doch gleich tun? Ach ja, welche Sounddatei liegt hinter der Resourcen-ID: `IDS_ERROR`? Um das zu klären, sollte man wissen, was überhaupt `IDS_ERROR` ist? Klickt jetzt mit der rechten Maustaste auf diese Zeichenfolge im VB-Editor und dann auf den Popup-Menüpunkt *„Definition“*.

Schwups landet man in `LibFunctions (Memory.bas)`. In diesem Modul findet man nicht nur die API-Deklaration und den Prozeduraufruf von `LetsRock()`, sondern auch alle Resourcennummern der Sound- und Bilddateien! Bereits beim Thema Konstanten wurde klar, dass es Sinn macht, konstante Werte zentral im Programm zu verwalten. Diesem Motto bin ich in diesem Modul gefolgt.

Jetzt kennen wir den Wert der Konstanten `IDS_ERROR`, der da heißt: „1004“. In der entsprechenden Resourcendatei sucht man sich jetzt noch die richtige Zeile raus und schon ist die WAVE-Datei aufgespürt.

Auszug aus `Memory.rc` (Diese Resourcen-Skriptdatei steht im Quellcodeverzeichnis von *VB4Kids-Memory*):

```
     ...
     1003   WAVE   DISCARDABLE    "sounds\\bonus.wav"
---> 1004   WAVE   DISCARDABLE    "sounds\\error.wav"
     1005   WAVE   DISCARDABLE    "sounds\\start.wav"
     ...
```

Nur noch mal zum Verständnis: Wir kennen die Nummer von *„Error.wav“* innerhalb der Resourcendatei und könnten theoretisch auch: `LetsRock 1004` als Aufruf schreiben. Aber: Es kann durchaus passieren, dass die gesamte Resourcendatei umgemodelt wird und sich die Nummern verschieben! Was tun wir dann? Wir brauchen nur die Konstanten im Modul `LibFunctions(Memory.bas)` anpassen. Die ganzen Soundaufrufe innerhalb der Anwendung sind davon aber nicht betroffen! Alles klar?

Ruft die Funktion `LetsRock()` ruhig mal mit einer anderen Sound-Konstanten auf und vor allem auch mit einer ungültigen Zahl (z. B. „8492“). Man bekommt erst ein richtiges Gefühl für derartige Aufrufe, wenn die Grenzen bekannt sind - wenn es richtig kracht! Doch keine Angst! Der PC wird hier nicht gleich in seine Einzelteile zerlegt. Beim Versuch, eine Resource mit einer unbekannten Resourcennummer zu laden, gibt es von VB lediglich eine rote Karte.

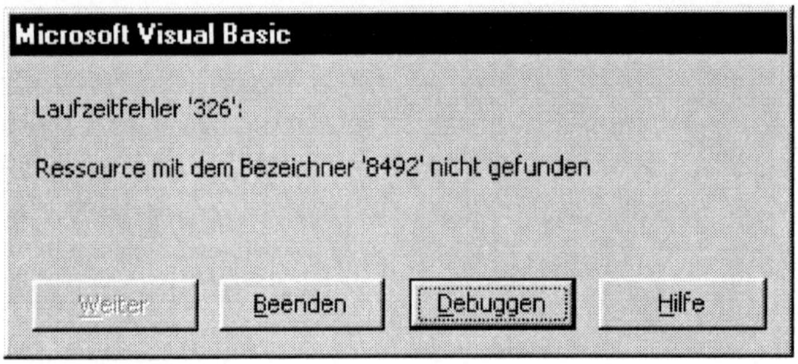


***Abb. 22-10:***
*Aufruf von `LetsRock()` mit ungültiger Sound-ID*

# EXTRA 5 Workshop: Collection

## Objekte mit Methoden und Eigenschaften

Es fehlt nur noch ein kleines Stück zum Glück. Sounds und Grafiken können wir jetzt schon in unserem Spiel einsetzen. Doch was hat die Funktion `HoleZufallsPool()` im Modul `LibFunctions` zu bedeuten? Zur Klärung dieser wichtigen Kernfunktion des Spiels *VB4Kids-Memory* beschäftigen wir uns jetzt mit dem **Collection-Object**.

In Visual Basic wimmelt es nur so von Objekten. Alle Controls wie Buttons, Eingabefelder und auch die Fenster selbst sind Objekte mit ganz bestimmten Eigenschaften. Um ein Objekt zu erzeugen, musstet Ihr bisher nix weiter tun, als ein Control auf der Form zu platzieren. Anschließend spricht man es einfach mit dem Control-Namen an und kann dessen Eigenschaften anpassen.

So geschehen auch im vorangegangenen *Listing 22-5* auf Seite 181, wo wir die PictureBox `Picture1` mit einer Bitmap aus der Resourcendatei füllen. Ähnliche Zuordnungen begegnen einem VB-Programmierer ständig, aber viele sind sich gar nicht darüber im Klaren, was hier eigentlich passiert. Ich habe die betreffende Zeile aus dem angesprochenen Listing noch einmal herausgenommen, um Euch zu zeigen, worum es geht:

```
Picture1.Picture = LoadResPicture(2002, vbResBitmap)
```

| | |
|---|---|
| *Das Object PictureBox* | *Eigenschaft einer PictureBox* |

Objekte besitzen also Eigenschaften, die einem bestimmten Datentyp entsprechen! Das macht dieses Thema zu einem der komplexesten Gebilde überhaupt. Der Aufbau aller Objekte gestaltet sich nach dem selben Prinzip. Lediglich die Bedeutung der vielen Eigenschaften und Methoden eines eigenständigen Objekts machen den feinen Unterschied aus. Schauen wir uns noch ein paar Beispiele an, die jedem von Euch VB-Programmierern sichern schon bekannt sind:

```
Object.Eigenschaft/Methode

Form1.Caption          Eigenschaft
Form1.Height           Eigenschaft
Form1.Show             Methode
Text1.Text             Eigenschaft
Command1.Caption       Eigenschaft
Command1.Visible       Eigenschaft
```

Der Unterschied zwischen *Eigenschaft* und *Methode* eines Objekts ist recht einfach. Eine ***Eigenschaft*** ist wie eine gewöhnliche, nach außen hin ***sichtbare Variable*** des Objekts zu betrachten. Eine ***Methode*** hingegen ist eine ***öffentliche Prozedur*** dieses Objekts, die in der Regel etwas in Gang setzt, anstatt nur einen Wert zu ändern. Nun kann man mit den vielen Eigenschaften eines solchen „Containers" viel Unfug treiben. Doch in der Regel passiert bei falschen Zuordnungen nix Schlimmes, da der Zugriff gut geschützt ist.

Ich möchte damit sagen, dass der Sinn von Objekten im Prinzip darin besteht, eine zusammengehörende, komplexe Funktionsgruppe für den Endanwender übersichtlich und mit einfachen Zugriffsmöglichkeiten ausgestattet, anzubieten. Schaut Euch nur mal das Control `Form` an. Gerade C++-Freaks wissen was es bedeutet, ein Fenster zu programmieren. In VB wird eine `Form` im Projekt einfach *„hinzugefügt"*. Nun können wir uns gemütlich zurücklehnen und auf alle Eigenschaften und Methoden dieses komplexen Gebildes zugreifen.

## Erzeugen einer Auflistung

Um zum eigentlichen Thema zurückzukommen: Im Spiel *VB4Kids-Memory* haben wir es mit viel Zufall zu tun. Es ist alles dermaßen zufällig, dass ich mich entschlossen habe, für diese Zufälle eine separate Funktion zu schreiben. Der Kern des Übels liegt in der Notwendigkeit, dass jeder Spiellevel eine gewisse Anzahl von Kartenpaarungen benötigt, die auch noch mit zufälligen Kartenmotiven zusammengestellt werden müssen.

Es wäre also toll, wenn wir eine Funktion hätten, die uns eine bestimmte Menge von zufällig erzeugten Zahlen zurückgibt. Bis hier nicht weiter schwer, oder? Hinzu kommt aber noch die folgende Regel: Jede Zahl darf natürlich nur einmal vorkommen! Das ist schon etwas kniffliger.

Mit den bisherigen Kenntnissen aus der VB-Grundlagenprogrammierung würdet Ihr, als eingefleischte Coder, instinktiv zu einer Datenliste (Array) zurückgreifen, um solch einen Zufallspool zu erzeugen. Kann man durchaus tun. Möchten wir z. B. sechs Zufallszahlen haben, dann würde eine Schleife vermutlich Zahl für Zahl erzeugen und in der Datenliste ablegen. Anschließend müssten aber irgendwie die doppelten Einträge wieder raus! Insgesamt eine komplizierte Geschichte, die den Rahmen einer schlichten Prozedur sprengt.

Doch es gibt eine elegantere Lösung, die mit dem **Collection-Object** zu realisieren ist. Eine **Collection** ist wie ein Topf in den man jederzeit was reinpacken und wieder rausnehmen kann. Diese Klasse ist durchaus mit einem *Array* vergleichbar. Der Clou beim Collection-Object: Es gibt wesentlich bessere Methoden, um auf die Datenelemente zuzugreifen!

Zum Vergleich hier die „normalsterbliche“ Variante zur Erzeugung einer Datenliste mit dem Datentyp Array:

**Variante 1**

```
Private Sub Sammelkiste()
    Dim aPool(2) As String

    aPool(0) = "Auspuffmuffenhalterung"
    aPool(1) = "Kalibrierungsverstärker"
    aPool(2) = "Kugellagerenteisungsflüssigkeit"
End Sub
```

***Listing 22-7:*** *Erzeugung der Datenliste mit einem Array*

Der Zugriff auf die so erzeugten Array-Datenelemente wurde ja bereits in diesem Buch erläutert. Doch wie lösen wir die Aufgabe mit dem neuen Collection-Object?

**Variante 2**

```
01 Private Sub Sammelkiste()
02     Dim oPool As Collection
03
04     Set oPool = New Collection
05
06     oPool.Add "Auspuffmuffenhalterung"
07     oPool.Add "Kalibrierungsverstärker"
08     oPool.Add "Kugellagerenteisungsflüssigkeit"
09
10     Dim xWert As Variant
11
12     For Each xWert In oPool
13         MsgBox xWert
14     Next xWert
15 End Sub
```

***Listing 22-8:*** *Erzeugung einer Datenliste mit „Collection“*

Erklärung:

Zeile 02:
Die Deklaration der *Collection* erfolgt mit dem Schlüsselwort `Dim`. Als Datentyp ist hier der Name des Objekts erforderlich. Aber Achtung: Im Gegensatz zu den normalen Variablen wurde das Collection-Object mit dieser Programmzeile noch nicht erzeugt! Das Run-Time bereitet lediglich seine „Geburt“ vor. Die eigentliche Erzeugung von Objekten muss man mit dem Schlüsselwort: `Set` (siehe Zeile [04]) durchführen. *PS: „Es gibt noch eine andere Methode zur Erzeugung, die wir an dieser Stelle aber nicht besprechen müssen!“*

Zeile 04:
So wird ein Object erzeugt. Die beiden Schlüsselwörter `Set` und `New` sind in dieser Variante ein unzertrennliches Paar. Nach Ausführung dieser Zeile ist unsere *Collection* endlich einsatzbereit; Allerdings besitzt sie noch kein Datenelement!

Zeilen 06-08:
Die Methode `.Add` erzeugt in der *Collection* ein neues Element. Wir müssen uns hierbei um keine Indizies kümmern. Alles passiert im Hintergrund. Existieren schon Elemente in dieser Auflistung, dann wird das neue Teil einfach am Ende angehängt.

Zeile 10:
Zur Ausgabe der soeben erzeugten Elemente in der Auflistung `oPool` benötigen wir die Hilfsvariable `xWert` vom Typ Variant. Genau dieser Datentyp ist für die nachfolgende Technik notwendig!

Zeilen 12-14:
Jeder kennt inzwischen die *For ... Next-Schleife*. Die hier verwendete Schleife läuft ähnlich, jedoch mit viel weniger Aufwand. Mit der ***For ... Each ... Next-Anweisung*** erfolgt ein Schleifendurchlauf für jedes vorhandene Element innerhalb einer Auflistung. Die Auflistung ist unser Objekt `oPool` und das entsprechende Element finden wir innerhalb der Schleife in der Variablen `xWert` wieder.

Wir müssen uns hierbei um nix kümmern. VB füttert die Variable `xWert` automatisch mit dem jeweiligen Element. An dieser Stelle möchte ich Euch empfehlen, im Quellcode das Wort *„Each“* zu markieren und mal wieder die F1-Taste zu drücken. Die Online-Hilfe kann auch zu diesem Thema viel Wissenswertes bieten!

Auch wenn wir im *Listing 22-8* nicht aus dem Vollen schöpfen, so lasst uns doch einen Blick auf den Rest des Collection-Objekts werfen. Was gibt es denn noch so für tolle Methoden und Eigenschaften? Damit der ahnungslose Programmierer nicht nachts um drei seinen Computer-Freund aus dem Bett klingeln muss, hat VB eine kleine Hilfe integriert, die zumindest einen Ansatz bei der Suche nach Methoden und Eigenschaften bietet. Die Rede ist vom Objektkatalog.

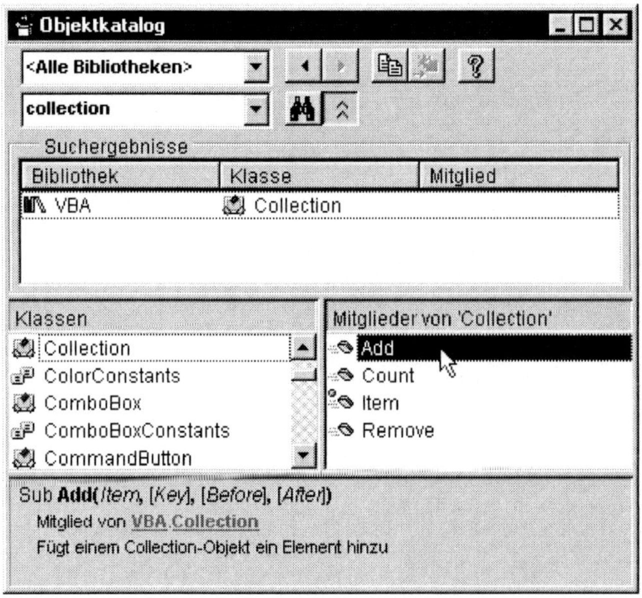


***Abb. 22-11:***
*Der Objektkatalog von Visual Basic gibt Aufschluss über die Methoden und Eigenschaften der vielen Objekte. Aufgerufen wird dieses Nachschlagewerk im Editor mit der Taste [F2].*

Was habe ich nun getan, um diese Ansicht hinzuzaubern? Ich habe einfach die F2-Taste gedrückt und im Suchfeld neben dem Fernglas den gewünschten Objekt- oder auch Klassennamen *Collection* eingegeben. Anschließend auf das Fernglas klicken oder Enter drücken und schon stehen wir im Katalog an der richtigen Stelle! Das linke Fenster unten zeigt alle Klassen, die uns zur Verfügung stehen.

Klickt man auf eine dieser Klassen, dann tun sich im rechten Fenster alle existierenden Methoden und Eigenschaften auf; Als Bonus im unteren Teil sogar noch eine Syntaxbeschreibung für „arme Leute". Da sehen wir ja auch die Methode `.Add` aus dem *Listing 22-8* wieder! Außerdem gibt es da noch drei weitere Einträge. Mit `.Count` könnt Ihr z. B. erfahren, wie viele Elemente in der Collection enthalten sind.

Wer den Objektkatalog beherrscht, ist mit Sicherheit kein Anfänger mehr. Aber auch wenn Ihr noch nicht den richtigen Durchblick habt; Ihr werdet beim Thema Klassen und Objekte immer mehr dazulernen und eines Tages über die hier angesprochenen Untiefen nur noch herzlich lächeln können!

## Verhinderung von doppelten Einträgen

Zurück zur Funktion `HoleZufallsPool()` im Modul `LibFunctions`. Die Erzeugung von Elementen haben wir jetzt kennen gelernt. Fehlt nur noch der Trick mit der Vermeidung von doppelten Einträgen in der Auflistung, damit wir auch wirklich eindeutige Zufallszahlen erhalten. Die Methode **Collection.Add()** liefert hierzu eine einfache Lösung. Im unteren Teil von *Abb. 22-11* steht die ausführliche Syntax dieser Methode.

Der erste Parameter *<Item>* ist das Element selbst (z. B. ein String oder eine Zahl), das hinzugefügt werden soll. Der wichtige zweite Parameter *<Key>* ist ein Schlüsselbegriff, der die Sortierung in der fertigen Auflistung beschreibt. Dieser *<Key>* muss zwar nicht angegeben werden, doch für unsere Problematik ist er genau der richtige Ansatzpunkt.

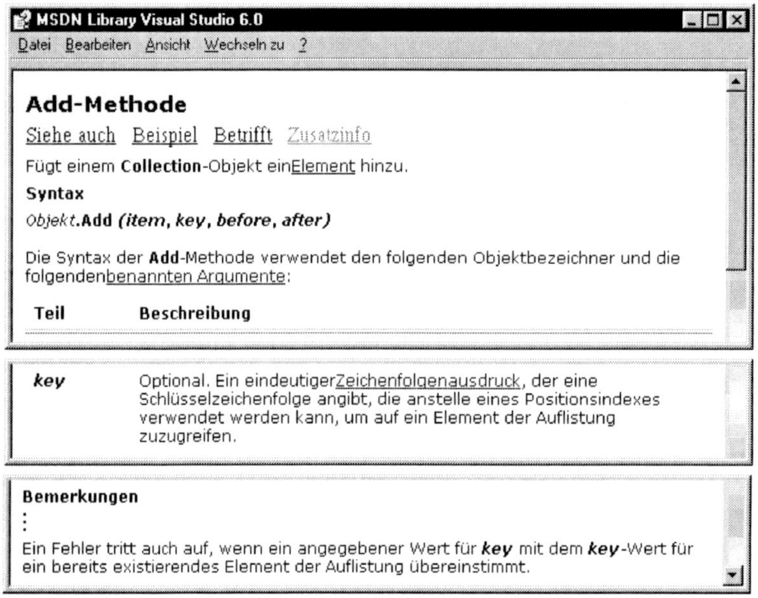


***Abb. 22-12:***
*Die Online-Hilfe mit einer sehr wichtigen Bemerkung zur "Add"-Methode der Collection-Klasse*

Der Schlüssel <Key> kann nur einmal in der Auflistung existieren. Was passiert, wenn man versucht ein Element mit einem bereits existierenden Schlüssel hinzuzufügen, steht im unteren Teil der *Abb. 22-12*. VB generiert einen Laufzeitfehler und das Programm findet sein schonungsloses Ende. Allerdings kann dieser Fehler abgefangen werden!

Was hat das nun mit dem Verhindern von doppelten Einträgen zu tun? Stürzen wir uns endlich wieder auf Prozeduren aus dem Quellcode von *VB4Kids-Memory* und machen dem Rätselraten ein Ende. Das nachfolgende Listing stammt aus den Originalsourcen des Spiels. Die Funktion liefert eine *Collection* mit zufällig erzeugten Zahlen zurück. Beim Aufruf können wir hierbei die gewünschte Anzahl und den Zahlenbereich angeben.

```
01 Public Function HoleZufallsPool(nMax  As Integer, _
02                                 nEnde As Integer) As Collection
03     Dim oPool As Collection
04     Dim nZahl As Integer
05
06     On Error Resume Next
07
08     Set oPool = New Collection
09     Randomize -Timer
10
11     Do While oPool.Count < nMax
12         nZahl = Int(Rnd() * nEnde) + 1
13         oPool.Add nZahl, CStr(nZahl)
14     Loop
15
16     Set HoleZufallsPool = oPool
17
18 End Function
```

***Listing 22-9:*** *Eine eindeutige Zufallsmaschine mit dem Collection-Objekt*

Erklärung:

| | | |
|---|---|---|
| Parameter: | `<nMax>` | gewünschte Anzahl der Zufallszahlen |
| | `<nEnde>` | größte Zahl, die der Generator verwenden darf |

Zeilen 03-04:
Die Funktion benötigt lediglich zwei Variablen. Natürlich unser Collection-Objekt `oPool`, das die erzeugten Zahlen zurückliefern wird und `nZahl` zum Zwischenspeichern der Zufallszahl.

Zeile 06:
Diese neue Anweisung gehört zum großen Thema der Fehlerbehandlung und wurde in diesem Buch noch nicht näher erläutert. Bisher haben wir Superprogrammierer uns um die Fehlerbehandlung keine Gedanken gemacht. Doch jetzt wird es in den nächsten Programmzeilen vielleicht einen Laufzeitfehler geben, da wir in der Collection-Klasse mit ziemlich hoher Wahrscheinlichkeit einen doppelten Schlüssel erzeugen.

Weil uns dieser Fehler aber nicht stört, kann der Fehlermeldungsmechanismus innerhalb dieser Prozedur getrost abgeschaltet werden. Genau das tut die Anweisung: `On Error Resume Next`, was soviel heißt wie: *„Falls es einen Fehler gibt, dann fahre einfach mit der nächsten Programmzeile fort!"*.

Zeile 08:
Die Auflistung ist zwar schon deklariert, doch noch existiert diese nicht! Wir erinnern uns, dass Objekte mit der Set-Anweisung ins Leben gerufen werden. Diesen Vorgang

führen wir in dieser Zeile durch. Ab jetzt kann man der Auflistung `oPool` frisch und munter Elemente hinzufügen.

Zeile 09:
In früheren Beispielen oft gesehen und immer noch nicht ganz verstanden? Also, immer wenn wir die Zufallsfunktion `Rnd()` verwenden möchten (siehe Zeile [12]), dann schön den internen Startwert für den Zufallsgenerator zurücksetzen. Spaßeshalber könnt Ihr diese Zeile ja mal auskommentieren! Spielt so ruhig mal ein bisschen, beendet das Programm und startet es dann wieder. Erstaunlich, wie sich die Kartenpaarungen wiederholen - trotz Zufallsfunktion!

Zeile 11:
Hier beginnt die Hauptschleife zur Erzeugung der Zahlenauflistung. Die Eigenschaft `oPool.Count` (siehe auch *Abb. 22-11*) dient dabei als Kontrolle, ob bereits genügend Elemente erzeugt wurden. `oPool.Count` liefert nämlich die Anzahl aller in der Auflistung existierenden Datenelemente.

Zeile 12:
Endlich: Die Zufallsfunktion spuckt eine Zahl aus. Der Aufbau dieser Technik zur Eingrenzung des Zahlenbereichs dürfte inzwischen in Fleisch und Blut übergegangen sein.

Zeile 13:
Die Schlüsselzeile schlechthin: Die Auflistung `oPool` bekommt ein neues Element zugewiesen, oder doch nicht?! Als zweiter Parameter steht die erzeugte Zufallszahl (aus Zeile [12]) - als Zeichenkette umgewandelt, weil dieser <Key>-Parameter ein String sein muss (siehe auch Beschreibung von <Key> in *Abb. 22-12*)! Wenn diese Schlüsselzahl schon in der Auflistung existiert, dann würde uns VB jetzt böse anschimpfen und das Programm beenden. Aber genau diese Möglichkeit haben wir in Zeile [06] abgeschaltet. Also ignoriert VB diesen Fehler, fügt somit das Element nicht hinzu und fährt einfach mit der nächsten Anweisung fort.

Zeile 16:
Wir haben gelernt, dass Funktionen ihre Rückgabewerte erhalten, indem man dem Funktionsnamen eine entsprechende Zahl, Zeichenkette o. ä. zuweist. Natürlich können Funktionen auch Objekte zurückgeben und daher steht in dieser Zeile die *Set-Anweisung*. Wie bei der Erzeugung von Objekten, so muss auch beim Bereitstellen eines Objekt-Rückgabewertes mit dieser Variante vorgegangen werden. Die Auflistung `oPool` geht sozusagen als Kopie an die aufrufende Prozedur zurück und kann dort verwendet werden.

Diese Funktion ist universal einsetzbar. Sie könnte z. B. auch als Lottozahlen-Generator dienen oder in Euren zukünftigen Projekten Einzug halten. Zwar fehlt hier noch ein Beispiel zur Verwendung der Prozedur, doch die nächsten Kapitel beinhalten natürlich auch diesen Fall. Damit ist die Workshop-Reihe abgeschlossen. Stürzen wir uns nun endlich auf den Kern des Spiels ...

# *EXTRA 6* Prozeduren zum Spiel

## Verwaltung der Spielkarten

Bevor wir richtig loslegen sollte sich jeder noch einmal vergewissern, dass er die Spielregeln von *VB4Kids-Memory* verstanden hat. Notfalls muss man noch einmal ein paar Runden spielen! Dürfte auch nicht schwierig sein. Die folgenden Erklärungen können nur vernünftig überblickt werden, wenn das Spieldesign in Form und Ablauf bekannt ist.

Was ist nun des Pudels Kern in der Kartenverwaltung? Vielleicht eine andere Frage: Woraus besteht der Kern eines Schachspiels? Beim Schach muss das Programm jederzeit wissen, an welcher Stelle jede einzelne Figur steht und welche schlauen Züge sich aus dieser Anordnung ergeben könnten. Wir haben es beim Memory wesentlich einfacher. O. k., die Position der Karten sollte schon bekannt sein, doch Züge müssen nicht errechnet werden und das erspart uns eine Menge Gripsarbeit!

In `frmBoard.frm` befindet sich eine Auflistung von PictureBoxen mit genau 20 Elementen. Die Nummerierung fängt oben links mit „0“ an und endet unten rechts mit dem Index „19“. Die PictureBox selbst beinhaltet eine wichtige Information, die den Zustand dieser Karte beschreibt. Es gibt insgesamt drei Karten-Zustände, die im Spiel auftreten können:

| | | |
|---|---|---|
| 1. | Karte noch verdeckt | `" "` |
| 2. | Karte wurde aufgedeckt (während des Suchens) | `"X"` |
| 3. | Karte wurde richtig geraten und ist aufgedeckt | `"OK"` |

Hinter jedem dieser drei Punkte findet Ihr eine Zeichenkette, die im Programm als Kennzeichen dieser Zustände dient. Aber wo legt man diese am geschicktesten ab? Nahezu alle Controls besitzen eine universell einsetzbare Eigenschaft, die sich „Control.***Tag***“ nennt. Diese Eigenschaft ist wie eine Variable für alles und kann daher als Speicher für unsere Kartenzustände herhalten.

Dieser Container ist wirklich praktisch und sehr einfach zu bedienen. Also packen wir das Zustandskennzeichen direkt in die jeweilige PictureBox, wo sie logischerweise auch hingehört. Somit kann an verschiedenen Stellen genau erkannt werden, ob die Karte umgedreht ist oder nicht. Das Auge isst mit und daher schauen wir uns das einmal an einem praktischen Beispiel an.

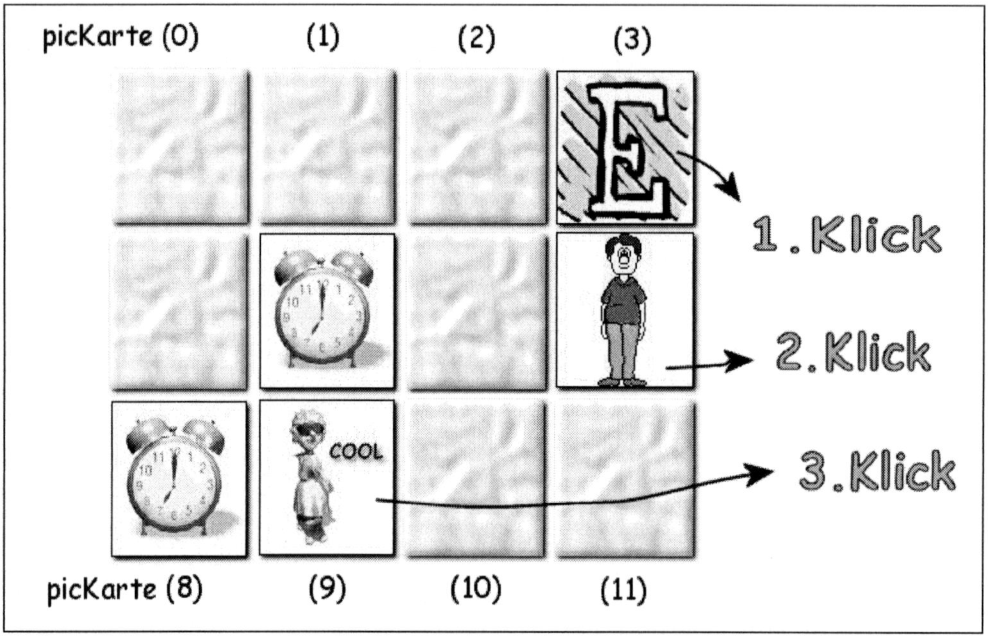


***Abb. 22-13:*** *Eine kleinere Version des Spielfeldes von VB4Kids-Memory*

Diese Abbildung soll den Zeitpunkt mitten im Spiel darstellen. Der schlaue User hat es nach zwölf Versuchen geschafft, endlich die beiden Weckermotive aufzudecken. Die nächsten Kartengruppen kann er jedoch nicht finden. Die Darstellung zeigt nun, welche Karten bereits aufgedeckt und welche im Versuchsstadium sind. Wie sieht jetzt der Zustand der verschiedenen Tag-Eigenschaften (*Control.Tag*) aus?

**`PicKarte(x).Tag`**

| | | | |
|---|---|---|---|
| (0) | (1) | (2) | **(3) = "X"** |
| (4) | **(5) = "OK"** | (6) | **(7) = "X"** |
| **(8) = "OK"** | **(9) = "X"** | (10) | (11) |

Doch leider genügt es nicht, zu wissen, ob die Karte umgedreht wurde oder nicht. Genauso wichtig ist die Anzahl der Vorkommen dieser Karte auf dem Spielfeld. Weiterhin wäre da noch das Problem des richtigen Kartenmotivs! Stellt Euch vor, der User klickt auf eine verdeckte Karte. Folgerichtig müssen wir diese aufdecken und das Motiv anzeigen. Somit ist das Speichern der Motiv-Nr. (Resourcen-ID) auch fester Bestandteil der benötigten Karten-Informationen!

Es gilt also **drei Informationen zu jeder Karte** abzuspeichern. Nicht zu verwechseln mit den zuvor besprochenen drei Varianten des Zustandes einer Karte (aufgedeckt, verdeckt etc.). Ich meine diese drei Dinge:

1. Kartenzustand (verdeckt, aufgedeckt)
2. Gesamtzahl dieses Motivs im gesamten Spiel
3. Resourcen-ID des Motivs (zur Darstellung der Kartengrafik)

Punkt 1 ist bereits erledigt, denn der Kartenzustand selbst steht in der *Tag-Eigenschaft* der *PictureBox*. Für die übrigen beiden Punkte 2 und 3 müssen wir wohl auf zusätzliche Variablen zurückgreifen. Das ist aber nicht weiter schlimm. Weil der gesamte Spielplan aus einer Auflistung von genau 20 Elementen besteht, braucht man einfach ein Array mit ebenfalls 20 Elementen.

Im Spiel *VB4Kids-Memory* findet Ihr genau dieses Array unter dem Namen `aPlan()` wieder. Dort sind also die fehlenden zwei Informationen (Gesamtzahl dieses Motivs und Resourcen-ID) für jede einzelne Karte hinterlegt. Im nachfolgenden Listing kann man den genauen Zusammenhang zwischen den *PictureBoxen* und diesem Array sicher besser überblicken.

## Ein neues Spiel starten

In der nun behandelten Prozedur sind einige Modulvariablen, die Ihr nicht im Deklarationsabschnitt findet. Die Erklärung dieser *„modulweiten"* Variablen findet man im Quellcode. Ich gehe nicht auf jede Zeile im Projekt ein. Wir konzentrieren uns vielmehr auf die Knackpunkte. Was passiert z. B. beim Starten eines neuen Spiels? Der Benutzer wählt im Menü *„Neues Spiel"* und stößt damit ein Folge von Prozeduren an, die das Spielfeld neu aufbauen und die Punkte- und Levelanzeige aktualisieren.

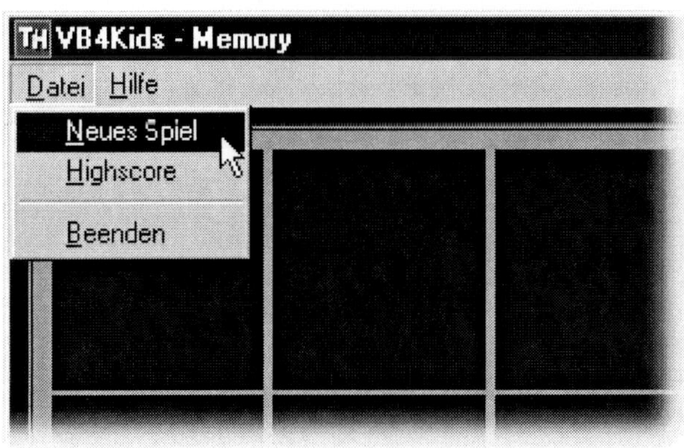


***Abb. 22-14:***
*Der Spieler möchte das Spiel starten, um den Frust und Stress des Alltags hinter sich zu lassen.*

Das Auswählen dieses Menüpunktes verursacht einen Aufruf der Prozedur `frmBoard: mnuNeuesSpiel_Click()`. Dort werden der Punkte- und Levelzähler zurückgesetzt und, ganz wichtig, die Generierung des Spielfelds ausgelöst. Dieser Spielplanaufbau steht in der Prozedur `NeuesLevel()` und bekommt nun unsere prüfenden Augen zu spüren. Eine kleine Hürde am Anfang ist für Euch vermutlich die Zuordnung der Variablen zu überblicken. Doch die nachfolgende Erklärung hilft hierbei sicherlich.

Übrigens habe ich aus den abgebildeten Quellcodes alle Kommentare entfernt, um Platz zu sparen! Im ursprünglichen Projekt werdet Ihr aber viele, viele nützliche Zusatzinformationen finden. Es ist gerade an dieser Stelle sehr wichtig, dass das gesamte Projekt von Euch einmal durchgestöbert wird, um ein erstes Feeling zu bekommen. Also ruhig mal vom Anfang bis zum Ende einen ersten groben Ablauf suchen.

```
Private Sub NeuesLevel()
    Dim oKarten     As Collection
    Dim oZahlen     As Collection
    Dim aKartenPlan As Variant
    Dim nZahl       As Variant
    Dim nBildNr     As Integer
    Dim nAnzMotive  As Integer
    Dim nLoop       As Integer
    Dim nPicIdx     As Integer

    ReDim aPlan(19, 1)

    mnMaxKarten = 0
    picDeckblatt.Picture = GetPicture(IDB_DECKBLATT_A)

    aKartenPlan = HoleKartenplan(mnLevelNr)
    nAnzMotive = UBound(aKartenPlan) + 1

    LetsRock IDS_INTRO
    ShowStatus "Ready!", 3, True
    RefreshBonusAnzeige
    RefreshSkala

    Set oZahlen = HoleZufallsPool(nAnzMotive, 10)
    Set oKarten = New Collection
    For Each nZahl In oZahlen
        oKarten.Add IDB_PICTUREBASE + nZahl
    Next

    Set oZahlen = HoleZufallsPool(20, 20)

    For nBildNr = 1 To nAnzMotive
        For nLoop = 1 To aKartenPlan(nBildNr - 1)
            nPicIdx = oZahlen.Item(1) - 1
            oZahlen.Remove (1)
```

```
36                If picKarte(nPicIdx).Tag <> "" Then
37                    LetsRock IDS_CARD, True
38                End If
39                picKarte(nPicIdx).Tag = ""
40                picKarte(nPicIdx).Picture = picDeckblatt.Picture
41                aPlan(nPicIdx,FLD_BILDNR) = Val(oKarten.Item(nBildNr))
42                aPlan(nPicIdx,FLD_ANZAHL) = aKartenPlan(nBildNr - 1)
43            Next nLoop
44        Next nBildNr
45
46        ShowStatus ""
47        LetsRock IDS_START, True
48
49        Set oKarten = Nothing
50        Set oZahlen = Nothing
51    End Sub
```

***Listing 22-10:*** *frmBoard:NeuesLevel()*
*Erzeugen eines neuen Kartenplans auf dem Spielfeld*

Erklärung:

Zeilen 02-09:
Die genaue Bedeutung der einzelnen Variablen könnt Ihr in den folgenden Zeilen nachlesen. Die Variablentypen sind hierbei ziemlich wichtig! Das Collection-Object haben wir ja schon auf Seite 191 auseinander genommen!

Zeile 11:
In diesem Modul-Array `aPlan()` befinden sich zwei Informationen zu jeder der insgesamt 20 Karten auf dem Spielfeld: 1. die **Bild-Nr.** (Resourcen-ID) und 2. die **Anzahl der Motive** im aktuellen Level. Weil nun ein neues Spiel begonnen hat, muss diese Datenliste erst einmal gelöscht und neu angelegt werden. Darum also 20 Elemente („0-19“) für jede Karte und 2 Unterelemente („0-1“) für die beiden Informationen.

Zeile 13:
In `mnMaxKarten` merken wir uns während des gesamten Spiels die maximale Anzahl der Motive, die der User finden soll. Das bedeutet, beim ersten Klick auf eine Karte muss diese Variable gefüllt werden. Ab diesem Moment wissen wir auch, wie viele Karten der User noch anklicken darf bevor eine erste Auswertung erfolgt.

Zeile 14:
Die PictureBox `picDeckblatt` liegt unsichtbar auf der Form herum und hat eigentlich nur die Funktion, beim Verdecken einer Karte das entsprechende Motiv zu liefern. In dieser Zeile wird das Standardmotiv hineingepackt. Aber Achtung: Es kann sein, dass die Levelfunktion `HoleKartenPlan()` in Zeile [16] dieses Motiv ändert! Wer das Spiel bis zum Ende schon gespielt hat, dem dürfte bekannt sein, dass die letzten beiden Level ein

abweichendes Kartenmotiv der Rückseiten benutzen. Die Bedeutung von `GetPicture()` haben wir auf Seite 180 besprochen.

Zeilen 16-17:
Vorbereitend wird das Hilfsarray `aKartenPlan` durch die Level-Funktion `HoleKartenPlan()` mit einigen Datenelementen versorgt, die uns die Anzahl der Motive im aktuellen Level mitteilen. Schaut einfach mal in die Funktion hinein, um zu erkennen, wie dieses Array aufgebaut ist. Das dürfte nicht schwerfallen.

Hier ein kleines Beispiel: Nehmen wir an, das zurückgegebene Array sieht folgendermaßen aus: `HoleKartenplan = Array(2, 3, 3, 4, 4, 4)`
Dann gibt es insgesamt sechs verschiedene Motive (Anzahl der Elemente) mit der, im Array festgelegten Anzahl gleicher Karten. Dieses Beispiel entspricht dem Aufbau der Level von 1 bis 3. Die Summe der Zahlen aus `HoleKartenplan` muss immer 20 sein, weil wir nun mal 20 Karten auf dem Spielfeld haben!

Für die nachfolgenden Schritte benötigen wir die Anzahl der Motive und speichern diesen Wert daher in der Variablen: `nAnzMotive`.

Zeilen 19-22:
Dieser Block dient zur akustischen und visuellen Untermalung des Levelstarts. Die Funktion `LetsRock()` kennen wir aus dem Kapitel *„Verwendung der Soundfunktion"* auf Seite 187. Mit `ShowStatus()` kommt der Hinweis *„Ready!"* blinkenderweise auf das Anzeigefeld. Die anderen Aufrufe sind zur Aktualisierung der Punkte- und Levelanzeige. Schaut dort einfach mal rein. Sie sind sicher nicht schwer zu verstehen.

Zeile 24:
Hier holen wir uns endlich die Kartenmotive für den Level. Das temporäre Objekt `oZahlen` ist eine *Collection-Klasse* und nimmt gleich einen vorübergehenden Zahlenbereich zur Ermittlung der Bildnummern auf. Dieser Zahlenbereich entsteht so:

In Zeile [16] haben wir den Kartenplan erstellt. Dadurch wissen wir, wie viele Motive notwendig sind. Genau diese Zahl (`nAnzMotive`) übergibt man der Funktion `HoleZufallsPool()` und erhält eine *Collection* mit den generierten Zahlen zurück. Die Zahl „10" (der 2. Parameter) entspricht der höchsten Resourcen-ID unserer Kartenmotive. Mehr zu `HoleZufallsPool()` ist übrigens im *Listing 22-9* auf Seite 197 zu finden.

Zeilen 25-27:
In `oZahlen` befinden sich jetzt die Nummern der Kartenmotive. Doch diese Zahlen entsprechen nicht der endgültigen Resourcen-ID eines Bildes. Dazu bedarf es noch einer kleinen Korrektur. Diese einfache Schlussberechnung erfolgt in diesem Abschnitt. In die **neue Collection-Klasse `oKarten`** kommen jetzt alle Werte aus `oZahlen`, zuzüglich der ersten Bild-ID aus der Resourcendatei.

z. B.: aus Bild-Nr. "`6`" wird somit "`6 + IDB_PICTUREBASE = 2006`". Jetzt erst kann diese Zahl als Bild-ID für den Zugriff auf die Motive aus der Resource verwendet werden! Die Arbeitsweise der *For ... Each ... Next-Anweisung* kann im *Listing 22-8* auf Seite 193 noch einmal nachgeschlagen werden.

Zeile 30:
Was haben wir bis hier ermittelt? Da wären einmal der Kartenplan im erzeugten Array `aKartenPlan()` und die Resourcen-Nummern der Motive in der Collection `oKarten`. Im Prinzip alles da, um das Spielfeld aufzubauen. Es wäre aber in der Optik recht langweilig, einfach Zeile für Zeile die Karten aufzubauen. Deshalb bemühen wir noch einmal unseren Zahlengenerator und holen uns einen bunt gemixten Haufen von Zahlen zwischen „1“ und „20“. Diese Sammlung packen wir in die Collection `oZahlen`, die ab hier ruhig diese Aufgabe übernehmen kann.

Zeilen 32-33:
Diese beiden Schleifen sorgen dafür, dass jede der zwanzig PictureBoxen ein Motiv zugewiesen bekommt. Der äußere Loop bezieht sich auf die Anzahl der vorkommenden Motive und der innere auf deren Vorkommen. Die Anzahl der Vorkommen aus `aKartenPlan()` wurde in Zeile [16] generiert. Im Inneren drehen wir zusätzlich jede aufgedeckte Karte mit einem kleinen Sound-Sample wieder um.

Zeile 34:
Innerhalb der Schleifen brauchen wir jetzt die Index-Nr. der PictureBox, die ein neues Motiv erhalten soll. Grundlage hierfür ist der Zufallspool aus Zeile [30]. Dadurch erhalten wir einen Effekt des chaotisch geordneten Umdrehens der Karten.

Zeile 35:
Die Remove-Methode der Collection-Klasse entfernt, wie der Name es schon andeutet, ein Element aus der Auflistung. In diesem Fall ist es die Liste aller Indizies der PictureBoxen, von der das erste Element gelöscht werden kann. Stellt Euch das Ganze wie einen großen Stapel mit zwanzig Streichholzschachteln vor.

In jeder Schachtel steckt eine Zahl zwischen 1 und 20 (ohne Doppelbelegung natürlich). Innerhalb der Schleife holen wir uns die Zahl aus der untersten Schachtel und werfen diese Schachtel anschließend weg. Die Zahl dient als Index für die gerade zu bearbeitende PictureBox.

Zeilen 36-38:
Fall eine Karte vom vorherigen Spiel noch aufgedeckt sein sollte, dann wird diese natürlich umgedreht. Dabei soll eine kleine akustische Untermalung zu hören sein. Woran wir erkennen, ob eine Karte aufgedeckt ist? Na klar, steht alles in der **Tag-Eigenschaft** der PictureBox! Das haben wir im Kapitel *EXTRA 6. „Verwaltung der Spielkarten“* auf Seite 201 bereits entdeckt.

Zeile 39:
Es ist soweit. Die aktuelle PictureBox bekommt ihre erste wichtige Information zugewiesen. Die *Tag-Eigenschaft* erhält eine leere Zeichenfolge. Das heißt, diese Karte ist verdeckt.

Zeile 40:
Die PictureBox erhält nun die Grafik des Deckblatts zugewiesen. Auf dem Bildschirm ist jetzt endlich mal was zu sehen. Das Motiv des Deckblatts kommt übrigens auch aus der Resourcendatei und wurde in Zeile [14] festgelegt oder in der Funktion `HoleKartenPlan()` nachträglich angepasst.

Zeilen 41-42:
Der wichtige Spielplan im Array `aPlan()` nimmt abschließend die noch fehlenden Informationen zur aktuellen Karte auf. Da wäre einmal die **Bild-Nr.** (Resourcen-ID) und die **Anzahl der Vorkommen dieses Motivs** in diesem Level.

Der Index des aktuellen Elements entspricht, nebenbei bemerkt, genau dem Index `nPicIdx` der aktuellen PictureBox! Soll auch so sein, damit wir die Geschichte besser verwalten können. Das Array `aPlan()` ist im Prinzip auch nur ein verlängerter Arm der PictureBoxen für zusätzliche Informationen.

Zeilen 46-47:
Zum Abschluss müssen wir natürlich noch den String „Ready!" aus Zeile [20] entfernen, der sich noch in der Statusanzeige auf der Form befindet. Nicht zu vergessen: Der Startschuss!

Zeilen 49-50:
Es gehört sich nun mal, dass Objektvariablen vor dem Ende einer Prozedur manuell zerstört werden. Das ist nicht immer notwendig. Im Normalfall kümmert sich VB um die Entsorgung der Altlasten. Es gibt jedoch eine Menge von Besonderheiten in dieser *„Garbage Collection"*-Technik (Müllentsorgung), sodass es Sinn macht, generell Objekte von Hand zu zerstören. Nicht entrümpelte Speicherbereiche können auch Ursache für seltsame Programmfehler sein!

Jeder von Euch, der diese Prozedur begriffen hat, kommt auch mit dem Rest des Spieles klar. Die Haupttechnik in *VB4Kids-Memory* besteht wirklich nur aus dieser speziellen Informationsverwaltung über die *Tag-Eigenschaft* der PictureBoxen und dem zusätzlichen Array `aPlan()`.

## Die Karten-Klick-Routine

Hat sich der willige Spieler entschlossen, eine Runde *VB4Kids-Memory* zu spielen, dann läuft das Programm nicht einfach los, nimmt die Mausklicks entgegen und legt sich am Ende wieder zur Ruhe! Vielmehr befinden wir uns in einem höheren Zustand des Wartens. Während dieses Zustands müssen alle möglichen Benutzereingaben genau behandelt und abgefangen sein!

Was genau kann der Spieler in diesem Zustand anstellen? Er könnte auf eine Karte klicken, um diese suchenderweise umzudrehen. Logisch, ist ja auch der Sinn des Spiels. Somit ist klar, wir müssen das Anklicken einer Karte abfangen. Der Spieler darf auch nur dann auf eine Karte klicken können, wenn das Spiel läuft. Wir benötigen also ein Kennzeichen, das uns den aktuellen Status des Spiels verrät. *„Nichts leichter als das, sagte Pickeldi...“*, wir erschaffen uns eine Flag-Variable: `mbGameRuns`.

Wenn das Spiel läuft, dann hat dieses logische Flag den Wert ***True***, andernfalls ***False***. Ob die einzelnen Spiel-Prozeduren ausgeführt werden dürfen, hängt allein von diesem Flag ab! Also merkt Euch dieses **Flag zur Kennzeichnung des Spielstatus**:

`mbGameRuns`

Werfen wir nun einen Blick auf die Kernroutine des Spiels zur Verarbeitung der einzelnen Klicks auf die Karten. Ihr werdet erstaunt sein, wie wenig Aufwand hier nötig ist, um den Handlungsablauf dieser *„Memory-Variante“* zu realisieren. O.k., die nachfolgende Strukturabbildung sieht zunächst etwas umständlich aus. Doch es sind nicht sehr viele Schritte nötig, um die Funktionen in die Tat umzusetzen:

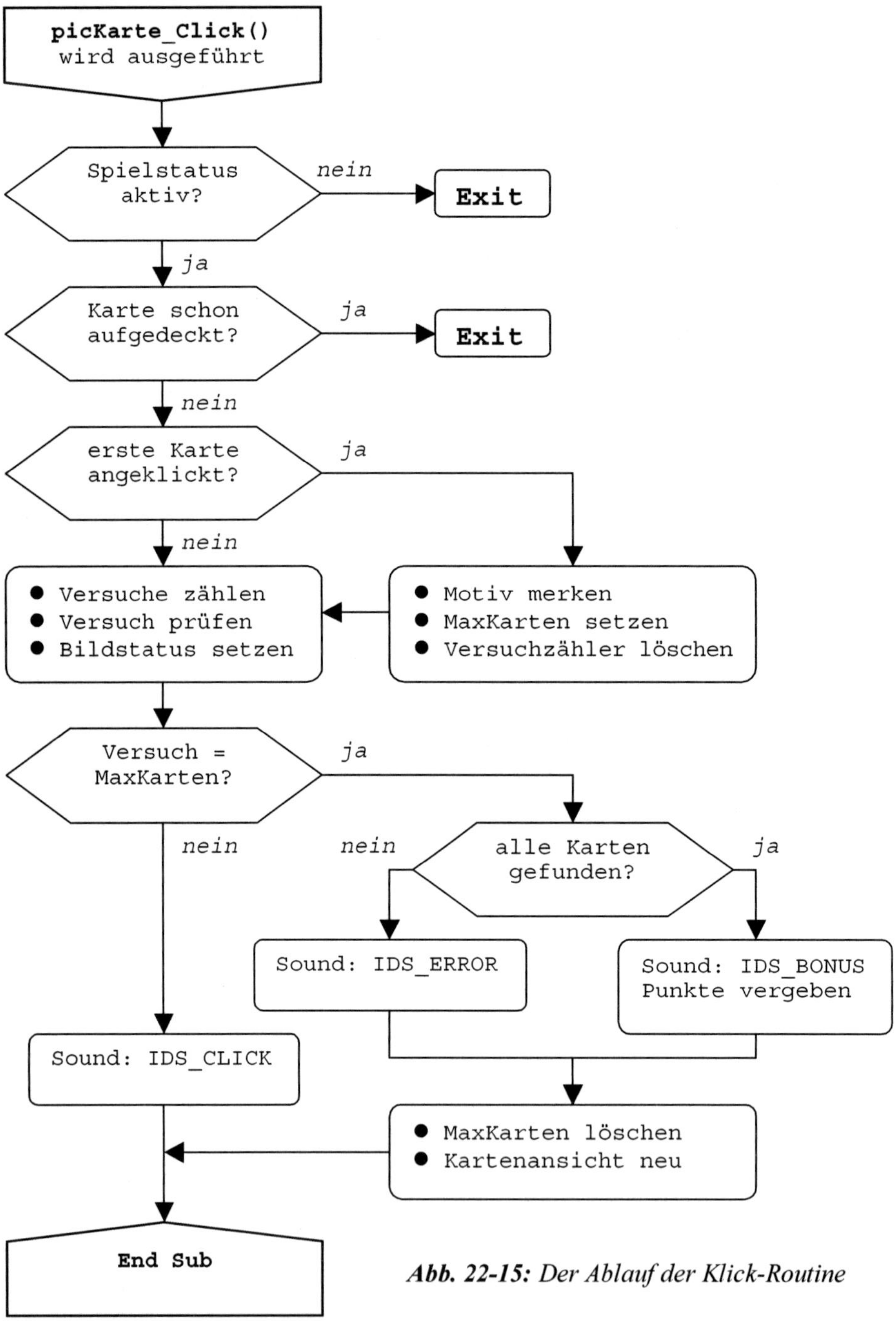


***Abb. 22-15:** Der Ablauf der Klick-Routine*

Eure erworbene Erfahrung beim Spielen von *VB4Kids-Memory*, der Blick in den gesamten Quellcode und das Strukturbild aus *Abb. 22-15,* sollten den Ablauf bisher wesentlich klarer gemacht haben. Die Umsetzung der Klick-Behandlung ist nun Ziel der nächsten Analyse. Es bietet sich natürlich an, das Schema aus *Abb. 22-15* und das folgende Listing hin und wieder zu vergleichen. Das hat einen wesentlichen Lerneffekt. So eine grafische Darstellung hinzukritzeln ist die eine Sache, daraus brauchbaren Quellcode zu zaubern, die andere!

```
Private Sub picKarte_Click(Index As Integer)
    Dim nBildID As Long

    If Not mbGameRuns Then Exit Sub
    If picKarte(Index).Tag <> "" Then Exit Sub

    If mnMaxKarten = 0 Then
        mnErsteKarte = aPlan(Index, FLD_BILDNR)
        mnMaxKarten = aPlan(Index, FLD_ANZAHL)
        mnVersuchNr = 0
        mbFalsch = False
    End If

    mnVersuchNr = mnVersuchNr + 1
    mbFalsch = mbFalsch Or _
              (mnErsteKarte <> aPlan(Index, FLD_BILDNR))

    nBildID = aPlan(Index, FLD_BILDNR)
    picKarte(Index).Picture = GetPicture(nBildID)
    picKarte(Index).Tag = "X"

    If mnVersuchNr = mnMaxKarten Then
        If mbFalsch Then
            LetsRock IDS_ERROR, True
        Else
            mnPunkte = mnPunkte + (mnMaxKarten * 10 * mnZeit)
            RefreshBonusAnzeige
            LetsRock IDS_BONUS, True
        End If
        mnMaxKarten = 0
        If RefreshCards Then
            GameOver True
        End If
    Else
        LetsRock IDS_CLICK
    End If
End Sub
```

***Listing 22-11:*** *frmBoard: picKarte_Click()*
*Verarbeitung der Benutzereingabe während des Spiels*

Erklärung:

Zeilen 04-05:
Diese beiden Zeilen prüfen, ob eine Verarbeitung überhaupt notwendig ist. Im ersten Fall erfolgt eine Abfrage des wichtigen, globalen Flags `mbGameRuns` zur Ermittlung des Spielstatus. Läuft das Spiel, dann gehts weiter, ansonsten beenden wir die Prozedur sofort! Der zweite Abbruchfall tritt dann in Kraft, wenn die Karte bereits aufgedeckt ist. Da der Kartenstatus in der *Tag-Eigenschaft* der angeklickten PictureBox versteckt ist, liegt es nahe, dort auch nachzuschauen!

Zeilen 07-12:
Die Variable `mnMaxKarten` ist ein wichtiger Zähler, der uns die maximale Anzahl des zu suchenden Motivs angibt. Diese Zahl muss aus der ersten angeklickten Karte geholt werden, daher die If-Anweisung! Der Trick ist einfach: Wenn `mnMaxKarten` gleich Null ist, dann hat der Benutzer die erste Karte angeklickt. In diesem Fall müssen wir uns einige Werte merken, die für die nachfolgenden Klicks von entscheidender Bedeutung sind.

Zeile 14:
Dieser Zähler `mnVersuchNr` wacht über die laufenden Versuche des Spielers. Er wird einfach nur hochgezählt und später mit der maximalen Anzahl der Motive verglichen.

Zeile 15:
Eine entscheidende Stelle! Genau hier wird das Motiv der angeklickten Karte mit dem Motiv der ersten Karte verglichen. Wir erinnern uns, dass im Spielplan `aPlan()` die Motiv-Nummern gespeichert sind. Über den aktuellen Index der angeklickten Karte kann man so direkt aus diesem Array die gespeicherte Bild-Nr. herauslesen.

Die *„OR-Verknüpfung“* hat den Effekt, dass dieses Fehlerflag `mbFalsch` immer auf *False* stehen bleibt, wenn auch nur eine einzige Karte nicht in das Suchmuster passt! Ganz wichtig für die Auswertung des Suchlaufes, beim Anklicken der letzten Karte (siehe Zeile [23]).

Zeilen 18-20:
Wenn der Spieler eine Karte anklickt, sollte diese natürlich auch umgedreht werden. Dies passiert in diesen drei Zeilen. Zuerst holen wir uns aus dem Spielplan `aPlan()` die Bild-Nr. für diese Karte, dann kommt die Grafik aus der Resource über die *Picture-Eigenschaft* in das Control und wird somit sichtbar. Zum Schluss erhält die Karte den Status `"X"` `=>` *„aufgedeckt (Versuch)“*. Die Statusvarianten sind wir im Kapitel *„Verwaltung der Spielkarten“* auf Seite 201 durchgegangen.

Zeile 22:
Bis hier würde eigentlich die Funktionalität reichen. Fehlt nur noch die Abhandlung des Klicks auf die letzte Karte. Dann muss natürlich noch einiges getan werden. Woher wissen wir, wann die letzte Karte angeklickt wurde? Na klar, wenn die Nummer des aktuellen Versuchs in `mnVersuchNr` mit der maximalen Anzahl des aktuellen Motivs `mnMaxKarten` übereinstimmt.

Zeile 24:
Hierher gelangt der Programmzeiger nur, wenn die letzte Karte angeklickt und dem Spieler beim Suchen ein Fehler unterlaufen ist. Mindestens eine der aufgedeckten Karten passt also nicht zum ersten Motiv! In diesem Fall geben wir den kurzen Fehlersound „Ohh ... Ohh" aus.

Zeilen 26-28:
Spitzenmäßig, der Spieler hat eine Gruppe zusammengehörender Karten aufgedeckt! Dafür erhält er natürlich Punkte und eine akustische Bestätigung seiner vortrefflichen Suchbegabung. Die Berechnung in Zeile [26] ist übrigens auch anders vorstellbar. Ich habe mich eben für die Einbindung des Timers entschieden. Die Multiplikation mit „10" sorgt dafür, dass die letzte Stelle der Punkteanzeige immer auf Null stehen bleibt - hat eigentlich nur reine optische Ursachen. Das Auge isst eben mit!

Zeile 30:
Unabhängig davon, ob die Suche nun erfolgreich war oder nicht, die Variable `mnMaxKarten` muss jetzt zurückgesetzt werden, damit **beim nächsten Klick** erkannt wird: *„Aah, es ist ein neuer Versuch!"* - siehe Zeile [07].

Zeile 31:
Die Funktion `RefreshCards()` aktualisiert jetzt das Spielfeld. Das bedeutet, alle umgedrehten Karten aus dem erfolgten Suchdurchlauf müssen wieder verdeckt werden, wenn sie nicht zusammengehören. Weil diese Funktion ohnehin das ganze Spielfeld durchackert, kann sie uns auch gleich mitteilen, ob überhaupt noch was zum Suchen vorhanden ist. Sind also alle Karten aufgedeckt, dann erhalten wir von `RefreshCards()` den Wert ***True*** zurück, was für uns bedeutet, dass das Spiel beendet ist! Andernfalls geht es ganz normal weiter.

Mit dieser Funktion konntet Ihr einen Blick in die Seele von *VB4Kids-Memory* werfen. Die restlichen Prozeduren sind wahrhaftig nur Kleinwerk und im Quellcode findet man genügend Hinweise, um deren Sinn zu begreifen. Wichtig ist lediglich das Verständnis für das so genannte *„Multitasking"*, die gleichzeitige Verarbeitung mehrerer Programmabschnitte. Programmierer aus der DOS- oder auch QBASIC-Welt werden erfolglos nach dem goldenen Faden in diesem Spiel suchen.

Das Spiel befindet sich entweder im Spielmodus oder nicht. Entsprechend sind die beiden Timer zur Verwaltung von blinkenden Hinweistexten oder zum Runterzählen der Spielzeit aktiv oder auch nicht. Dazwischen passiert nicht viel und man wartet gespannt auf ein Ereignis, das die eine oder andere Prozedur aktiviert.

## Die Bedeutung der Timer

Habt Ihr schon mal einen Timer benutzt? Nein, nicht zur Messung der idealen Kochzeit der sonntäglichen Frühstückseier. Ich meine natürlich das Control **Timer**, das sich als Zeitauslöser ideal für diverse Techniken einsetzen lässt. Unsereins war ganz großzügig und hat dem Spiel gleich zwei Timer gegönnt. Warum ich das getan habe, möchte ich Euch nun kurz erläutern.

Da hätten wir einmal das Control `Timer1`. Dieser Timer hat die ehrwürdige Aufgabe, den Countdown, also die Spielzeit bis auf den Wert „Null" herunterzuzählen. Wenn die Spielzeit abgelaufen ist, dann beendet die Prozedur mit ein paar einfachen Aufrufen das Spiel und lässt den „Timeout-Sound" ertönen. Auch hier erfolgt die wichtige Spielsteuerung über den Zugriff der Flagvariablen `mbGameRuns`!

Sein Bruder, Control `Timer2` dient zur Erzeugung des Blinkeffektes in der Statusanzeige. Wenn der Spieler z. B. ein neues Level startet, dann erscheint der Hinweis *„Ready!"* für einige Sekunden blinkend auf der Form. Der Intervall dieses Timers ist auf 250 Millisekunden festgelegt und erzeugt ein wesentlich besseres Blinkintervall! Verstellt diesen Wert ruhig einmal und bewertet dann die Optik des Blinkens; Ist sie vielleicht besser oder schlechter geworden?

## Die Highscore-Liste

Was ist schon ein Spiel ohne die ruhmreiche Punktestandanzeige. Manchmal schaltet man den Rechner an und schaut mit einem Gefühl der Selbsterfüllung und Freude minutenlang auf den in der gestrigen Nacht eingestellten Spitzen-Rekordpunktestand im Actionknaller „GETREX XII" (Name frei erfunden). Die persönliche Bestätigung des Spielers im nachträglichen Blick auf diese Punkteliste ist ein wesentlicher Bestandteil eines Programms mit Spielcharakter.

Warum sollten wir also bei *VB4Kids-Memory* nicht auch eine kleine „Hall of Fame" erstellen? Im Quellcode findet Ihr die entsprechende Form unter dem Namen `frmScore.frm`. Viele Programme gehen so vor, dass sich diese Liste automatisch öffnet, wenn das Spiel beendet und ein neuer Punktestand eingetragen werden kann. Natürlich auch manuell über einen Menüpunkt, dann allerdings nur zum Anschauen!

Wie ist nun unsere Highscore-Liste aufgebaut? Ganz schnelle haben sich vielleicht schon in der angesprochenen Form `frmScore.frm` umgeschaut. Dort sind drei Spalten vorhanden und jede Spalte hat zehn Controls (`TextBoxen` und `Lables`). `Lables` immer dann, wenn Werte nur angezeigt werden sollen und `TextBoxen`, wenn man diesen Wert eventuell bearbeiten muss, also wenn ein Name einzutragen ist.

Die zwei Zustände der Highscore-Liste (nur Ansicht oder neuen Stand eingeben) realisieren wir mit einem einfachen Trick. Soll die Liste nur angezeigt werden, dann sind einfach alle Textboxen deaktiviert. Außer dem „Schließen-Button" kann der Spieler dann nix ausrichten. Ist ein Neueintrag fällig, dann laden wir einfach die Form und aktivieren genau das Text-Control, das an der richtigen Stelle auf die Eingabe des Spielers wartet.

Wie startet man nun aber die Liste? In `frmBoard` befindet sich hierfür die Prozedur `mnuHighScore_Click()`. Das ist die Ereignisroutine des gleichnamigen Menüpunkts. Zu beachten hierbei: Die Form wird **nicht sofort** mit `Form.Show()` **angezeigt**, sondern zunächst einmal nur geladen! Dieser Ladevorgang aktualisiert die Highscoredaten und füllt die entsprechenden Anzeige-Controls in `frmScore` (siehe auch Prozedur: `Form_Load()` in `frmScore`)!

```
Private Sub mnuHighScore_Click()
    Load frmScore
    frmScore.Left = Me.Left + 1400
    frmScore.Top = Me.Top + 1000
    frmScore.Execute "00000", True
End Sub
```

***Listing 22-12:*** *Aufruf der Highscore-Liste über das Menü „Highscore"*

Dann bringen wir das Ganze noch in eine angenehme Bildschirmposition. Grundlage hierfür ist das Spielfenster selbst. Das bedeutet, egal wo das Hauptfenster steht, die Highscore-Liste öffnet sich gefügig an der richtigen Stelle. Der entscheidende Aufruf des Fensters erfolgt mit der Anweisung: `frmScore.Execute "00000"`. In *Listing 22-12* seht Ihr den entsprechenden Abschnitt aus `frmBoard`.

Der übergebene Wert ist der Punktestand, der in die Highscore-Liste aufgenommen werden soll. Beim manuellen Öffnen über den Menüpunkt wollen wir natürlich nix eintragen. Darum kommt nur der Wert `"00000"` als Aufrufparameter in Frage. Die Startroutine der Highscore-Liste in `frmScore.Execute` erkennt am zweiten Parameter *`True`*, dass in jedem Fall das Fenster angezeigt werden soll. Auch wenn der übergebene Punktestand nicht ausreicht! Im Spielverlauf selbst steht beim Aufruf natürlich der richtige Punktestand.

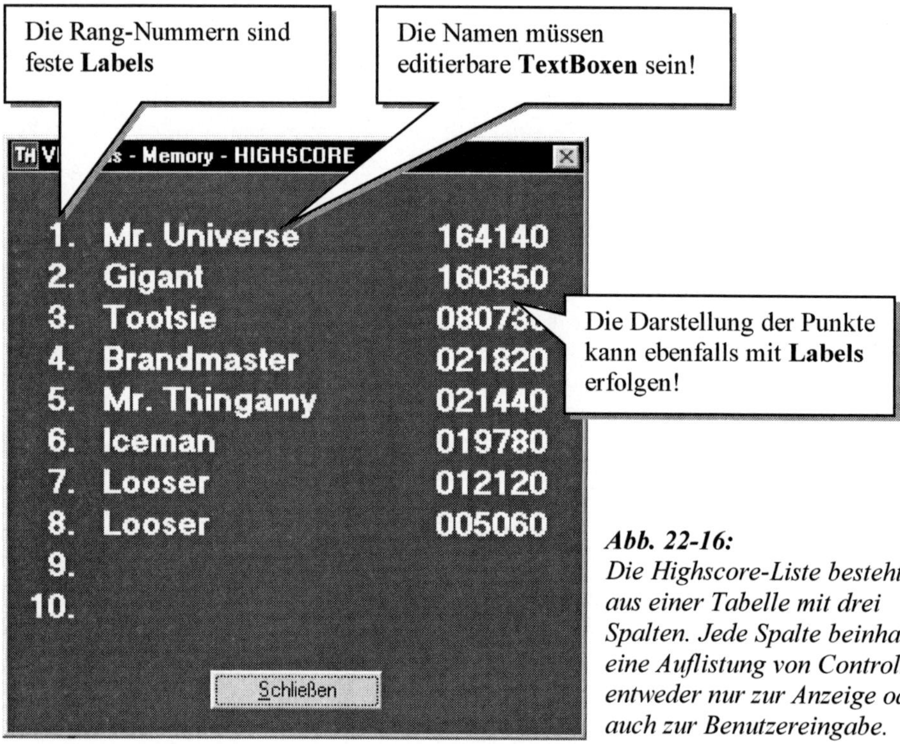


***Abb. 22-16:***
*Die Highscore-Liste besteht aus einer Tabelle mit drei Spalten. Jede Spalte beinhaltet eine Auflistung von Controls, entweder nur zur Anzeige oder auch zur Benutzereingabe.*

Wie läuft eigentlich die Sortierung dieser Punkte ab? Ganz einfach, gleich zu Beginn in der Prozedur `frmScore.Execute` prüfen wir, ob der übergebene Wert größer als der letzte Punktestand in der Tabelle ist. Falls ja, dann fällt der letzte Stand raus und der neue Wert kommt an dessen Stelle. Anschließend ackern wir uns von den hinteren Plätzen nach vorne durch und schieben alle Punktestände nach unten, die kleiner als der Übergabeparameter sind. Dieses Verschieben der Liste steht in `frmScore` in Prozedur `VerschiebeListe()`.

Im Quellcode sind dazu wichtige Hinweise zu finden. Sieht im ersten Moment etwas chaotisch aus, doch bei längerer Betrachtung werdet Ihr diese Technik schnell verstanden haben. Auch hier gilt: *„Es führen viele Wege nach Rom!“*. Die ganze Thematik ist auf jeden Fall ausbaufähig. Lasst uns aber einen viel intensiveren Blick auf die Technik werfen, die uns das Einlesen der Punktestände ermöglicht.

Aus Erfahrung ist mir bekannt, dass auf vielen Internetseiten und Userforen die wichtige Frage gestellt wird: *„Wie kann ich Daten aus einer Textdatei auslesen und auch wieder wegschreiben?“* An dieser Stelle entknoten wir eine der vielen Varianten, um der Lösung des Rätsels ein wenig näher zu kommen.

Die erste Frage muss zunächst einmal lauten: *„Welche Daten, in welcher Form müssen abgespeichert werden?“* Für eine Highscore-Liste kann man da recht sparsam sein. Ein Benutzername und der dazugehörende Punktestand dürften da völlig ausreichen!

Die fertige Datei beinhaltet also eine Tabelle mit zwei Spalten. In der nachfolgenden *Abb. 22-17* kann das Ergebnis bestaunt werden. Bei genauer Betrachtung erkennt das geschulte Auge, dass es in jeder Zeile genau zwei, durch Komma getrennte Angaben gibt. Diese Werte sind in Hochkommas eingeschlossen. Glücklicherweise gibt es in Visual Basic eine sehr einfache Möglichkeit, genau dieses Format zu verarbeiten.

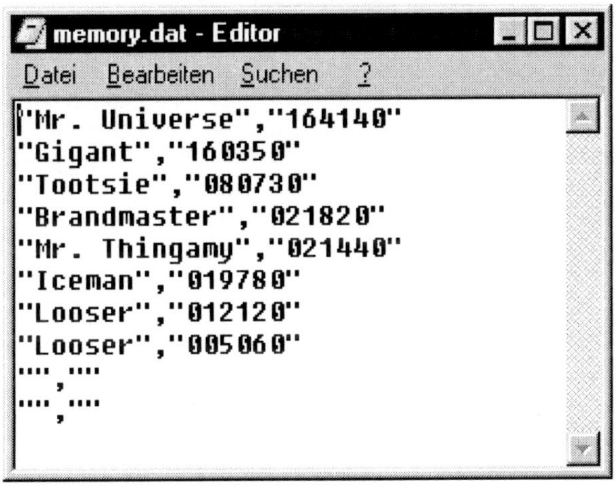


***Abb. 22-17:***
*Die Daten der Highscore-Liste werden einfach aus einer Textdatei gelesen und anschließend wieder zurückgeschrieben.*

Übrigens entsprechen die Daten dieser Abbildung dem Screenshot auf Seite 216. Aber jetzt endlich zur Funktion zum Schreiben dieser Datei. Natürlich haben wir eine Schreib- und eine Lesefunktion. Das Lesen der Datei kann aber von Euch anhand der folgenden Erläuterungen schnell selbst abgeleitet werden!

```
01 Const SCORE_FILE = "memory.dat"
02
03 Private Sub WriteHighScore()
04     Dim nIndex As Variant
05     Dim hFile  As Integer
06
07     hFile = FreeFile
08     Open SCORE_FILE For Output As hFile
09
10     For nIndex = 0 To txtName.Count - 1
11         txtName(nIndex) = Replace(txtName(nIndex), ",", "")
12         Write #hFile, txtName(nIndex), lblPunkte(nIndex)
13     Next nIndex
14
15     Close hFile
16 End Sub
```

***Listing 22-13:*** *frmScore:WriteHighScore()*
*Wegschreiben der Punktestände in eine Textdatei.*

Erklärung:

In Zeile [01] befindet sich die Angabe der Zieldatei **ohne** Verzeichnisangabe! Das hat zur Folge, dass mit den nachfolgenden Dateioperationen auf das Ausführungsverzeichnis der Anwendung selbst zurückgegriffen wird! Übersetzt heißt das, wenn *VB4Kids-Memory* auf `"C:\Programme\VB4Kids\"` liegt, dann wird genau in diesem Verzeichnis nach `"memory.dat"` gesucht!

Zeilen 04-05:
Die Variable `nIndex` dient als Schleifenzähler für den Durchlauf der 10 Highscore-Einträge. Doch `hFile` hat eine besondere Bedeutung! Immer wenn wir auf Dateien zugreifen möchten, dann braucht man ein so genanntes **FileHandle**. Das ist nix weiter als ein Zugriffscode für die zu öffnende Datei.

Der Grund hierfür ist einfach: Dateioperationen, wie *Input, Write, Close* usw. erwarten nicht den Dateinamen als Parameter, sondern die entsprechende Dateinummer. So ist es nun mal in der Computerwelt. Es gibt halt keine Namen, sondern immer nur Nummern. Eben genau wie beim Arbeitsamt.

Zeile 07:
Um eine Datei öffnen zu können, muss also eine **freie** Dateinummer her. Die Betonung liegt hierbei auf *„frei"*. Da wir nicht entscheiden sollten, welche Dateinummer noch frei sein könnte, befragen wir das allwissende Betriebssystem. Genau das passiert in dieser Zeile. VB schaut nach, welche Dateinummer zum Öffnen von Dateien verfügbar ist und gibt uns diese mit der Funktion `FreeFile` zurück.

Zeile 08:
Der Aufbau der ***Open-Anweisung*** ist leider in Visual Basic etwas verwirrend gestaltet worden. Würde ich Euch diese Anweisung ausführlich erläutern, wäre sicher das nächste Buch fällig! Nun gut, machen wir es im Schnellverfahren: `Open` verlangt natürlich zumindest die Angabe der Quell- oder auch Zieldatei, mit der wir rumbasteln möchten.

Die nachfolgenden Parameter bestimmen, wie die Datei geöffnet werden soll: Nur zum Lesen, nur zum Schreiben oder vielleicht auch beides! Ich möchte jetzt nur Schreiben und verwende daher diese Schreibweise. Hinten dran findet sich auch das aus Zeile [07] gewonnene FileHandle `hFile` wieder! Ab diesen Moment sollte genau diese Dateinummer nicht mehr für andere *Open-Anweisungen* verwendet werden! Noch mehr zur *Open-Anweisungen* gibt es in der Online-Hilfe!

Zeile 10:
Hier beginnt der Schleifendurchlauf für alle 10 Punkteeinträge. Wir schlagen uns dabei von Platz 1 bis 10 durch die einzelnen Controls mit den Spielernamen in `txtName` und den Punkteständen in `lblPunkte`.

Zeile 11:
Was macht er denn hier schon wieder? In *Abb. 22-17* habt Ihr gesehen, wie die fertige Datei aussieht. Auffällig dort ist das Komma als Feldtrennzeichen. Beim späteren Einlesen der Datei kann das System erkennen, dass es zwei Felder gibt. Das wird durch dieses Komma gewährleistet.

Würde ein oberschlauer Spieler beim Eintragen in die Highscore-Liste neben seinem ausgefuchsten Namen noch ein Komma mit eingeben, dann wären plötzlich zwei oder vielleicht sogar mehr Kommas innerhalb einer Zeile der Datei. Das darf unter keinen Umständen passieren! Was machen wir also? Genau, alle Kommas werden erbarmungslos aus dem Spielernamen rausgefiltert und umweltgerecht mit einem Leerzeichen ersetzt! Diese Arbeit übernimmt die Funktion ***Replace()***.

Zeile 12:
Mit dem FileHandle `hFile` können wir jetzt in die bereits geöffnete Datei Daten hineinschreiben. Ich verwende dafür die ***Write-Anweisung***, weil diese genau das gewünschte Dateiformat erzeugen kann. Man übergibt einfach das FileHandle und anschließend alle gewünschten Spaltenwerte. Es sind also immer mindestens zwei Parameter notwendig: 1. FileHandle, 2. Zeichenfolge

Ab dem zweiten Parameter handelt es sich um die Daten selbst, die als Felder durch Kommas getrennt in die Datei geschrieben werden. Man könnte durchaus noch mehr Felder hinten anfügen. Es ist nur wichtig, beim Einlesen genau diese Anzahl von Feldern auch wieder zu verarbeiten!

Zeile 15:
Man mag diese unscheinbare Anweisung fast übersehen und doch ist sie so wichtig! Alle zuvor mit der ***Open-Anweisung*** geöffneten Dateien sollten unbedingt nach Feierabend auch wieder geschlossen werden! In vielen großen Programmen passiert das nicht immer und es kommt zu Zugriffsfehlern beim Versuch diese Datei noch einmal zu öffnen! Die ***Close-Anweisung*** schließt mittels des Filehandle `hFile` die Highscoredatei wieder und gibt sie für andere Zugriffe frei.

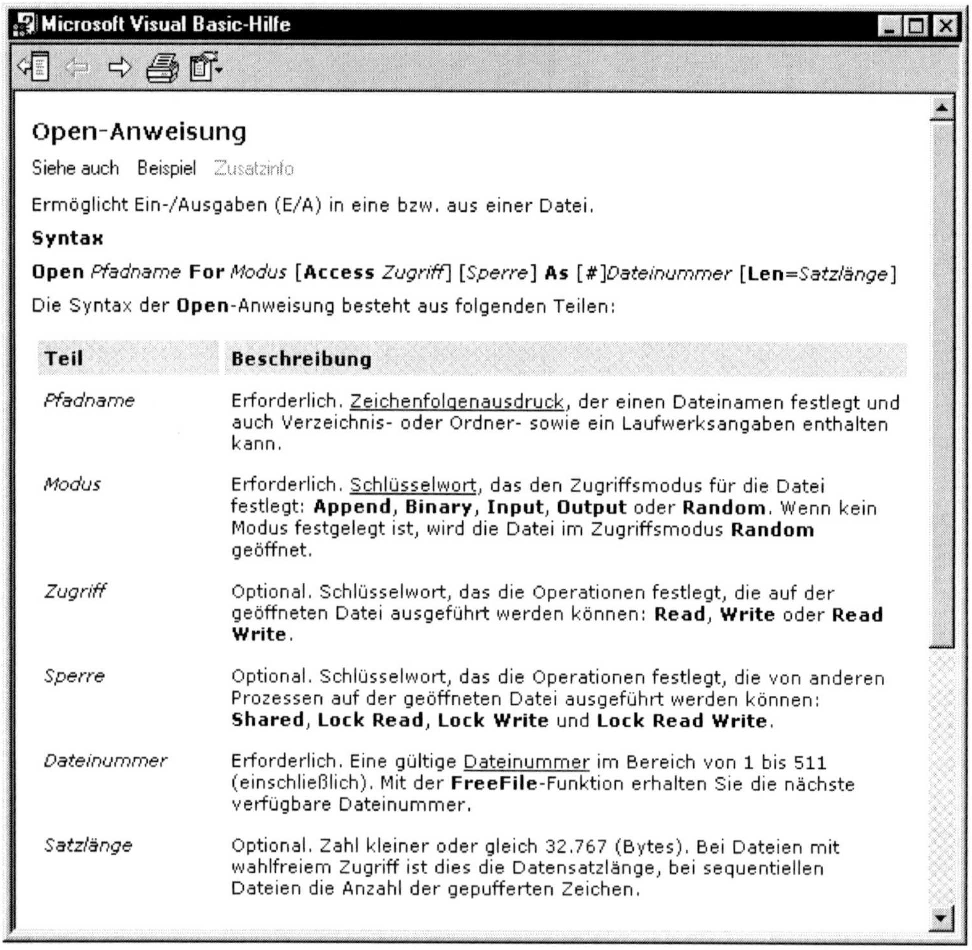


Open-Anweisung

Siehe auch Beispiel Zusatzinfo

Ermöglicht Ein-/Ausgaben (E/A) in eine bzw. aus einer Datei.

**Syntax**

**Open** *Pfadname* **For** *Modus* [**Access** *Zugriff*] [*Sperre*] **As** [#]*Dateinummer* [**Len**=*Satzlänge*]

Die Syntax der **Open**-Anweisung besteht aus folgenden Teilen:

| Teil | Beschreibung |
|---|---|
| *Pfadname* | Erforderlich. Zeichenfolgenausdruck, der einen Dateinamen festlegt und auch Verzeichnis- oder Ordner- sowie ein Laufwerksangaben enthalten kann. |
| *Modus* | Erforderlich. Schlüsselwort, das den Zugriffsmodus für die Datei festlegt: **Append**, **Binary**, **Input**, **Output** oder **Random**. Wenn kein Modus festgelegt ist, wird die Datei im Zugriffsmodus **Random** geöffnet. |
| *Zugriff* | Optional. Schlüsselwort, das die Operationen festlegt, die auf der geöffneten Datei ausgeführt werden können: **Read**, **Write** oder **Read Write**. |
| *Sperre* | Optional. Schlüsselwort, das die Operationen festlegt, die von anderen Prozessen auf der geöffneten Datei ausgeführt werden können: **Shared**, **Lock Read**, **Lock Write** und **Lock Read Write**. |
| *Dateinummer* | Erforderlich. Eine gültige Dateinummer im Bereich von 1 bis 511 (einschließlich). Mit der **FreeFile**-Funktion erhalten Sie die nächste verfügbare Dateinummer. |
| *Satzlänge* | Optional. Zahl kleiner oder gleich 32.767 (Bytes). Bei Dateien mit wahlfreiem Zugriff ist dies die Datensatzlänge, bei sequentiellen Dateien die Anzahl der gepufferten Zeichen. |

***Abb. 22-18:*** *Selbst eingefleischte Programmierer können oft nix mit dieser Hilfe-Seite anfangen. Daher ist es taktischer, in den Beispielen nachzublättern, um die richtige Variante herauszufinden!*

# Glossar

**API**
Das „Application Programming Interface" ist eine Sammlung von Routinen des Betriebssystems, die es dem Programmierer ermöglicht, bestehende Funktionen und Dienste mit einfachen Funktionsaufrufen in Anspruch zu nehmen.

**BASIC**
Abkürzung für „**B**eginner's **A**ll-purpose **S**ymbolic **I**nstruction **C**ode" (dt.: „Allzweckprogrammiersprache für Anfänger"). Diese einfach erlernbare Computersprache wurde in den 60er Jahren entwickelt.

**Baumstruktur**
Begriff beschreibt in der Computerwelt eine organisatorischen Datenstruktur, deren Form oder Züge der Anordnung der Äste eines Baumes ähnelt. Es gibt eine Obereinheit (Wurzel) und davon abgeleitet mehere verzweigte Untereinheiten (Äste).

**BITMAP**
Auch „Bit-Plan" ist eine Datenstruktur im Speicher die zur Darstellung von Bilder dient. Bei vereinfachter Betrachtung eines Schwarzweißbildes entspricht jedes Bit der Struktur einem Bildpunkt. Ist das Bit gesetzt, dann ist der Bildpunkt sichtbar und bei einem Null-Bit ist der Punkt unsichtbar. Durch die Festlegung der Farbtiefe kann eine Gruppe von Bits zur Definition der Farbe eines Bildpunktes herangezogen werden. In solchen Fällen wird ein einzelner Bildpunkt nicht von einem, sonder von mehreren Bits definiert.

**Bits und Bytes**
*Bits* steht für „**bi**nary digi**t**", zu Deutsch „binäre Ziffer". Ein *Bit* ist die kleinste Informationseinheit im Computer. Es beschreibt die beiden Zustände 0 oder 1. Ein *Byte* („**b**inar**y** **te**rm") ist ein „binäres Wort" und besteht aus genau 8 Bits. Bits und Bytes sind also eine Art Mengeneinheit im Computer (ähnlich „Kilogramm" oder „Liter"). Sie beschreiben die Größe von Speichermedien (RAM oder Festplatten).

**Compiler**
Ein Programm, das nach bestimmten Regeln ein Computerprogramm übersetzt und für die Ausführung vorbereitet. BASIC-Befehle werden z. B. in Objectcode übersetzt, der vom Betriebssystem verstanden wird. Erst dann kann das Programm laufen. In Visual Basic erfolgt diese Übersetzung bereits während der Eingabe. Daher kann hier bereits während des Programmierens eine Überprüfung auf Syntaxfehler erfolgen.

**Datentyp**
Legt in der Programmierung den Wertebereich für bestimmte Speichervariablen fest. Die verschiedenen Typen von Daten müssen unterhalb der Computersprachen bekannt sein, damit Daten korrekt ausgetauscht und weiterverarbeitet werden können. Datentypen in Visual Basic sind z. B. *Integer*, *String* oder *Boolean*.

**Editor**
Werkzeug zur Bearbeitung von Textdateien. In Programmierwerkzeugen besitzen Editoren erweiterte Funktionen, um die Erstellung und Pflege von Quellcode zu vereinfachen.

**Laufzeitfehler**
Programmfehler der während der Ausführung der Anwendung auftritt. Diese Fehler werden normalerweise durch ein integriertes Fehlerbehandlungssystem angezeigt und weiterverarbeitet.

**Makros**
In Programmiersprachen können mit Makros komplette Anweisungen bzw. Befehlssätze vereinfacht beschrieben werden. Es sind z. B. mehrere Codezeilen als Makro definiert und mit einem bestimmten Makronamen versehen. Taucht dieser Makroname im Quellcode auf, dann wird an dessen Stelle der hinterlegte Befehlssatz eingefügt. In Visual Basic steht diese Möglichkeit jedoch nicht zur Verfügung. In den Office-Produkten (Word, Excel) können Makros auch definierte Tastaturabkürzungen oder Folgen von Tastaturanschlägen sein, um Zeit zu sparen.

**Module**
Eine Sammlung von Prozeduren oder Datenstrukturen. Große Anwendungen werden normalerweise in kleinere Module zerlegt, um die vielen Funktionen zu organisieren. In Visual Basic sind Module physikalische Quellcode-Dateien, die in ein VB-Projekt eingebunden werden können.

**Online-Hilfe**
Viele Programme liefern die entsprechenden Dokumentationen in elektronischer Form aus. Diese Online-Hilfe bieten in der Regel erweiterte Möglichkeiten zur Navigation und Suche innerhalb bestimmter Themenkomplexe und beschleunigen das Nachschlagen

**RAM**
Abkürzung für „**R**andom **A**ccess **M**emory“ (Speicher mit wahlfreiem Zugriff). Das ist ein Bauelement im Computer, das von anderen Hardwarekomponenten gelesen und wiederbeschrieben werden kann. Alle Programme benötigen diesen Speicher, um Informationen austauschen zu können.

**Run-Time (Bibliothek)**
„Laufzeitbibliotheken“ sind Programmpakete, die eine Sammlung fertiger Funktionen beinhalten, um sich wiederholende Abläufe zu vereinfachen. In Visual Basic schirmt das Run-Time dem Programmierer von komplizierten Funktionserstellungen ab. Ein einfacher Befehl in VB wird vom Run-Time bei der Programmausführung erkannt und entsprechend ausgeführt.

**Syntax**
Beschreibt die Schreibregeln („Grammatik“) der Programmiersprache. In Ihr sind also alle Vorschriften bei der Verwendung bestimmter Befehle und Anweisungen hinterlegt. Verstößt man gegen diese Regeln, dann kommt es zu den berühmten *Syntaxfehlern*.

**Visual Basic**
Programmiersprache der Firma Microsoft die BASIC als Kern beinhaltet. Mit Visual Basic kann „visuell“ programmiert werden, d.h., Menüs, Schaltflächen und Symbolleisten genügen zur Ausführung von einfachen Komponenten.

**Visual Basic for Application**
Eine Form von Visual Basic auf Basis einer Makrosprache. VBA ist bereits in vielen Microsoft-Anwendungen enthalten und kann als Teilmenge von Visual Basic betrachtet werden. Es stehen jedoch nicht alle Funktionalitäten wie in VB zur Verfügung.

**WAVE**
Binäres Datenformat zur Verschlüsselung von Sounddaten. In WAVE-Dateien befinden sich auch Informationen zur Wiedergabefrequenz (Soundqualität) und ob es sich um eine Mono- oder Stereoaufnahme handelt.

# Indexverzeichnis


## A

Access ... 10
API ... 185, 223
Arbeitsmappe ... 17
Arrays ... 107
  Index ... 108, 110
  Mehrdimensionale ... 109
  Preserve ... 114
  ReDim ... 113, 115
ASCII-Tabelle ... 166

## B

BASIC ... 223
Baumstruktur ... 223
Betriebssystem ... 31

## C

Chr() ... 149, 165
Close-Anweisung ... 220
Codeklauerei ... 9
Collection-Object ... 191, 195, 197
Compiler ... 223

## D

Dateioperationen
  Close-Anweisung ... 220
  Dateinummer ... 218
  File-Handle ... 218
  Open-Anweisung ... 219, 220
  Zugriffsfehler ... 220
Datentyp ... 223
Debug-Modus ... 95
Defaultwert ... 122
Deklarationsabschnitt ... 145, 161
Dezimalzahlen ... 37
DIM
  Dimensionieren ... 28, 48
Do...While ... 135
Download ... 169

## E

Editor ... 224
Einstein ... 12
Endlosschleife ... 78, 91, 163
Entwicklerpaket ... 10
Ereignisroutine ... 215
Excel ... 10, 16, 95, 141

## F

Feldtrennzeichen ... 219
FileHandle ... 218, 219
For ... Next ... 73
For...Each ... 194
Frauenarzt ... 44
Funktion
  Aufbau ... 98
  Exit ... 102
  Parameter ... 99
  Rückgabewert ... 101
  Sub ... 101
  Subroutine ... 101

## H

Highscore-Liste ... 215
Homecomputer ... 43

## I

If...Then...Else ... 65
InputBox() ... 38, 39, 83, 87, 97, 122

Internet ........................................169

## K

Klassen ........................................195
Kommentar ........................................37
Kommentare ........................................45
    Remarks ........................................45
Konstanten ............. 27, 31, 33, 127, 161

## L

Laufzeitfehler ............. 56, 113, 196, 224

## M

Makros ........................................224
Memory ........................................167
Microsoft Developer Network ... 147, 185
Module ........................................224
MsgBox ........................................20, 22
    Meldungsbox ........................................11
Multitasking ........................................173

## N

Normal.dot ........................................15

## O

Objekt ........................................191, 193
Online-Hilfe ........... 11, 24, 63, 147, 224
Open-Anweisung ....................219, 220
Option Explicit ........................143, 153

## P

Parameter ................. 21, 50, 82, 99, 116
    optionalen ........................................22
PictureBox ....................... 181, 201, 207
Platzhalter ........................................33
Preserve ........................................114
Programmiervorschriften ...................30
Prozeduren
    öffentliche ........................................155
    private ........................................155
Punktestandanzeige ........................214

## R

RAM ........................................31, 224
Rekursiv ........................................103
Replace() ................................ 127, 219
Resourcen ........................................176
    LoadResData() ........................................180
    LoadResPicture() ........................................180
    LoadResString() ........................................180
    Resourcencompiler ........................179
    Resourcenscript ........................................179
    Resourcen-Skript ........................................177
Rnd() ......................... 82, 126, 129, 198
    Zufallsfunktion ...................... 82, 115
Run-Time ........ 20, 49, 69, 104, 155, 224
    Laufzeitumgebung ........................20

## S

Schleifen
    Do...While ........................... 135, 139
    Endlosschleife ...................... 103, 163
    For...Each ........................................194
    For...Next ............................ 73, 103
    Schrittweite ........................................76
Schleifenzähler ........................................218
Schutzverletzung ........................................93
Screenshot ........................................217
SELECT...CASE ........................................119
Sortierung ........................................216
Soundausgabe ........... 168, 176, 180, 183
Splitscreen ........................................13

Sub ... 101
Syntax ... 225

## T

Taskmanager ... 93
Timer ... 214
Tooltips ... 21

## Ü

Übergabeparameter ... 216

## U

UBound() ... 109, 111

## V

Variablen ... 27, 31, 107, 141, 151, 155
  Array ... 107, 108
  Boolean ... 57, 60, 70
  Integer ... 48, 52
  Option Explicit ... 143
  String ... 50, 52
Verzeichnisangabe ... 218
Verzweigungen
  Bedingung ... 67
  If...Then...Else ... 65, 67, 130
  Select...Case ... 119, 124

## W

Währungsbetrag ... 38
WAVE Datei ... 177, 183, 189, 225
Word ... 10, 11, 94, 142, 165
Write-Anweisung ... 219

## Z

Zeilenumbruch ... 40
Zugriffscode ... 218
Zugriffsfehlern ... 220